JN437724

__________________ 님께

이 책을 드립니다.

__________________ 드림

명품유머의
창조 비결

명품유머의 창조 비결

초판 1쇄 발행 | 2006년 11월 10일
초판 3쇄 발행 | 2009년 04월 30일

지은이 | 이상근
발행인 | 김선희 · 대 표 | 김종대
펴낸곳 | 도서출판 매월당

등록번호 | 388-2006-000018호
등록일 | 2005년 4월 7일
주소 | 경기도 부천시 소사구 송내동 뉴서울아파트 102동 304호
전화 | 032-666-1130
팩스 | 032-215-1130

값 12,000원
ISBN 89-91702-10-4 (03810)

명품유머의 창조 비결

이상근 지음

추천사 1

모든 학문은 대상을 면밀히 관찰하는 데서 시작한다. 하지만 그 대상을 관찰하여 얻어지는 결과에 대한 처리 방법은 학자에 따라서 각기 다르기 마련이다. 이러한 방법론의 다양성은 특히 인문사회 분야에서 두드러지게 나타난다. 하지만 그 방법론이 아무리 독특하고 참신하다 할지라도 그것이 객관성을 획득하지 못할 때 설득력을 잃고 만다.

이러한 관점에서 볼 때 저자 이상근 박사의 연구 방법론은 매우 참신하면서도 타당한 방법론을 견지하고 있다고 보아야 옳을 것이다. 저자는 일찍이 자신의 학위 논문에서 '사물을 대할 때 이원성 · 관련 · 변화 · 인간의 네 가지 변수로서 유머가 창조되는 것' 임을 피력한 바 있는데, 그것은 유머 이론에서 매우 괄목할 만한 견해라 이를 만하다. 왜냐하면 우리가 종전에 그저 막연히 사용하던 유머를 저자는 치밀한 방법으로 천착함으로써 비로소 그 유머의 정체가 무엇인지를 규명해 놓았기 때문이다. 그처럼 저자는 끈질긴 집념과 열정으로 유머 분야의 새로운 이론을 정립하여 문학의 새 지평을 열었던 것인데, 이제 또다시 보다 새롭고 접근하기 쉬운 유머의 기법을 제시한 역저를 세상에 내놓게 되니 새삼 놀라움을 금할 길이 없다.

이번에 발간되는 《명품유머의 창조 비결》은 현실에서 부딪치는 크고 작은 문제를 어떻게 해결해야 할 것인가에 초점을 두고 연구한 업적임을 알 수 있다. 즉 그것은 공격자나 방어자가 서로 부딪쳤을 때 각자가 유리한 방향으로 화제를 끌고 가면서 공방을 펼쳐 나가는 방법을 가리킨다. 그 중에서 특히 대화의 방향을 결정하는 논점 기법은 매우 주목할 만한 견해라고 생각한다. 화자의 의지 여하에 따라 논점을 회피하기도 하고 그 논점을 또한 보류하기도 한다. 그리고 때에 따라서는 거리를 두고 남의 일 보듯 방관하기도 한다.

이 같은 기법은 결국 문제를 풀어가는 한 방법임에 틀림없다. 그렇다고 이 연구가 학계에 새롭게 제기되는 이론이라고는 말할 수 없다. 그럼에도 불구하고 처음으로 이 분야를 조직적으로 체계화한 업적이라는 점에서 큰 의미를 부여한다. 다소 과장된 표현이 될지 모르지만, 어느 면에서 보면 이 노작은 '콜럼버스의 달걀' 에 비유하리만큼 평범하면서도 중요한 노작이기 때문이다.

탐험에 성공한 콜럼버스를 위해 베푼 연회석에서 누군가가 콜럼버스가 한 일을 '그것은 누구나 할 수 있는 일이라' 고 폄하하자, 콜럼버스는 연회석에 모인 사람들에게 달걀을 보이며 '누구든 이 달걀을 세워보라.' 고 말했다. 아무도 나서는 사람이 없자, 콜럼버스는 달걀의 한쪽을 깨어 세웠다. 그리고서 콜럼버스는 '이처럼 남이 한 다음에 하는 일은 쉬운 법' 이라고 말했다.

저자는 지금까지 아무도 하지 못한 일을 열정적으로 해냈다. 이것은 저자의 비범한 재능과 통찰력의 소산이라고 말할 수 있을 것 같다. 따라서 이 한 권의 책을 통하여 우리는 유머의 실체를 파악함은 물론, 현실에서 부딪치는 갈등과 번뇌를 손쉽게 처리하는 방법도 터득하게 될 것이다. 다시 말하자면 우리가 어떠한 상황에 처하더라도 결코 비굴하지 않고, 당당히 불의와 맞설 수 있으며, 때로는 물질적 어려움에 봉착하더라도 좌절하지 않고 살아갈 수 있는 가능성을 제시한 것이 바로 이 책이다.

따라서 이 책은 저자가 이미 말했듯이 답답하고 지루하며 삭막하기 그지없는 이 세상을 살아가는 우리들을 멋과 꿈이 가득한 신비의 세계, 환상의 세계로 인도하는 안내서로서도 중요한 몫을 차지할 것으로 믿는다.

2006년 10월

草江書室에서

충남대학교 명예교수 송 백 헌

추천사 2

학생들을 가르치다 보니 항상 느끼는 것이, 첫째 선생님은 정직해야겠다는 것이고 둘째는 남이 안 가는 힘든 길을 가는 개척자 정신에 살아야겠다는 생각을 많이 한다. 왜냐하면 선생님이 정직하지 않으면 가르친 모든 것이 허위가 되어 진리의 사도자가 될 수 없기 때문이고, 다른 이유는 선생님이기 때문에 똑같은 행동을 해도 일반인이 하면 아무 문제가 없는데 선생님이 하면 문제가 되는 때가 많기 때문이다. 그리고 사람들이 그 길을 따라 다닐 수 있기 때문이다.

그러자니 생활이 기본적으로 고달픈 게 사실이다. 이는 선생님은 만능이고 이상으로 보기 때문에 발생되는 현상이다. 그러니 선생님이라는 직업이 얼마나 힘든 직업인지 알 수 있다.

이번에 출간한 《명품유머의 창조 비결》은 일선 현장에 근무하는 우리같이 가르치는 직업을 가진 사람들에게는 사막의 오아시스를 만난 기분이다. 왜냐하면 유머 창조의 비결을 앎으로 해서 이제는 더 이상 스트레스가 스트레스가 아니고 불합리한 이 세상이 더 이상 불합리한 이 세상이 아니라는 것을 알았기 때문이다.

유머가 탄생하는 배경이 모순과 불합리와 편견과 아집 등등이라는 사실에서 우리는 세상을 고맙기 그지없는 세상으로 알게 되었고, 싫었던 사람을 반갑기 그지없는 사람으로 생각하는 계기가 되었으니 말이다.

어디 이것뿐이랴!

학생들로 하여금 학습에 능률과 흥미를 갖게 하려면 학습 동기를 만들어야 하는데 종전의 방법으로는 가르치는 데 한계가 있었다. 그러나 이제 그 한계를 극복할 수 있는 전기를 마련해 주었다고 생각하니 저자의 노작에 심심한 사의와 깊은 존경의 마음을 금할 수 없다.

이제 남은 것은 우리 선생님들의 몫이라고 생각한다. 일선에서 우리 자신은 물론이요, 학생들의 흥미와 학습 성과를 높이기 위해 저자의 개척자 정신을 본받아 우리에게 어떤 난관이 닥친다 해도 실천해야 한다고 본다.

어떻게? 교재 편찬은 물론이요, 가르치는 교안 등을 모두 유머로 재편성해야 한다고 본다. 그래야 일선 교육 현장이 살아남는다고 나는 평소에 늘 생각해 왔는데 어느 날 저자가 이 큰일을 해낸 것이다. 참으로 경하스런 일이요, 참으로 감사한 일이 아닐 수 없다.

요즈음 교육 경쟁력을 많이 찾는다. 왜 우리들의 자녀를 그 비싼 돈을 들여가며 외국에 내보내는가? 그렇게 해서 얻은 것이 무엇인가?

기러기 아빠, 기러기 엄마를 많이 본다. 우리도 외국처럼 그들이 우리 문화를 배우고 우리 교육을 배우러 오게 할 수 없는 일인가?

나는 확신한다. 이제 저자의 유머 창조의 비결을 터득했으니 더 이상 그런 쓸데없는 고통, 쓸데없는 지출을 그만할 때가 왔다고 본다. 지금이 바로 그 시기다. 이제 더 이상 지체해서도 안 되고 더 이상 생각해서도 안 된다. 오직 강력한 추진으로 유머 창조의 비결을 확산 보급하여 일선 교육 현장은 물론이요, 사회 모든 분야가 유머가 흘러넘치는 사회를 만들어 세계 각국이 대한민국의 문화를 배우러 오고 우리 교육을 배우러 오도록 하자.

2006년 10월

한밭대학교 평생교육원장

중등교육원장 교수 문학박사 김 선 호

책을 펴내며

때는 바야흐로 유머 시대인 것만은 틀림없는 것 같다. 직장이나 일선 교육 현장, 기업의 회의석상 등 그 어느 곳을 막론하고 유머를 사용하지 않고는 아무것도 이루어 낼 수 없는 시대가 되고 있으니 말이다.

그러나 유머 사용이 단순히 웃고 웃기는 놀이 게임에 빠져 유머 본래의 목적을 망각해서는 안 되는 일이라고 본다.

왜냐하면 유머가 아무리 재미를 강조한다 해도 개인을 폄하하거나 정직을 도외시한 교활한 말장난은 아니기 때문이다. 유머 본래의 목적은 개인은 물론이요, 기업에서 생산성과 화합에 있기 때문이다.

따라서 이것이 결여된 유머 사용은 조용히 반성해야 하지 않는가 생각한다. 웃는 것이 좋고 웃기는 것이 좋다 해서 금쪽 같은 아까운 시간을 소비하면서 품위를 떨어뜨리거나 소기의 목적을 달성하지 못하는 야한 입장으로 치닫는다면 차라리 유머 사용은 하지 않은 것만 못 하다고 본다. 같이 웃고 떠들 때는 좋았는데 너무 망가진 이미지로 인해 그 다음 자신의 위치를 찾지 못하는 경우가 있다면 이것은 분명 유머 사용의 후유증이 아닐 수 없다.

그래서 생각하여 나온 것이 이 책이다. 유머는 사용해야겠는데 방법은 모르니 참으로 답답한 경우가 많았을 것이다. 이 책은 이런 해답을 주기 위하여 집필했다.

원래는 '국제유머테크연구회'의 '유머동호인'들을 위해 유머를 연구하고 저질의 유머를 고급 유머로 발전시키는데 1차적 집필 목적을 두었지만, 부차적으로 사회와 역사에 공헌하는 것이 무엇인가를 찾다보니 이 책을 집필한 것이다. 그리하여 동호인들 자질 함양의 일환으로 그간의 사례를 통해 분석 연구하고자 했다. 그러던 것이 점차 발전하여 일상 생활에 부딪치는 크고 작은 문제를 해결하는 것을 비롯하여 학문의 세계에까지 두루 노크한 것이다.

따라서 유머에 관심 있는 모든 분이 연구하고 공부하여 새로운 세계를 창조하도록 방향을 두고 집필한 것이다. 이 책이 이렇게 광범위하게 모든 영역을 다루고 있기 때문에 책을 읽는데 지루하거나 산만한 감도 있으리라는 점도 솔직히 인정한다. 그러나 이것은 맛있는 음식을 먹기 위한 하나의 절차요 준비 작업이라고 생각하고 열심히 읽는다면 유머를 창조하는데 상당한 흥미와 도움이 되리라고 본다.

여하간에 유머는 공격자와 방어자간의 논쟁이요, 발화자와 수화자간의 언어 유희 내지는 언어 표현이다. 그런데 유감스럽게도 자기 주장을 못 하거나 회피하여 침묵한다면 그것만큼 어리석고 못난 일은 없다고 본다. 차라리 로봇을 앉히거나 인조 인형을 그 자리에 둔다 해도 그보다 나을 수도 있다.

이 책의 내용을 분석하면 총 8장으로 구성되어 있으며,

제1장 유머 창조의 원칙에서는 모든 상황을 자신에게 유리하게 전개하는 것을 원칙으로 하고 있음을 사례를 통해 분석하고 소개했다. 이 것만 보더라도 유머가 자신의 호신책이요 자신의 발전을 위한 전략이라는 것을 알게 될 것이다.

제2장 논점에서 유리한 방법 찾기에서는 그렇다면 유리한 방법이 무엇인가? 결국 유머는 공격자와 방어자간에 공방을 기초로 전개되는 논쟁이다. 그리하여 논점에서 유리한 방법을 찾으면 논쟁은 종식되고 싸움은 유리함을 주장한 쪽이 승리하게 되는 것이다.

제3장 유머 창조의 4변수에서는 유리한 쪽을 찾으려면 도구가 필요한데 이 도구가 바로 유머 창조의 4변수이다. 공격자가 원인으로 공격하면 결과로 방어하고(이원성), 공격자가 싸잡아 공격할 때 유리하면 그냥 거기에 상응하는 조치를 하고(관련으로 통합) 불리하면 관련에서 빠져 나가는 일을 하면 된다(관련에서 분리).

또, 때로는 유리하기 위해서 일의 순서를 바꾸거나 역할을 바꿔 대안을 찾아보는 것도 문제 해결의 한 방법이 된다(변화). 그런가 하면 가치관이나 수준 차이를 보여 주관적으로 문제를 풀어 갖가지 기기묘묘한 방법을 제시하면 된다(인간).

제4장 미적 심상에서 유리한 방법 찾기에서는 언어로 표현하기 전의 상태에서 유리한 방법을 찾는 일이다. 이것은 논점 기법에서 얘기할 때는 논점 은닉이 되는데 이것은 심령 안에서 미적 가치를 찾는 일이다. 때로는 외압으로 미적 심상이 억눌려 표현하지 못하는 경우도 있고 때로는 불리하더라도 장기적 안목에서 유리하다고 생각하여 표현하지 않을 미적 심상을 표현하는 경우이다.

제5장 미적 심상의 모습들에서는 바람직한 미적 심상과 부정적인 미적 심상이 무엇인가 살펴서 향후 올바른 미적 심상을 갖도록 했다.

제6장에서는 유머의 종류를 소개했다. 유머의 종류를 얘기할 때는 광의를 말하고 그 종류 속의 유머는 협의를 말한다. 유머에는 유머, 풍자, 기지, 아이러니 등 네 종류가 있다.

제7장 실전에서 유리한 방법 찾기에서는 실전에서 부딪치는 문제를 다뤘다. 위기에 봉착했을 때 어떻게 위기 관리를 할 것인가? 귀납법, 연역법, 변증법으로 문제를 해결하는 방법을 제시했다.

제8장에서는 신종 사업으로 등장하고 있는 유머가 일상 생활에서 어떻게 사용되고 있는가를 구체적으로 하나하나씩 소개했다.

이상 전체 구성 내용을 개략적으로 일별했다. 20세기가 낳은 가장 위대한 철학자 비트겐슈타인은 말했다. '나는 나의 작품이 다른 사람으로 하여금 생각하는 수고를 덜도록 하고 싶지 않다. 가능하다면 오히려 사람들로 하여금 스스로 생각하도록 자극하고 싶다.' 저자도 이 말에 전적으로 동감한다. 저자는 이 책의 내용을 일반 독자들이 쉽게 이해하도록 집필했지만 비트겐슈타인의 말대로 수고를 요하여야 읽을 수 있는 대목도 있다. 책이 무한정 쉬우면 책의 가치가 떨어지고 또한 모처럼 독서에 쏟은 시간이 헛되지 않도록 하기 위해서 어느 정도의 노력과 관심은 있어야 한다고 본다.

따라서 이 책을 다 독파하고 나면 적어도 유머라는 것이 무엇이고 또 어떻게 생활해야 하며 어떤 준비를 할 것인가를 깨닫게 될 것이다.

여기까지 오게 된다면 이 책은 소기의 목적을 달성했다고 볼 수 있다. 그리하여 우리의 세계가 지옥과 고통이 우굴거리는 동물의 세계가 아니고, 꿈과 멋이 가득한 환상의 세계, 신비의 세계에 살고 있다는 것을 느낄 것이다.

그런 환상의 세계, 신비의 세계를 만일 파괴하는 무리가 있다면 우리는 분연히 맞서 싸워 물리쳐야 한다. 이것이 우리가 유머를 하는 본래의 목적이요 의무이기도 하다. 왜냐하면 거듭 말하지만 유머를 하게 되는 것은 자기 표현과 자기 발전의 기회이다. 그런데 비굴하게 행동하거나 비열한 생각으로 모처럼의 이 절호의 기회를 놓쳐서는 안 되기 때문이다.

결론을 말씀드리면 착하고 아름답게 사는 것은 결코 방관이나 침묵이 아니고 의연히 맞서 싸우는 것이 유머라는 것을 깊이 인식하고 용기 있는 사람, 지혜 있는 사람으로 각인되어 유머 역사를 만드는 멋있는 사람이 되도록 하자.

그리하여 먼 훗날 손자를 품에 안고 아버지나 어머니로서 그리고 할아버지나 할머니로서 '멋있고 아름다운 유머' 를 들려 줄 수 있는 존경스런 어른들이 되도록 하자.

2006년 10월

국제유머테크연구회 대표 이 상 근

Contents

Contents

chapter 1

유머 창조의 원칙

유머란 무엇인가? 유머는 순전한 자기 방어요, 자기 위주의 공격이다. 설령 공격과 방어가 아니더라도 언어를 수단으로 하는 전략 · 전술적 언어 싸움이다. 자신에게 불리하면 전혀 관련 없는 것으로 만들고, 자기와 전혀 관련 없다 할지라도 억지로 관련을 만들어 상황을 유리하게 전개하기 때문이다.

그런데 유리한 상황을 전개시키는 데 있어서는 몇 가지 원칙이 있는데 소개하면 아래와 같다.

여기서 **유리한 것은** 웃고 웃기는 것이라든가 슬기 · 지혜 · 비꼼 등 다의적인 정의가 포함된 것을 말한다. 이것을 통상 **유머**라 한다.

01 자신에게 유리하게 만든다

아래는 도둑 아빠와 도둑 아들이 자신들의 신상 문제를 얘기하고 있는 내용이다.

도둑 아들 : 아빠, 이왕이면 우리도 남들처럼 당당하게 벌면서 살 수 없어? 난 아빠 직업이 도둑질하는 사람이라고 하면 자다가도 정신이 번쩍 난단 말야.

도둑 아빠 : 남들 의식하며 살면 하루도 괴로워서 못 산다. 이런 직업도 아무나 가질 수 없는 특수 직업이라는 것에 긍지를 가져라. 우선 밑천 안 들이지, 유행 안 타지, 그것뿐이냐? 다른 직업을 봐라! 장사가 안 돼 업종 바꾸느라고 정신 못 차린다. 그런데 아빠 직업은 10년 전이나 지금이나 어디 유행타는 것 봤니? 맘만 먹으면 톡톡히 재미를 볼 수 있는 직업이다. 그리고 역사에서 보더라도 영웅 호걸이 실은 다 큰도둑이었다. 능력껏 산다는 것이 중요한 거야. 누가 뭐라든 남의 말에 신경 쓰지 마라. 때가 되면 아빠도 빛볼 날

이 있으니 그때까지 참고 기다려.

도둑 아들 : 그 사람들은 겉으론 고관이나 재벌로 포장되었지만 우리는 그런 게 아니잖아?

도둑 아빠 : 야 임마! 흉터를 옷으로 가린다고 그 흉터가 어디 가니? 그런 사람들은 목욕탕이나 해수욕장에 데리고 가면 금방 들통난다. 그러나 우리는 처음부터 흉터가 있다고 공표했으니 그들처럼 숨길 것도 없고 부끄러워할 것도 없으니 우리가 더 떳떳하고 당당하다는 생각 안 드냐? 다 생각 차이야. 그들이 근엄한 척하면서 뒷구멍으로 호박씨 까는 거나, 우리처럼 당당하게 내놓고 도둑질하는 거나 나는 같다고 보는데, 그래도 모양이나 태도가 우리가 낫다는 생각이 들지 않니?

아들은 아빠의 직업이 도둑이라는 사실에 창피하여 말하는데, 아빠는 자기 입장만을 강변하면서 궤변을 늘어놓고 있다. 아빠가 정말 아들을 위한다면 아들이 왜 창피해 하고 앞으로 어떻게 행동해야 하는가 등을 생각해야 정상이다. 그런데 아빠는 자신의 입장에서 도둑질의 정당성만 얘기하니 아들 입장에서는 속 터지는 일이다. 아빠의 막무가내식 논리에 아들은 할 말을 잃고 만다.

망한 사업가가 용돈을 달라는 아들과 잡담을 나누고 있다.

아들 : 우리 선생님이 그러는데 세상에서 제일 나쁜 사람은 저 살려고 자식이 죽든살든 잘 먹고 잘 써서 빚을 자식에게 듬뿍 넘겨 준 사람이래.

아빠 : 그보다 더 나쁜 사람이 있어.

아들 : 어떤 사람이야?

아빠 : 저 재미보겠다고 마누라 잡히고 노름돈 만드는 놈이지.

아들 : 에이, 아빠는 몰라도 한참 모르네. 그보다 더 나쁜 사람이 있어.

아빠 : 어떤 사람인데?

아들 : 아들이 모처럼 친구들과 어울리려고 용돈 좀 달라고 조르니까 사업한답시고 몇 천만 원 몇 억 원을 날리면서도 그까짓 돈 천 원이 아까워서 중풍 걸린 사람처럼 발발 떠는 아빠들이 얼마나 나쁜지 알아?

아빠 : 임마, 내가 망한 이유가 어디에 있는지 알아? 돈 천 원이 큰돈인 줄 몰라서 망한 거야. 아빠가 이제서야 그것을 깨달아 실천하고 있는 거야.

아들 : 그런데 왜 하필이면 그걸 그 많은 사람 중에서 하나뿐인 아들에게 적용하는 거야. 그렇기 때문에 아빠는 남보다 더 나쁜 사람인 거야!

아빠 : (지갑에서 돈을 꺼내 주며) 알았다. 임마, 이 돈 먹고 떨어져라. 이 자슥아.

아들의 입장에서는 어떻게든 아빠로부터 용돈을 타내는 일이다. 그것을 모르는 아빠는 아들이 처놓은 덫에 걸려 꼼짝 못 하고 용돈을 줄 수밖에 없는 입장이 되었다. 아빠는 자신이 망한 이유가 단돈 천 원의 가치를 생각지 않고 낭비한 데에 있다고 보고 지금부터 절약하려는데, 그 결심을 아들이 산산조각이 나도록 만든 것이다.

절약하는 것은 좋은데 그 적용을 하나뿐인 아들에게 적용하는 인색한 아빠가 되지 말라는 것이다.

02 불리한 것은 무관하게 한다

아브라함 링컨은 다른 사람의 이야기를 마치 자기 이야기처럼 도용하는 것으로 유명했다. 한 번은 기자가 표절이 아니냐고 따졌다. 링컨은 자신의 그런 경향을 순순히 인정하며 이렇게 말했다.

"저는 극작가가 아니라 연기자입니다."

작가는 자기 목소리를 가져야 한다. 물론 경우에 따라서는 인용도 있다. 그런데 표절의 시비를 문제삼는다면 '표절'과는 전혀 관련 없는 '연기'라면 표절 시비 자체가 우습다.

그리하여 표절하고는 전혀 관련 없는 것으로 만들기 위해 창작을 벗어난 연기로 임기응변했다. 이렇게 됨으로써 표절을 거론하여 공격한 사람이 설 자리가 없어졌다.

03 웃기기 위해서 불리하게 한다

이것은 웃겨야 자신에게 유리할 경우에 사용하는 방법이다. 장기적 안목을 생각했거나 분위기를 부드럽게 할 필요가 있는 경우에 계획적으로 자신에게 위해를 가한다.

봉구가 친구와 함께 면접시험을 보러갔다. 친구가 먼저 면접시험장에 들어갔다.

면접관 : 자네는 우리나라 야구 선수 중에 누가 가장 뛰어나다고 생각하나?
친구 : 전에는 선동렬이었지만 지금은 이승엽입니다.
면접관 : 왕건은 어느 시대 사람인가?
친구 : 고려 시대입니다.
면접관 : 자넨 이 세상에 귀신이 있다고 믿는가?
친구 : 여러 사람들이 그렇다고 주장하지만, 저는 확실한 과학적 근거

가 없기 때문에 꼭 그렇다고 단정짓지는 않습니다.

친구는 면접을 마치고 나와서 자신이 대답한 내용을 꼼꼼히 적어 봉구에게 건네 주었다. 봉구는 그걸 열심히 외워서 면접장에 들어갔다.

면접관 : 자네 이름이 뭔가?
봉구 : 네, 전에는 선동렬이었지만 지금은 이승엽입니다.
면접관 : 자네 언제 태어났나?
봉구 : 고려 시대입니다.
면접관 : 자네 혹시 바보 아닌가?
봉구 : 여러 사람들이 그렇다고 주장하지만 저는 확실한 과학적 근거가 없기 때문에 꼭 그렇다고 단정짓지는 않습니다.(자운영 : 44)

세상에 자기 이름을 물어보는데 그것도 대답 못 하는 바보가 있을까? 긴장을 하면 이런 일도 있을 수 있다. 봉구는 완전히 주눅이 들어서 면접관의 얘기가 귀에 하나도 안 들어왔다. 처음부터 단추가 잘못 꿰진 것이다.

처음에 조금만 신경 썼더라면 '아차' 하며 친구에게 들은 게 아니라고 판단하고 상황에 맞게 대처했을 것이다. 그런데 친구를 철석같이 믿었고 또 면접시험이 누구나 다 똑같은 문제라고 생각하고 면접장에 들어간 것이 잘못이었다.

이같이 기계적 행동이나 바보화는 웃음을 유발하기 때문에 유머에서 분위기 조성을 위해서나 친교적 모임에서 가장 많이 사용하는 요소이다. 이런 현상은 비극이다.

그러나 반대로 봉구가 만일 똑똑한 수험생이라면 일부러 이렇게 대답하여 면접관을 크게 한바탕 웃길 수도 있다. 이런 현상은 희극이다. 수천 명의 응시생 중에 합격을 하려면 모험을 걸어야 한다.

면접관은 봉구의 대답을 듣고 그가 바보인지 똑똑한 수험생인지 서류라든가 태도 등에서 이미 간파하고 있기 때문에 바보 행동, 바보 답변은 합격의 지름길이라는 것을 알아야 한다.

따라서 통상적인 답변을 하여 모처럼의 기회를 무산시키는 어리석은 자가 되어서는 안 될 것이다.

프랑스어를 잘하지 못하는 요한에게 먼저 시험을 치고 나온 친구가 말했다.

너는 내가 내 주는 대로만 하면 합격이야 알겠니?
우선 첫 문제는
A : '부모님이 있는가' 하고 물을 때 너는 부모님이 안 계시니,
A-1 : '없습니다.'
B : 둘째 문제는 '시험에 합격하고 싶은가' 하고 물으면,
B-1 : '물론이지요.'
C : 셋째 문제는 '애인이 있는가' 하고 물으면,
C-1 : '아직 없습니다.'
하고 대답하면 된다. 그리고 매 대답마다 끝에 '선생님.' 하고 말하라!

이 말을 들은 요한은 열심히 대답 연습을 하고 시험장에 들어갔다.
그런데 이번엔 시험관이 질문의 순서를 바꿨다.

B 선생 : 시험에 합격하고 싶은가?

A-1 요한 : 없습니다, 선생님.

C 선생 : 학생은 애인이 있는가?

B-1 요한 : 물론이지요, 선생님.

A 선생 : 부모님이 계신가?

C-1 요한 : 아직 없습니다, 선생님!(김용 : 251)

위에서 보듯이 두 번째 질문을 첫 번째에 물어봤다. 그러면 답변자는 재빨리 알아채고 거기에 맞는 답변을 해야 한다. 그런데 기계적인 답변을 하여 웃음이 되었다. 기계적인 것은 웃음이 된다. 멍청하고 바보스러운 모습에 그것을 보는 사람은 우월감에서 웃게 되는 것이다.

chapter 2

논점에서 유리한 방법 찾기

대화의 분위기는 우호적인 상황일 때도 있고 비우호적인 상황일 때도 있다. 우호적인 상황은 적의가 없기 때문에 비적대적이라 하고 비우호적인 상황은 적의를 품고 말하기 때문에 적대적 상황이라 한다.

여기서 '적의'는 꼭 '악의'를 내포한 말뿐만 아니라 입장이 난처해지거나 답변을 하지 않으면 안 되는 상태를 말한다. 따라서 모든 상황은 이 둘 중 어느 하나에 해당된다. 만일 적대적 상황이라면 논점을 피하거나 시간을 벌기 위해 즉석 답변을 피하려 들 것이다. 반대로 비적대적 상황이라면 대화는 적극적이고 활기를 띠게 된다.

일반적으로 대화의 형식(화술의 원리 또는 유머의 원리)은 다음과 같이 이루어진다.

(1. 적대적 또는 비적대적 상황) — (2. 논점 전략 : 대화의 방향) — (3. 논점 전술 : 논리 전개의 원칙) — (4. 논점 표현 : 표현의 기술)

이런 단계를 거쳐 대화가 이루어지지만 겉으로 드러난 모습은 4의 단계만 나타난다. 이를 도식화하면 아래와 같다.

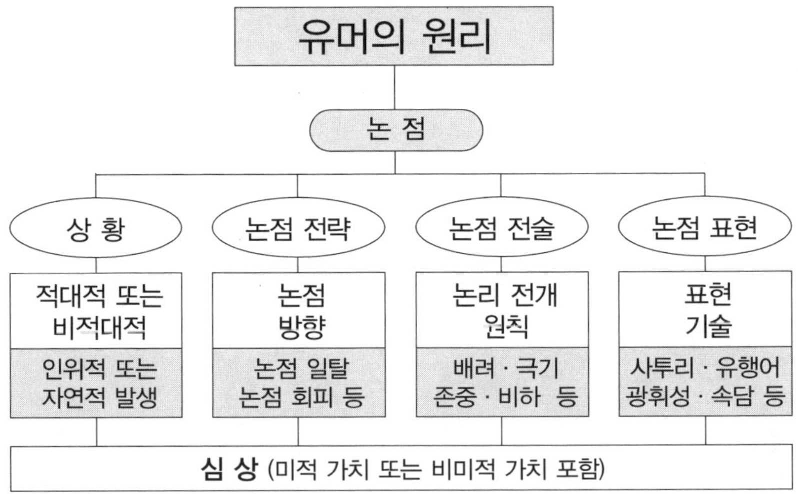

01 상황

상황은 자연적인 상황과 인위적인 상황이 있다. 사건이나 사고 등은 외부에서 일어난 자연적 상황이다. 반면에 현재에 처한 위치나 가상적인 일에서 인위적으로 상황을 설정하는 경우가 있는데 이것을 인위적인 상황이라 하며, 양자의 상황은 적대적인 상황이거나 비적대적인 상황에서 유머가 발생된다.

1. 적대적 상황

대화의 상대가 곤혹스럽거나, 어떤 상황에서 빨리 빠져 나오고 싶은 경우와 상대에게 의무를 부과하거나 음해 · 모함하여 골탕을 먹이는 경우를 말한다. 이런 적대적 상황에 직면하면 본능적 · 반사적으로 방어 자세가 나오게 된다.

어느 날, 선생님이 민영이를 교무실로 부르셨다.

민영이는 잔뜩 겁을 먹고 교무실로 갔다. 선생님은 화가 난 목소리로 민영이에게 말씀하셨다.

"넌 숙제를 어떻게 하는 거니? 날마다 숙제를 이렇게 엉터리로 해오니 아무래도 내가 너희 어머니를 한 번 만나봐야겠구나!"

민영이는 고개를 푹 숙였다. 그리고는 조그만 목소리로 말했다.

"엄마를 만나셔도 소용없으실 거예요."

민영이의 말에 선생님은 눈을 동그랗게 뜨셨다.

"소용없다니?"

민영이는 더 기어들어가는 목소리로 말했다.

"제 숙제는 날마다 엄마가 해 주시거든요."(자운영 : 159)

방어자 민영이의 입장에서는 공격자인 선생의 요구를 충족시키지 못했기 때문에 매우 곤혹스러운 입장이다. 피할 수 없이 궁지에 몰린 쥐가 된 적대적 상황이다.

그런데 공격자가 엄마를 불러 주의를 주려 했는데 듣고 보니 엄마를 불러야 소용없다. 숙제에 대한 공범자를 불러서 말해 봐야 오히려 민영이를 옹호하든지 아니면 엄마 자신이 무안해서 어쩔 줄 모르든지 민영이와는 무관한 관계이기 때문이다.

철수가 공부도 안 하고 날마다 놀러만 다니자, 하루는 아버지가 철수를 불러놓고 무섭게 꾸짖으셨다.

"너 링컨이 네 나이였을 때 뭘 했는지 아니?"

"몰라요."

그러자 아버지가 타이르듯 말했다.

"링컨은 네 나이 때 쉼없이 공부하고 연구했단다. 그래서 미국에서 가장 존경받는 대통령이 된 거지."

그러자 철수가 한 마디 했다.

"아, 링컨은 저도 알아요. 그런데 그분이 대통령이 된 건 아마 아버지 연세였을 때였죠?"(자운영 : 80)

혼내는 사람을 물고 늘어져야 혼이 나지 않는다. 찾아보니 링컨이 대통령된 것은 아버지 나이와 비슷할 때이다.

아버지가 물은 것은 부지런하게 공부했다는 것을 주지시키 위해서 물은 것이다. 물음 형식을 빌려 질책한 것이다. 그런데 정작 당사자인 철수는 공격자의 의도와 전혀 다른 엉뚱한 물음으로 완전 KO 시켰다.

2. 비적대적 상황

대화가 적의가 없고 오로지 우호적인 경우를 말한다. 분위기를 유쾌하게 하거나 친교적인 경우에 많이 사용되는 경우이다.

미국 대통령이었던 링컨은 매우 키가 컸다. 그래서인지 키가 큰 사람을 보면 깊은 관심을 보이곤 했다.

어느 날, 링컨은 파티장에서 자기보다 키가 큰 사람을 만났다.

그런 경우는 매우 드물기 때문에 링컨은 놀라움을 금치 못했다. 링컨은 한동안 그를 쳐다보더니 이윽고 그에게 물었다.

"여보게, 자넨 발이 차가워지면 언제 머리가 그걸 알게 되는가?"
(자운영 : 139)

천막을 칠 때 가운데 지주가 가장 크다. 천막은 그 지주 때문에 산다. 키가 큰 사람은 사람이 많이 모인 곳에서 유난히 눈에 띄게 된다. 평소 링컨도 자신이 키가 컸기 때문에 키 큰 사람을 보면 호감이 갔던 모양이다.

이 예화에서도 링컨은 좋은 감정을 갖고 그에게 접근했다. 키 큰 것을 발과 머리 사이의 거리로 비유하여 발의 차가움을 머리가 알 때는 언제쯤이냐는 것이다. 시간이 오래 걸릴수록 키가 크다는 것이 입증되는 것이다.

이런 유머를 많이 구사해야 유머 역사가 하나씩 형성되는 것이다. 평소 가볍게 넘길 일도 유심히 관찰하면 좋은 유머를 창조할 수 있다는 것을 보여 주는 예라 하겠다.

월매가 차려다 준 술상 앞에서 이 도령이 앉으면서 말한다.
(한쪽 구석에 다소곳이 앉아 있는 춘향이를 보고 오른손을 들어 춘향이를 부른다.)
"춘향아, 그리 떨어져 있지 말고 이리와 내 곁에 앉아라."
(다음에는 왼손으로 향단이를 가리키며 그녀를 부른다.)
"향단아, 너도 거기서 서성거리지 말고 이리 와서 내 곁에 앉아라."
(이때 어디서 나타났는지 방자가 촐랑거리며 도련님에게 자기는 어디 앉느냐고 묻는다.)
"도련님, 저는 어디 앉을깝쇼?"
"어흠, 무엄하다. 양반이 모처럼 기분 좀 내려 하는데 상것이 어느 안

전이라고 함부로 낄 자리 안 낄 자리 구분치 않고 끼어드려 하느냐?"

"도련님 술 먹는 데까지 상놈, 양반 가립니까? 그렇다면 춘향 아씨는 그렇다 하고, 향단이는 언제 양반이 되었길래 도련님과 같이 대작을 하게 되었나요?"

"허흠, 이놈 봐라. 못 하는 말이 없다. 향단이는 신분으로 부른 게 아니고 여자로 보고 부른 것이다. 이놈아!"

머쓱해진 방자 돌아서며 이 도령이 들으라는 듯한 목소리로 짐짓 중얼거린다.

"그래 자슥아, 잘 먹고 잘 살아라. 양반이라고 먹을 것 안 먹을 것 다 먹으면 체해 이놈아. 양반 밑에 근무하면 하다못해 고물이라도 있는 거야. 힘 있다고 너무 까불지 마. 호랑이가 누구한테 죽는 줄 알아, 손톱 하나로 누르면 죽는 균이야, 이 멍청한 놈아. 니가 나를 무시해, 좋다 이것아. 한 번 해 보려면 한 번 해 보자."

이 도령이 이 말을 결코 흘릴 리 없다.

"너 방금 돌아서며 귀신 씨나락 까먹는 소리를 하는 것 같은데 방금 뭐라 했어?"

"네, 상놈과 속으로 양반 욕을 했수다. 아랫것들이 지껄이는 말을 양반 품위가 있지 귀 기울여 들으실 필요가 없습니다."

도련님이 모처럼 받은 술상 앞에서 도련님의 생각과 방자의 생각이 다름을 보여 주면서 방자 말을 메시지로 전달하고 있다.

방자는 도련님과 같이 술좌석에 끼지 못했지만 통쾌하게 상대를 독백으로 보복하고 있다. 그런데도 이 유머가 험악하지 않고 유쾌한 것은 서로들 악의라고는 전혀 찾아볼 수 없기 때문이다.

02 논점 전략

논점이 생기는 것을 논점 생성이라 하고 논점이 소멸되어 더 이상 논쟁거리가 없는 것을 논점 소멸이라 한다. 논점 생성은 발화자나 피발화자 또는 공격자나 방어자가 논점을 주장함으로써 생성되기도 하고 소멸되기도 한다.

논점 생성이나 논점 소멸은 인간의 의지와 관계되어 나타나는 경우가 있고 인간의 의지와 관계없이 나타나는 경우도 있는데, 논점 생성은 인간의 의지와 관계되어 나타난 경우를 말한다.

따라서 논점 생성은 논점 주장이라고 한다. 자연 발생적으로 발생한 논점은 사건이나 사고에 해당되지, 사람이 주장하지 않으면 비록 논점이 생성되었다 하더라도 언제 없어졌는지 모르게 역사의 뒤안길로 사라진다.

논점 생성은 논점 일탈, 논점 회피, 논점 보류, 논점 정렬, 논점 흐림, 논점 해석 또는 논점 설명, 논점 은닉, 논점 자유, 논점거리가 있다.

1. 논점 일탈

여기에는 의도적으로 답변하는 때가 있고 또 답변의 핵심을 몰라 엉뚱하게 답변하는 때가 있다. 분위기를 살리려고 의도적으로 했다면 희극이 되지만, 문제의 핵심을 모르고 답변했다면 비극이 된다.

답변자가 의도적으로 답변했다면 논점 회피와 같다. 논점 일탈이 논점 회피와 다른 점은 후자는 논점 일탈의 성격을 띤 의도적인 화법인데 비하여, 전자는 의도성과 비의도성을 함께 내포하고 있다는 점에서 차이가 있다.

여기서는 양자의 개념을 명확히 하기 위해 무의도적인 것만 소개한다.

형규 입장은 적대적 상황 – 논점 전략 : 논점 일탈

국어 시험시간이었다. 시험 문제 중에 이런 문제가 나왔다.
※ <미닫이>를 소리 나는 대로 쓰시오.
잘난 척하기로 소문난 형규가 제일 먼저 답안지를 내고 나갔다.
형규의 답안지에는 이렇게 씌어 있었다.
<드르륵.>(자운영 : 162)

형규에게는 국어 시험시간이 피할 수 없는 고통의 시간이다. 물론 공부를 잘해 점수를 잘 받는 입장이라면 시험시간을 기다렸을 것이다. 이렇게 되면 상황은 비적대적 상황이다.

그러나 공부를 안 한 입장이거나 더욱이 공부를 해도 능률을 못 올리는 입장에서는 매우 곤혹스런 시간이 될 수밖에 없다. 이것은 적대적 상황이다.

이 예화에서 형규는 공부를 못 하는 입장인 것 같다. 왜냐하면 출제자의 의도를 전혀 모르고 작성한 답안이기 때문이다.

이것은 비극이 아닐 수 없다. 원래 정답은 <미다지>로 써야 맞다. 형규가 이것을 모르고 답안을 작성했기 때문에 출제자는 배꼽을 잡고 웃었을 것이다.

답을 모르는 것은 어리석음이나 바보에 해당된다. 논점 일탈은 어리석음이 주류를 이룬다.

친구의 입장에서 비적대적 상황 — 논점 전략 : 논점 일탈

원숭이 얼굴을 가진 사내가 애인에게 차이고 말았다. 외모를 상당히 중시하는 여자 친구였기 때문이다. 이를 본 남자 친구가 원숭이 얼굴을 가진 사내에게 위로의 말을 하려 했다. 그리하여,

"사람은 얼굴이 다가 아니야."

라고 말한다는 것이 그만,

"사람의 얼굴이 아냐?"

라고 했다. 그러자 사내는,

"이 새끼, 너까지 나를 놀리니?"

하면서 대들었다.

남자 친구는 위로해도 좋고 안 해도 좋은 비적대적 입장이다.

그런데 남자 친구가 바보가 아니면 결코 이런 말을 할 수 없다. 한참 위로한다는 것이 상처를 내는 짓을 했기 때문이다. 남자 친구는 지적 수준이 떨어지는 사람임을 알 수 있다. 이런 것은 현실적으로 비극이다.

2. 논점 회피

대화 속에는 발화자가 있고 경청자가 있다. 이때 발화자는 대개 한 명이고 경청자는 한 명 또는 그 이상이다. 발화자나 경청자가 대화할 경우 어떤 의도를 가지고 조직적이고 계획적으로 대화를 전개하는 경우가 여기에 해당된다.

곤란한 경우에 직면했을 경우 의도적으로 즉석 응대를 하지 말고 다음과 같이 처신하는 게 좋다. 신정부가 들어서면 야당이나 국민들은 구정부의 잘 · 잘못을 알려고 한다. 이때 신정부는 곤혹스런 입장에 놓인다. 그리하여 어떻게든지 그들의 공격을 피하려는 전략을 갖게 된다.

관리 입장은 적대적 상황 — 논점 전략 : 논점 회피

예화1 : 그 말에 대한 답변은 실로 황당하다는 말밖에 없습니다.

예화2 : 죄송합니다. 갑자기 주책없이 생리 현상이 생겨 용변 좀 보고 말씀드리겠습니다.

예화3 : 죄송합니다. 제가 가는귀를 먹다 보니 다시 한 번 말씀해 주실 수 있습니까? 그런데유, 형편이 없어 보청기도 없구먼유!

예화4 : 죄송합니다. 말씀하신 분의 마이크는 최신형인데 듣는 제가 가는귀가 먹어 녹음기가 구식이다 보니 녹음이 전혀 안 되는구먼유.

공격자가 적의를 품고 음해나 험한 인신 공격을 할 경우 일일이 응대하면 하나도 득될 게 없다. 이 경우 위 예화처럼 어떻게든 초점에서 벗어난 논점 기법을 사용하면 상대는 초점을 잃었기 때문에 맥이 풀려 웃음거리가 된다. 예화1은 사실적인 답변이다. 그러나 예화2~4는 인공적인 논점 기법이다.

예화2는 용변을 보고 왔다면 다시 궁색한 답변을 해야 하기 때문에 예화3이나 예화4보다 못한 답변이다.

예화3이나 예화4는 방어자가 능청을 떨면서 오히려 공격자를 화내게 하는 동시에 청중에게 웃음을 안겨 주고 있다. 공격자를 가지고 놀고 있는 것이다.

친구 입장에서 비대적 상황 — 논점 전략 : 논점 회피

과학박물관에서 구경을 하던 희수가 친구에게 말했다.

"여기 보니까 산소는 약 200여 년 전에 발견되었다고 적혀 있어."

그러자 친구가 능청스럽게 말했다.

"그래? 그럼 그 전에는 사람들이 어떻게 숨쉬고 살았지?"

(자운영 : 117)

희수의 말은 산소의 구성 분자가 발견된 것을 말하고 있다. 그런데 친구는 능청을 떨면서 우리가 마시는 산소를 200여 년 전에 발견했다면 그 전 사람은 어떻게 숨쉬고 살았느냐고 의문을 표했다.

이것은 논점의 초점에서 완전히 의도적으로 벗어난 물음이다. 이렇게 단언할 수 있는 것은 친구가 능청을 떨었다는 대목에서도 쉽게 감지된다.

3. 논점 보류

난처한 경우나 시간을 벌어야 할 경우에는 논점을 보류하도록 하는 것이다.

새로운 전략이 마련될 때까지 시간을 벌 필요가 있을 경우나 하기 싫은 일을 할 경우, 자신의 입장을 내놓고 드러내 놓지 못하는 경우 등 무언의 반대 의사를 개진할 경우 사용되는 기법이다.

번즈 입장에서 적대적 상황 — 논점 전략 : 논점 보류

조지 번즈가 여든다섯이 되면 어떤 기분이 들 것 같으냐는 질문을 받았다. 여기에 대해 번즈는 다음과 같이 답변했다.

"내가 여든다섯이 되었을 때 그때 알려 주지요."

이 예화도 앞의 예화와 역시 마찬가지다. 즉석 답변을 피하고 뒤로 미루었다.

85살도 먹지 않았는데 85살 때의 소감을 묻는 것에 답변을 하면 우문에 우답이 된다. 답변자는 우문에 현답으로 85살이 되었을 때 답변하겠다는 말로 대신했다. 이렇게 되어 복잡한 질문일 수 있는 것을 아주 간단하게 처리했다.

고르바초프 입장에서 적대적 상황 — 논점 전략 : 논점 보류

A : 러시아에서 공산주의는 이제 끝났다고 생각하십니까?
B : 그 질문에 대답하려면 일 주일의 시간이 필요합니다.(김은태 : 15)

2001년 10월 고르바초프가 우리나라를 방문했을 때 고려대학교 인촌기념관에서 학생들에게 강의를 마치고 질문을 받는 시간에 어떤 학생이 한 질문이다. 길고 장황한 설명이 필요하다는 것을 이렇게 압축하여 말하고 있다. 대답하기 위해서는 일 주일 정도 걸리는데 불과 몇 분에 설명할 수 없다는 것을 간결하게 표현했다.

4. 논점 흐림

논쟁의 초점에서 멀어지고 싶거나 직집 관련되는 것을 꺼려할 때 사용하는 화법이다.

무당의 입장에서 적대적 상황 — 논점 전략 : 논점 흐림

임신한 여인이 태아의 성별을 알아보려고 무당에게 물었다. 쌀알을 뿌리며 이상한 주문을 외더니 무당이 말했다.

"엄마 쪽에서 보면 뱃속의 아기는 딸일 것이오."

가족들은 그 소리를 듣고 실망하여 미간을 찌푸렸다. 그것을 눈치챈 점쟁이는 덧붙여 말했다.

"하지만 아버지 쪽으로 보면, 그리고 내가 틀리지 않는다면 태아는 틀림없이 아들일 것이오."

점쟁이가 남의 운수를 그렇게 잘 맞추면 자기 운명은 왜 알지 못할까? 중이 제 머리 못 깎는다는 말에 동의는 하지만 참으로 아이러니한 일이 아닐 수 없다.

궤변에 가까운 유머이지만 그래도 설득력이 있어 웃음을 자아내는 것은 점쟁이의 능청스런 답변에 가소로움을 느끼기 때문이다.

부리안 입장에서 적대적 상황 — 논점 전략 : 논점 흐림

1925년 앙리오 내각의 붕괴는 이미 시간 문제였다. 어떤 의원이 부리안에게 물었다.

"그런데 새 내각은 언제쯤 조각하십니까?"

부리안이 대답했다.

"정국은 나에게 매력을 가질 만큼 좋지는 않고, 그렇다고 나에게 조각을 맡길 만큼 나쁘지는 않아서 말입니다."

부리안이 선뜻 대답한다면 온갖 구실로 일이 잘 안 풀릴 수도 있다. 특히 정국의 흐름을 말 한 마디 잘못함으로써 꼬이게 한다면 이것처럼 낭패 보는 일도 없는 것이다.

그래서 윗사람은 매사 언행에 신중을 기하는 것이다. 뱉은 말은 주워담을 수 없고 이것으로 인해 또 다른 문제가 제기되면 문제를 푸는 사람으로서는 골치 아픈 일이 되기 때문이다.

스테판 입장에서 적대적 상황 — 논점 전략 : 논점 흐림

오하이오 출신의 전 상원의원 스테판 영은 이름을 알 수 없는 사람으로부터 협박성 편지를 받았을 때, 이런 내용의 메모를 적어 되돌려 보내고는 했다.

'며칠 전 책상에서 편지를 발견했습니다. 나는 이 사회의 책임 있는 시민인 당신이라면, 이따위 말도 안 되는 편지를 당신 서명으로 보낸 정신 나간 사람이 도대체 누구인지 알고 싶어할 것 같아서 이 편지를 당신에게 띄웁니다.'

스테판 영이 편지를 쓴 주인공을 알면서도 모르는 척하면서 당사자를 비난하고 있다. 이로써 당사자는 속으로 찔끔하여 협박성 편지를 삼갈 것이다. 이렇듯 지적하는 것도 쉽지 않고 그렇다고 그냥 넘길 수도 없을 경우에 논점을 흐려 문제를 해결하는 방법도 있다.

여기서 스테판 영의 태도에 따라 적대적일 수도 있고 비적대적 상황일 수도 있다. 비난의 편지 주인공을 마음에 둘 수도 있고 전혀 안 둘 수도 있기 때문이다.

5. 논점 정렬

유머는 통상 방어자가 공격을 받는 것이 통례이다. 논점 일탈이니 논점 회피 등은 방어자의 입장에서 말한 것이다. 그러나 논점 정렬은 공격자가 공격을 했는데 방어자에게 오히려 되치기 당해 곤궁한 상황에 직면했을 때 공격자가 다시 공격을 가하는 경우이다. 즉 공격을 하다가 여의치 않게 되면 전열을 가다듬은 후 다시 공격을 개시하는 것이다. 그러나 방어자에게도 논점 정렬이 있다.

공격자 관리인의 입장에서 적대적 상황 – 논점 전략 : 논점 정렬

민호가 오페라 극장에서 코를 골며 자고 있었다.

그러자 관리인이 난처한 표정으로 민호에게 다가와 간청하듯 말했다.

A : 제발 코 좀 골지 마십시오. 당신은 지금 다른 사람들을 방해하고 있습니다.

B : 뭐라구요? 나는 내 돈을 내고 이 좌석을 산 거요! 그러니 난 내가 하고 싶은 대로 하겠소!

잠이 깬 민호는 화가 나서 소리쳤다. 그러자 관리인이 빙긋 웃으며 다시 말했다.

A-1 : 그건 그렇습니다. 하지만 선생님 때문에 다른 분들이 모두 잠을 자지 못하고 있습니다.(자운영 : 115)

관리인은 극장가에서 모든 사람에게 편안하고 즐거운 분위기를 제공할 의무가 있다. 그러나 잠을 자는 사람 입장에서는 몰려오는 잠을 쫓을 수는 없다. 관리인이 관람객을 위해 코를 골지 못하도록 제지하는 것은 당연하다. 그런데 잠을 자는 사람에게는 그 단속에 적발되어 잠을 깬 것이 영 못마땅하다.

이런 이유로 공격자는 관리인이고 잠을 자는 민호는 방어자의 신분이 된다.

관리인은 1차 공격을 시도했지만 방어자는 성질을 내며 자기의 권리만 주장한다. 이렇게 되면 공격자의 공격은 주춤해질 수밖에 없다. 그러나 어떤 형태이든지 제지는 해야 되겠기에 다시 전열을 정비하여 2차 공격을 시도했다. 공격자의 코고는 소리로 다른 사람의 수면을 방해하기 때문에 자더라도 코는 골아서는 안 된다고 공격했다.

그리고 다른 사람도 자지만 방어자처럼 코는 골지 않기 때문에 다른 사람에게 피해 주는 것은 없다고 말했다.

그러기 때문에 공격자의 단속은 정당하고 방어자의 주장 중 일부는 인정하지만—자는 것— 코고는 것은 인정 못 하기 때문에 결코 당신의 권리가 아니므로 극장 안에서 최소한의 예의는 지켜야 한다고 주장한 것이 상당한 설득력을 지녔다.

방어자 점원 입장에서 적대적 상황 — 논점 전략 : 논점 정렬

A, B 골동품 가게를 운영하는 아저씨가 가게에서 손님을 안내하고 있었다. 그런데 갑자기 가게 안쪽에서 '와장창' 뭔가가 깨지는 소리가 들렸다. 깜짝 놀란 아저씨가 달려가 보니 바닥에 깨진 도자기 조각들이 널려 있었고 새로 온 점원이 부들부들 떨고 서 있었다.

깨진 도자기는 18세기 중국 꽃병으로 아주 비싼 것이었다. 아저씨는 너무 화가 나 버럭 소리를 질렀다.

B-1 : 아니, 자네가 방금 깬 것이 18세기 꽃병이라는 걸 알고나 있나?

그러자 점원은 안심이라 듯 한숨을 내쉬며 말했다.

A-1 : 18세기요? 참 다행이네요! 전 그게 아주 새것인 줄 알고 깜짝 놀랐는데…….(자운영 : 60)

A, B 주인과 점원은 이미 적대적 상황이 되었다. 점원이 아무리 변명을 해도 깨진 도자기를 놓고 주인은 나무랄 것이다—설령 나무라지 않더라도 주인은 공격자가 되고 점원은 방어자가 될 수밖에 없다.— 여기서 형식상으로는 공격자가 없지만 내용상으로 공격자는 주인이 된다. 상황의 내용으로 보면 충분히 이해되는 일이다.

수세에 몰린 점원은 주인의 2차적 공격에(B-1) 반격을 했다. 18세기라는 말에 능청을 떨면서 논점 회피로 도자기 깬 것에 대한 무거운 책임을 별로 무겁지 않은 책임으로 만들었다.(A-1)

방어자인 친구 입장에서 적대적 상황 — 논점 전략 : 논점 정렬

A 어느 날 한 농부가 당나귀를 빌리기 위해 친구를 찾아갔다.

농부가 당나귀를 빌려달라고 하자 친구는 고개를 절레절레 흔들며 말했다.

B : 안됐군, 벌써 다른 사람이 빌려가고 없는걸.

바로 그때 마구간에서 당나귀 울음소리가 들렸다.

그 울음소리를 들은 농부가 따지듯이 물었다.

A-1 : 없다더니 저 울음소리는 뭔가?

그러자 친구는 화를 내며 이렇게 말했다.

B-1 : 자넨 지금 내 말을 믿는 건가, 아니면 당나귀 말을 믿는 건가?(자운영 : 142)

형식상으로나 내용상으로나 같은 유머이다. 1차 공방에서 당나귀를 빌려야 하기 때문에 농부가 공격자이고 친구는 당나귀를 빌려줘야 하는 부담을 갖게 되어 방어자가 된다.

A, B : 당나귀를 빌리려는 농부나 빌려 줘야 하는 부담을 갖는 친구나 둘의 입장에서 모두 적대적 상황이다. 당나귀를 빌리러 왔다가 빌리지 못하면 무척 서운할 수밖에 없다. 감정이 생기게 되어 있다. 방어자 역시 빌려 주든지 핑계를 대든지 부담이 있다. 여기까지가 1차 공방이다.

이때 당나귀의 울음소리가 들리자 다시 2차 공방을 하면서 친구는 궤변으로 자기 합리화를 했다.

A-1 : 즉, 당나귀가 엄연히 있는데도 없다고 거짓말을 한 것을 생각하니 그렇게 괘씸할 수 없다. 그리하여 당나귀의 울음소리는 뭐냐고 공격한 것이다.

B-1 : 그런데 친구인 자기 자신은 신의를 저버리면서 농부에게는 '친구라면 자기 말을 믿어야 친구가 아니냐?' 고 질책하고 있는 것이다.

자기는 농부의 눈앞에서 새빨간 거짓말을 하면서도 말이다. 참으로 가증스런 일이요, 더는 상종 못 할 인간이다. 그렇지만 진정한 친구라면 당나귀의 말(울음소리)보다 친구 말을 더 믿는 게 옳지 않느냐는 말에 두 손을 들 수밖에 없다.

이런 말은 형식에는 없지만 내용상으로는 분명 이런 메시지가 담겨 있다.

6. 논점거리

뜻대로 안 되거나 돌발 상황에 부딪칠 때는 남의 일처럼 말하는 경우에 사용하는 화법이다.

자신의 일을 남의 일처럼 얘기하는 자세도 '미적 가치'의 한 표현이다. 이것은 남 보기에 여유가 있어 좋고 초월적인 마음이다 보니 넓고 깊은 웅장한 마음을 보게 되어 보는 이로 하여금 자연 감동적이게 된다.

대화는 통상 공격자와 방어자로 이루어진다. 그러나 공격자 없이 제3자적 입장에서 공격이나 방어를 하게 되는 경우가 있다. 또 공격자가 직접적으로 공격을 숨기고 간접적으로 공격하는 경우가 있다. 이같은 입장에서 공격이나 방어를 '논점거리'라 한다. 논점거리는 자신의 문제를 자신이 해결하는 경우도 있지만 제3자가 처리하는 경우도 많다. 다툼이 있을 때 법원이나 제3자의 판단을 구하는 경우가 이 경우이다.

감독의 입장에서 적대적 상황 ― 논점 전략 : 논점거리

"우리 어머니께서도 선수 선발에 대해 할 말이 많으신가 봅니다."

감독을 아들로 둔 어머니도 축구 팬의 한 사람으로서 감독에게 사견을 말하고 싶어할 정도이니 주변에서 수없이 많은 의견들을 들어야 하는 곤란을 겪고 있음을 간접적으로 표현한 유머다. 또한 이 말에는 감독의 고유 권한인 선수 기용이나 작전권에 대한 질문은 삼가 달라는 애교 섞인 부탁이 담겨 있다.

이로 인해 주위로부터 감독이 무참한 공격을 당하고 있다는 것을 알 수 있다. 감독자인 방어자가 답변할 시간적 여유가 있기 때문에 평소 느끼고 생각했던 점을 정리하여 제3자처럼 말하고 있다. 그리하여 많은 비난을 어머니를 끌어들여 가볍게 처리하고 있다.

케네디의 입장에서 적대적 상황 ― 논점 전략 : 논점거리

1960년 존 F. 케네디는 가문의 재력으로 경쟁자인 닉슨에 비해 부당한 이득을 누린다는 비난이 있었다. 그때 케네디는 정교하게 계산된 유머를 사용해서 그런 문제를 일시에 해결했다. 기자 회견장의 단상에 올라서자마자 아버지에게 전보를 받았다고 기자들에게 말하며, 그 전보를 읽어 내려가기 시작했다.

'사랑하는 아들 잭에게! 꼭 필요한 만큼만 표를 사거라.
이 아비는 절대 그 이상의 돈을 내놓지 않을 생각이다.'

위 예화같이 시간적 여유가 있는 것은 유머를 만들기 쉽다. 이렇게 논점에서 일정한 시간을 두고 답변할 수 있는 것을 논점거리라 한다. 이것은 시간적 차이로 모순을 갖는 것과 구별하기 위해 논점거리라 지칭한다.

논점거리와 논점 보류의 차이점은, 시간적인 면에서 살펴볼 때 전자는 글자 그대로 논점을 거론할 때 거론하는 시점에 거리를 두는 것을 말하거나 자기 일을 자기 일이 아닌 것처럼 말하는 경우이고(제3자적 입장), 후자는 논점 자체를 논점 시점 당시에 논쟁하지 않고 잠시 보류하는 것을 말한다.

위 예화에서도 밝혔듯이 논점거리는 당사자가 아닌 사람의 의견을 제3자가 대변한다든지 소문에 대한 해명 등처럼, 그 즉석에서 답변하지 않고 시간적으로 여유를 가진 후 답변하는 것이다.

이와 반면에 논점 보류는 앞에서 밝혔듯이 즉석에서 답변을 의도적으로 회피하는 방법이다. 따라서 논점 보류는 적당한 시간을 찾아 답변해도 좋고 또 경우에 따라서는 영원히 답변을 안 해도 되는 유머이다.

7. 논점 은닉

대화를 하다 보면 감추고 싶은 게 있고 표현하고 싶은 게 있다. 그리하여 적대적 상황에서는 말할 것도 없고 우호적 상황에서도 겉마음과 속마음을 다르게 표현하는 경우가 있다.

특히 공격을 당했을 때는 겉마음과 속마음을 다르게 표현한다.

그러나 분위기 조성을 위하거나 국면 전환을 위해서 일부러 속마음을 표현하거나 흘려서 문제를 해결하는 경우가 있는데, 이같은 경우 논점을 감춰야 할 것을 표현한다 하여 논점 은닉이라 한다.

농부 입장에서 적대적 상황 — 논점 전략 : 논점 은닉

한 부부가 차를 몰고 시골길을 드라이브하다가 그만 진흙탕에 빠져버렸다.

부부가 진흙탕에서 차를 꺼내려고 쩔쩔매고 있는데 마침 한 농부가 트랙터를 타고 지나가는 것이 보였다.

남편이 얼른 뛰어가 농부에게 만 원을 줄 테니 차를 빼달라고 했다. 농부는 두말없이 다가와 트랙터로 차를 꺼내 주었다.

이윽고 남편이 농부에게 만 원을 건네며 말했다.

"아저씨! 여기서 차 빼 주는 일만 해도 수입이 나쁘지 않겠는데요!"

그러자 농부가 빙긋 웃으며 말했다.

A "그런 말 마세유! 매일 여기다 채우는 물값도 만만찮아유!"

(자운영 : 98)

병 주고 약 주는 유머이다. 여기서 공격자는 위해를 가한 농부이고 진흙탕에 빠진 부부는 방어자이다.

시골길의 사고 원인은 다 농부에게 있다고 보면 틀림없다. 그런데 사람들은 그것도 모르고 사고가 나면 농부를 찾아가 도움을 요청한다.

농부는 그때마다 짭짤한 수입을 올린다. 가장 흉악한 사람이라는 것을 모르니 그럴 수밖에……

농부는 자기의 이득을 남의 골탕에서 찾고 있는 것이다. 그 골탕을 먹인 사람한테 돈을 줘가며 도움을 요청하니 이것처럼 아니러니한 일이 또 어디 있을까?

A 말은 결코 다른 사람이 알아서는 안 되는 말이다. 만일 사람들이 이 사실을 알게 되면 두 번 다시 쳐다도 안 볼 사람이다.

8. 논점 해석 또는 논점 설명

논점 주장이라고 할 수 있다. 굳이 논점 설명이라 하는 것은 논점 주장은 논점 회피를 비롯하여 모든 것이 다 논점 주장이기 때문에 논점 설명이라 구분한 것이다.

따라서 논점 주장은 광의를 말하고 논점 설명은 협의를 의미한다. 논점 설명은 논점 해석으로 사용되기도 한다.

가난뱅이 입장에서 적대적 상황 — 논점 전략 : 논점 설명

"우리 동네에서 누구를 막론하고 나에게 아첨을 하거늘, 네놈은 어찌 나에게 아첨을 하지 않느냐?"

어떤 부자가 가난뱅이에게 이렇게 호통을 치자 가난뱅이가 거만한 자세로 그를 쳐다보며 대답했다.

"당신이 부자든 아니든 그게 나와 무슨 상관이오? 그러므로 나는 당신에게 아첨할 필요가 없소."
"그렇다면 만약에 내가 너에게 내 재산의 반을 준다면 그때는 아첨할 수 있느냐?"
"그것도 싫소. 반을 받으면 내 재산과 당신 재산이 똑같은데 무슨 이유로 내가 당신에게 아첨을 한단 말이오."
"그럼 내 재산을 몽땅 너에게 준다면?"
"그것도 싫소. 그렇게 되면 당신은 무일푼이 될 것이며 나는 큰 부자가 될 것인즉, 굳이 내가 당신에게 아첨할 이유가 더더욱 없어지게 되는 거지요."

부자는 가난뱅이를 힘의 논리로 호통을 치며 공포감을 조성했다. 갑자기 가난뱅이는 두렵고 무서운 적대적 상황에 처했다.

부자의 제의마다 가난뱅이는 모두 거절했다. 처음 가지고 있는 재산의 반을 제의했으나 거절되었고, 두 번째는 몽땅 재산을 다 준다 해도 가난뱅이에게는 전혀 통하지 않았다.

가난뱅이는 거절하는 이유를 그럴듯하게 변명하니 부자는 더 이상 제의하는 것을 멈출 수밖에 없다.

목사 입장에서 적대적 상황 – 논점 전략 : 논점 설명

"목사님! 하나님께서는 천지를 창조하기 전에 무얼 하고 계셨을까요?"
항상 엉뚱한 질문으로 목사님을 골탕 먹이는 성도였다. 목사님이 대답했다.
A "마, 하나님께서는 엉뚱한 질문을 골라서 하는 사람들을 위해서 지옥을 만들고 계셨을 것입니다."

공격자가 방어자를 골탕 먹이려고 일부러 공격한 적대적 상황이다. 이런 상황에서 방어자는 물귀신 작전이 최고이다. 공격자를 '골탕 먹이려는 자'로 단정하고 그를 위해 그에 상응한 지옥을 찾아 방어한 것이다.

골탕 먹이는 자가 갈 곳은 천당이 아니고 그들만이 가는 지옥이다. 논리상 맞는 말이다. 여기서 지옥보다 더 험악한 곳이면 유머 효과는 더욱 배가 된다.

A를 다음과 같이 고치면 효과는 배가 된다.

"마, 하나님께서는 똥오줌도 못 가리는 사람을 위해 똥수깐을 만들고 계셨을 겁니다."

9. 논점 자유

대화에서 애당초부터 의사결정권을 상대방에게 넘겨 버리는 경우를 말하거나 화자의 임의적인 발언을 말한다.

후보자 입장에서 적대적 상황 — 논점 전략 : 논점 자유

어느 회사에서 직원을 채용하는데 세 명의 후보자 중 첫 번째 남자에게 최고경영자가 물었다.

"2 더하기 2는 얼마지요?"

A : 4입니다.

B : 키스입니다.

두 번째 후보자에게도 동일한 질문이 주어졌고 그는 '키스'라고 대답했다.

마지막으로 세 번째 후보자에게 같은 질문을 하자 그는 앞으로 몸을 숙이고 주위를 두리번거리더니 조용히 속삭였다.

C : 얼마가 됐으면 좋겠습니까?

A는 볼 것도 없이 탈락이고 B와 C 중에 누가 합격했을까? 모르긴 몰라도 최고경영자의 의도를 잘 알고 거기에서 문제를 푸는 사람이 합격할 것이다.

면접에서 제일 중요한 것은 형식상이나 고정관념의 답이 아니고 그 틀을 깬 기상천외한 답이다.

생각해 보라! 누구나 다 할 수 있는 답은 회사에 창의적인 아이디어를 내놓지 못한다. 회사가 어려움에 처하거나 발전을 기약하려면 발상의 전환이 있거나 어떤 순간적인 위기관리 능력이 있어야 한다.

이것은 유머 능력이 있는 사람은 가능하지만 그렇지 못하면 회사는 수렁에서 헤매일 수밖에 없다. 그러기 때문에 평소 머리의 유연성 훈련이 필요한 것이다.

03 논점 전술 —논리 전개의 원칙

논점 전술은 논점 전략일 수가 있다. 경우에 따라서는 같은 의미로 사용되기도 한다. 그러나 엄밀하게 따지면 양자는 분명한 차이점이 있다.

적대적 또는 비적대적 상황에서 대화나 논쟁의 경우 논점을 회피하거나 멍청하게 모른 척하고 논점을 일탈할 것인가 등 논점의 전략이 세워졌으면 구체적으로 내용을 효과적으로 표현해야 한다.

따라서 논점 전략이 논점 회피나 논점 보류 등 대화의 방향을 정하는 것이라면, 논점 전술은 그 방향을 어떤 성격으로 논리를 전개할 것인가가 얘기가 된다.

다음 예화를 살펴보자!

시골의 작은 마을 길가에서 한 나이든 노인이 전국마라톤선수권대회에 참가한 선수들이 질주하는 것을 구경하고 있었다. 이 노인네, 선수들이 하나같이 얼굴을 일그러뜨리고 기를 쓰며 달리는 것을 보고는,
"도대체 뭣 때문에 저 고생들을 하는지 모르겠군!"
라고 했다. 옆에 있던 사람이 저기서 이기는 사람은 '돈방석'에 올라앉게 된다고 알아듣게 설명해 주었다.
"아, 그래!"
노인은 알겠다는 듯이 한참을 잠자코 있더니 옆사람에게 다시 묻기를,
"이긴 사람은 그렇다 치고, 그럼 나머지 사람들은 대체 왜 저 고생을 하누?"(최성호 : 108)

노인은 단지 1등만 상을 받고 다른 사람은 상을 받지 못할 텐데 왜 그 고생을 하느냐는 것이다. 1등을 가리기 위해서는 그 전에 시합의 과정을 거쳐야 한다는 것을 모르고 한 말이다. 노인은 단지 마라톤의 결과로 나타난 1등만 얘기하다 보니 이런 유머가 탄생하는 것이다.

1등이 나오려면 모든 사람이 참가하여 등위를 정하는 과정을 거쳐야 한다는 것을 알면 결코 이런 말을 할 수 없다. 그러나 노인의 말이 결코 이치에 맞지 않는 말은 아니다. 단지 상을 받는 것만 얘기한다면 상당히 타당성 있는 말이다.

이렇게 무슨 말을 하든 유머는 일단 논리에 맞아야 한다.

엄마는 아들더러 앉으라고 하고 아들 녀석은 서 있겠다고 했다. 아들이 말을 안 듣고 뻗대는 데 화가 난 엄마는 억지로 앉혀 놓았다. 아들은 한참 아무 말도 안 하더니 야무진 목소리로 말하길,
"내가 겉으로는 앉아 있지만 속으로는 서 있단 말야."(최성호 : 127)

아들은 겉으로 나타난 행동을 가지고 엄마 뜻대로 했다고 단정하지 말라는 뜻이다. 엄마의 폭력으로 앉은 것이지 실은 그게 앉은 게 아니라는 것이다. 결과 = 0행동 + 0속마음인데 지금 자기는 결과 ≠ 0행동 + ×속마음이라는 것이다.

논리가 이렇게 정연할 수 있을까? 이렇게 유머는 논리 전개에 한 치의 하자가 없어야 한다.

만득이가 밤늦게 터미널에 나가 친구들을 태워 오게 되었다.
만득이는 친구들이 자신의 고향에 와 본 일이 없다는 것을 알고는 어두워서 보지 못하는 아름다운 풍경을 자세히 설명해 주었다.
어느 산모퉁이를 돌면서 만득이가 말했다.
"낮에는 여기서 보면 저수지 저편으로 산들이 보여."
만득이의 말을 들은 친구가 어둠 속을 바라보며 만득이에게 말했다.
"이론적으로는 정말 아름답군!"(최성호 : 33)

이 유머도 논리 전개에는 한치의 하자가 없다. 만득이야말로 낮에 얼마나 자신의 고향 경치를 보여 주고 싶었을까? 그러나 유감스럽게도 낮에 그 경치를 못 보여 주는 게 안타까워 비록 밤이지만 고향의 풍경을 설명한 것이다.

만득이는 눈을 감아도 고향 풍경을 다 안다. 전에 다 머릿속에 남아 있기 때문에 안 보아도 훤하다. 그러나 처음 보는 친구는 아무리 설명해 줘도 아무것도 볼 수 없고 느낄 수 없는 풍경이다.

이론적으로 아무리 아름다워도 그것은 볼 수 없고 느낄 수 없기 때문에 아름다운 것인지 보기 흉한 것인지 잘 모른다.

이 유머도 이론적으로는 논리가 정연하다. 유머를 창조할 때는 이같이 일단은 논리가 맞아야 되는 것이다. 논리가 맞지 않으면 그 다음 단계로 논리를 전개할 수 없다.

1. 논점 일탈

농부 입장에서 비적대적 상황 – 논점 전략 : 논점 일탈
– 논점 전술 : 귀중하게 생각하는 것(시간)을 하찮게 생각한다

도시에 사는 사람이 차를 타고 시골길을 달리다가 돼지를 머리 위로 들고 끙끙대는 농부를 발견했다. 농부는 돼지에게 사과를 먹이려고 힘들게 나무 위로 돼지를 밀어올리고 있었다. 그리고 한 마리가 사과를 서너 개 먹고 나면 또 다른 돼지를 밀어올렸다.

이 사람은 머리를 갸웃거리며 농부에게 다가가 물었다.

"나무를 흔들어 사과를 떨어뜨리면 시간을 훨씬 절약할 수 있지 않나요?"

"시간?"

농부가 말했다.

"돼지에게 시간이 뭐가 중요하단 말이오?"

'돼지가 시간을 절약해서 뭐하게요?' 이 말을 이렇게 간접적으로 말한 것이다.

시간에 쫓기는 도시인과 시간과 무관하게 생활하는 농부와의 차이가 확연히 드러나는 유머이다. 농부는 도시인이 가르쳐 주는 것을 실은 알지 못했다고 볼 수 있다. 왜냐하면 그 무거운 돼지를 머리 위로 올려 사과를 따먹게 하는 수고를 하고 있기 때문이다.

그렇다면 도시인의 말을 듣고 자존심에서 내뱉은 말이거나 아니면 멍청하기 때문에 그런 행동을 합리화시켰든지 둘 중의 하나에 속한다고 보아야 할 것이다.

고객 입장에서 비적대적 상황 — 논점 전략 : 논점 일탈 — 논점 전술 : 전체 과정을 보지 않고 부분 결과로만 말한다

어떤 말 중개상이 고객에게 승용마를 추천한다.
"당신이 이 말을 타고 새벽 네 시에 출발하면 여섯 시 반경에는 프레스부르크에 도착할 것입니다."
"프레스부르크에서 아침 여섯 시 반에 뭐하게요?"
(프로이트 / 임인주 : 72)

발화자는 말의 능력을 말했다. 출발점에서 목적지까지 가는데 불과 2시간 반이면 간다는 말이다. 그러나 수화자는 말의 능력을 거들떠보지 않고 도착된 시간에 대해서만 반응했다. 상황 파악을 못하고 엉뚱하게 답변한 것이다. 이것이 어리석게 비춰져 웃음이 나온 것이다.

2. 논점 회피

적대적 상황 — 논점 전략 : 논점 회피
— 논점 전술 : 전혀 번지수가 다른 것을 제시하여 싫어하는 내색을 표현한다

천재적인 여배우 갈마이어가 '나이가 몇 살이냐?' 는 달갑지 않은 물음에 대해 난처한 눈빛으로,
<브륀Brunn"에서.>라고 대답했다.(프로이트 / 임인주 : 200)

나이를 묻는 것은 답변하기가 제일 싫은 사항이다. 특히 노처녀에게 나이를 묻는 것은 엄격한 금기사항이다. 이 예화에서도 이런 적대적 상황에서 그녀는 자신의 출생지를 말함으로써 그 다음 질문을 예견하고 이 질문은 넘어갔으면 좋겠다는 것을 암시했다. 여기서 천재 여배우라고 전제했기 때문에 대답은 논점 일탈이지만 논점 회피라는 것을 알 수 있다.

여기서 공격자가 혹 실수하여 질문을 하고 답변자가 엉뚱한 대답을 했다면 이런 경우는 적당히 그냥 넘어가는 게 예의이다.

적대적 상황 — 논점 전략 : 논점 회피
— 논점 전술 : 전혀 모르는 것처럼 능청을 떤다

밤새껏 짖어대는 개 때문에 잠을 설친 이웃이 아침에 개 주인에게 언짢게 말했다.
"아니, 댁의 개가 밤새 짖어대는 것을 아십니까?"
태평스런 개주인은 선뜻 대답했다.
"예, 걱정 마십시오. 우리 개는 그 대신 낮에는 푹 쉬니까요."

공격자는 잠을 설친 것에 대해서 항의를 하고 있다. 그런데 주인인 방어자는 능청을 떨며 동문서답을 한다. 공격의 화살을 피하는 방법은 논점을 회피하는 것보다 더 이상 좋은 방법이 없다고 생각한 것이다.

3. 논점 보류

아나카르시스 입장에서 적대적 상황 — 논점 전략 : 논점 보류
— 논점 전술 : 되묻는 형식으로 답변을 상대에게 떠넘긴다

아나카르시스(기원 6세기)는 스키티아(혹은 쿠티아, 흑해 북쪽의 내륙 평원지대) 출신인지라 그가 처음 그리스에 왔을 때 바다와 선박들이 그에게 강한 인상을 주었던 것 같다. '가장 안전한 배는 정박중인 배'

라고 말한 것도 그 강렬한 인상에 근원한 듯하다.

어떤 사람이 그에게 이상한 질문을 던졌다.

"이 세상에 죽은 사람이 더 많을까요, 혹은 살아 있는 사람이 더 많을까요?"

"잠깐, 지금 바다 위에 떠서 항해중인 사람들은 어느 쪽에 포함시켜 계산해야 할지 모르겠습니다. 그들이 산 사람 축에 속하나요? 혹은 죽은 사람 축에 속하나요?"

논점에 답변하기가 곤란한 때는 논점을 회피하는 방법밖에 없다. 그런데 여기서 마냥 논점을 회피할 수도 없는 입장이다. 그래서 생각한 것이 질문의 답을 공격자인 질문자에게 적당히 떠넘기는 방법으로 논점을 보류하는 것이 상책이다.

그리하여 자신의 입으로 직접 답변하지 않고(보류시켜 놓고) 비교를 통해 상대의 입으로 답변을 들어보는 방법을 택했다.

이렇게 되면 방어자가 답변을 하든 혹은 안 하든 공은 방어자의 손을 떠나 공격자 쪽으로 넘어갔기 때문에 공격자의 답변을 들을 때까지는 방어자는 답변을 보류한 것이나 다름없다.

방어자 입장에서 비적대적 상황 – 논점 전략 : 논점 보류
– 논점 전술 : 답을 질문자에게서 찾도록 한다

한 승려가 조주 선사를 찾아와 물었다.
"스님, 하루 스물네 시간 동안 어떻게 마음을 써야 합니까?"
"자네는 스물네 시간의 부림을 받지만 나는 스물네 시간을 부릴 수 있네. 그대는 어떤 시간을 묻는 것인가?"(진현종 : 23)

승려의 물음에 선사는 묻는 사람에게 되묻고 있다. 이렇게 질문의 답을 상대에게 다시 되물어 질문자로부터 자유로울 수 있는 길을 찾는다. 질문자가 어떻게 수용하는가는 그 자신에게 맡겨져 있기 때문에 다음 물음이 다시 생기지 않는다.

4. 논점 흐림

방어자 입장에서 적대적 상황 – 논점 전략 : 논점 흐림
– 논점 전술 : 상대를 '붕' 띄우고 자기 생각을 감춘다

어떤 작가가 뒤마를 방문하여 두 편의 각본을 보였다. 뒤마가 처음의 각본을 읽고 나자, 방문객이 어떠냐고 물었다. 뒤마는 잠시 생각하고 나더니 말했다.
"아직 읽지 않는 작품이 더 낫겠는데."

공격자의 일부를 인정하고 일부를 부정한다.

차마 첫작품이 형편없다는 말을 할 순 없고 우회적으로 돌려 말했다. 읽지도 않은 두 번째 작품이 더 낫다는 보장은 없다. 지금보다도 더 형편없을지도 모른다. 그러나 뒤마는 방문객의 무안을 씻어 줄 속셈으로 이렇게 말했다. 반은 긍정이고 반은 부정이 되어 공격자인 방문객과 방어자인 뒤마 자신이 어색한 분위기에서 서로 빠져 나오고 있다.

링컨 입장에서 비적대적 상황 — 논점 전략 : 논점 흐름
— 논점 전술 : 부분 인정과 부분 부정으로 표현하되 인정하는 쪽에 비중을 둬 상대가 호감을 갖도록 한다

어느 날 만찬장에서 누군가 링컨에 대한 칭찬을 늘어놓았다.
"미국의 장래는 하느님과 아브라함 링컨에 달려 있다!"
그러자 이 말을 들은 링컨은 정색하며 답했다.
"저 사람 말 중에 반은 맞았다."

대화 내용을 전적으로 부정하는 것보다 이렇게 일부는 인정하고 일부는 인정할 수 없을 때 사용될 수 있는 말이다. 즉, 상대를 전적으로 인정할 수도 없고, 그렇다고 부정할 수도 없는 경우이다. 논점의 초점을 어디가 둘지 모를 경우이다. 여기서 하느님과 링컨 둘의 힘은 100%인데 링컨의 입장에서는 50%에 해당된다고 생각하고 말한 것이다.

5. 논점 정렬

방어자 하느님 입장에서 적대적 상황 — 논점 전략 : 논점 정렬 — 논점 전술 : 제 꾀에 제가 넘어가는 것을 보여 준다

민우가 정성껏 기도를 한 끝에 드디어 하느님과 대화할 기회를 얻었다. 민우가 물었다.

A : 하느님, 하느님한테는 1억 년이 1초라면서요?

그러자 하느님이 근엄하게 말씀하셨다.

B : 그렇단다.

민우가 다시 물었다.

A-1 : 그리고 1억이 1원밖에 안 된다면서요?

B-1 : 그렇단다.

민우는 하느님께 부탁을 드렸다.

A-2 : 하느님, 그럼 제게 1원만 주세요.

그러자 하느님이 웃으며 말씀하셨다.

B-2 : 좋다, 주마. 그런데 1초만 기다려라.(자운영 : 165)

글의 전체 내용으로 볼 때 하느님은 방어자가 되고 민우는 공격자가 되고 있다.

형식상으로 복선의 형식을 취하면서 하느님의 답변을 끌어내기 위해 민우가 질문 공세를 하고 있다. 그러면서 공격자 민우는 자기의 욕구를 충족시키기 위해서 하느님께 의도적으로 공격을 했다.

1차적으로 A에서 민우의 질문 공세에 하느님은 B로 답변하면서 방어했다. 이것은 분명 형식상의 공격이었는데 하느님도 모르게 공격한 것이다. 내용상으로는 공격이 아닌 단지 복선이고 화두이다.

2차적으로도 형식상 A-1의 민우의 공격에 하느님은 B-1로 답변하여 방어했다. 이 역시 두 번째도 분명 공격이었는데도 하느님은 이 또한 모르신 것이다. 내용상으로는 이것도 1차 때와 마찬가지로 공격이 아닌 단지 복선이고 화두이다.

3차에 가서 공격은 1차와 2차에 숨겨진 의도를 그대로 노출하면서 마각을 드러냈다. 3번째 A-2에 와서 공격자의 공격에 하느님은 B-2에서 '아차' 할 정도로 그제서야 비로소 공격당한 것을 느끼는 상황이 되었다. 그러나 하느님은 방어 전선을 이내 가다듬은 후 재방어했다. 즉, 공격자의 허점을 역이용하여 다시 방어한 것이 공격자를 더 이상 지탱할 수 없도록 완전 KO 시킨 것이다.

방어자 남자 입장에서 적대적 상황 ― 논점 전략 : 논점 정렬 ― 논점 전술 : 성인도 이용하지 않은 것은 결국 사공의 횡포 때문이라는 것을 일깨워 준다.

한 남자가 팔레스타인 지방을 여행하고 있었다.

어느 날, 남자는 갈릴리 호수에 당도했다. 그곳은 예수님이 진짜로 물 위를 걸어서 건넜다는 아주 유명한 호수였다.

물가에는 한 사공이 나룻배를 가지고 손님을 끌고 있었다.

남자는 호기심이 생겨 나루터로 내려가 사공에게 물었다.

A : 한 번 건너가는데 얼마요?

B : 5만 원입니다.

사공은 대수롭지 않게 대답했다. 남자가 깜짝 놀라 말했다.

A-1 : 어유, 이거 너무 비싸군!

그러자 사공이 거만한 태도로 설명했다.

B-1 : 이보시오, 여기는 역사적으로 아주 유명한 곳이오. 그걸 모르오?

남자는 사공의 말투가 너무 건방져 아무 말도 하지 않고 일어섰다.

그러자 사공이 더욱 의기양양하여 말을 이었다.

B-2 : 예수님이 이 호수 위를 걸어서 건너가셨단 말이오.

사공의 말을 듣고 있던 남자가 화가 나서 소리쳤다.

A-2 : 이제 알겠군! 뱃삯이 이렇게 비싸니 예수님인들 별 수 있었겠소? 걸어서 건너갈 수밖에!(자운영 : 160)

뱃삯 흥정에서 발생한 유머이다. 여기서 A와 B는 화두를 꺼내기 위한 도입부이다. 형식상으로 볼 때는 남자가 공격자이고 사공이 방어자이며, 내용상으로 볼 때는 사공이 공격자이고 남자가 방어자이다. 전체 흐름으로 볼 때 내용상으로 살펴보는 것이 더 타당하기 때문에 내용을 살펴보기로 한다.

공격자인 사공이 비싼 배삯을 요구하기 때문에 방어자인 남자 입장에서는 당연히 불평이 있을 수밖에 없다. 이것이 1차 공방이다.(A-1 · B-1) 그런데 공격자 사공은 남자의 불평을 좋게 말할 수도 있는데—좋게 말하면 공격이 아니다— 거만한 태도와 역사적 사실을 들먹이며 면박을 주었다. 이것이 2차 공방이다.(B-2 · A-2) 만일 여기서 사공이 비싼 이유를 점잖게 얘기했으면 결코 2차 공방이 생길 수 없다.

즉, 여기서 뱃삯을 물을 때까지는 형식으로 볼 때 남자가 공격자이고 사공이 방어자였던 것이(A · B), 내용으로 볼 때 남자가 방어자이고 사공이 공격자로 바뀐 것이다. 이런 이유로 내용으로 보는 게 논리상으로 옳다.

남자는 1차에서 당한 수모를 전열을 가다듬어 사공의 B-2의 공격에(형식상으로 공격하는 말은 아닌 것 같지만 남자를 압박하는 말이 되어 공격으로 단정해야 함. 왜냐하면 비싸게 받는 이유가 공격자의 말로는 역사적 명소 때문이라고 하니까 방어자가 이것을 인정하면 방어자는 설 자리가 없다. 따지는 이유의 정당성을 방어자는 찾아야 한다. 그것이 A-2다.) A-2로 맞섰다.

즉 2차적 공방에서 사공을 완전 KO패 시켰다. 이로써 남자의 일방적 승리로 멋진 방어를 한 것이다.

방어자 밀수꾼 입장에서 적대적 상황 — 논점 전략 : 논점 정렬 — 논점 전술 : 상상 밖의 현상을 그럴 듯하게 합리화한다

밀수꾼이 세관에서 검사를 받고 있었다. 세관원이 날카로운 목소리로 질문했다.

A : 가방 안에 뭐가 있습니까?

B : 닭들에게 줄 모이뿐입니다.

세관원이 다시 말했다.

A-1 : 가방을 여십시오.

B-1 세관원의 말에 밀수꾼이 가방을 열었다. 그러자 가방 안에서는 고급 라이터와 담배, 시계 따위의 물건이 잔뜩 쏟아져 나왔다.

세관원이 다시 따져 물었다.

A-2 : 그래 이것들이 닭 모이란 말이오?

그러자 밀수꾼이 태연하게 말했다.

B-2 : 물론이죠. 이것들을 닭장 안에 넣어 주었다가 닭들이 먹지 않으면 그때 내다파는 겁니다.(자운영 : 114)

A, B로 1차 공방이 시작되고 다시 A-1, B-1로 2차 공방이 진행되었다. 여기서 B-1은 말로 방어가 아니고 행동으로 방어 자세를 가졌지만 수세에 몰려 어떤 행동도 취하지 못하고 하라는 대로 하게 된다.

3차 공방에서 A-2, B-2로 끝냈다. 밀수품이 닭 모이로 둔갑한 것이 닭이 먹지 않으면 그대로 내다판다는 대목에서 세관원이 손사래를 치며 경악했을 것이다.

방어자의 재치 있는 답변은 논리에서는 일단 맞다보니 모르면 몰라도 아무리 엄격한 세관원도 한바탕 폭소를 터뜨리며 애교로 봐주는 선까지 가지 않았을까?

닭 모이 치고는 희한하고 또 너무 비싼 모이가 된 것이다.

6. 논점거리

경청자 입장에서 적대적 상황 — 논점 전략 : 논점거리
— 논점 전술 : 방어자를 처음부터 깎아내린다
— 전체를 부분(예외)에 맞춰 배려한다

중국 오패五覇 중의 하나인 초楚나라 장왕蔣王이 이웃 나라에서 침공해 온 적군을 물리치고 개선한 장군들을 환영하기 위해 큰잔치를 베푸는 자리에서 일어난 일이었다.

한참 흥이 무르익어 가던 중에 갑자기 바람이 불어 촛불이 한꺼번에 꺼져서 캄캄한 암흑 세계가 되었다. 이때 어느 신하가 왕의 귀여움을 독차지하고 있는 애첩의 귀를 잡고 입을 맞추었다. 깜짝 놀란 애첩은 그 사람의 갓끈을 잡아뗀 후 왕에게 이 무례한 짓을 한 자를 처벌해 달라고 간청하며 빨리 불을 밝혀 갓끈이 떨어진 자를 찾아 내어 엄한 벌을 내리도록 아뢰었다.

그러자 왕은 큰 소리로 잔치에 참석한 모든 신하에게 말을 했다.

'오늘밤 이 자리에서 지금 갓끈을 떼도록 하라. 만약 갓끈을 떼지 않는 사람에게는 벌을 내리겠다.' 고 명한 후에 불을 켜게 했다. 실수한 신하를 용서해 주기 위한 왕의 배려에서였다.

몇 해가 지난 후, 이웃 나라에서 대군을 앞세워 침공해 왔다. 초나라에서는 불시에 적의 진격으로 전세가 불리해지자 모두 도망을 쳐서 왕궁까지 포위되어 장왕도 몸을 피하려 했으나 진퇴양난이었다. 이때 장군 하나는 도망가지 않고 적의 화살이 빗발치는 데도 불구하고 왕의 신변을 보호하기에 애를 쓰고 있었다. 이때 장왕이 그 장군에게 물었다.

'그대는 어찌하여 다른 장군들은 다 도망을 갔는데 나를 위해 목숨까지 내놓고 싸우고 있는가?' 하니 그 장군이 대답하기를,

'제 목숨은 이미 몇 해 전에 죽을 목숨이온데 전하께서 살려 주신 목숨입니다. 지금 제 목숨은 전하의 것입니다.' 라며 결사적으로 왕을 보호하여 왕의 생명을 구해 냈다는 것이다. 이 장군이 바로 왕의 애첩에게 갓끈을 뜯겼던 장군이다. 장왕이 베푼 관용이 결국 자기에게 돌아온 것이다.

왕은 애첩의 청을 들어 줄 수도 있고 안 들어 줄 수도 있다. 왕은 제3자 입장에 있어 무엇을 하든 어느 누구에게도 구속당하지 않는 자유스러움이 있다.

여기서 공격자는 장군이고 방어자는 애첩이며 경청자는 왕이다. 애첩의 작전에 장군의 목숨은 그야말로 풍전등화가 되었다. 방어자가 공격자의 갓끈을 떼고 나서 갓끈이 없는 사람이 범인이라고 주장하고 있으니 꼼짝없이 죽게 되어 있다.

허나 왕은 아주 부담스런 상황에서 장군을 살려 주려는 기지를 발휘하여 불을 켜기 전에 모든 신하들에게 갓끈을 떼라고 명령했다. 이렇게 되면 누가 범인인지 모른다. 한 명의 무인을 감싸 주기 위해 전체를 모두 한 명의 모양으로 맞춘 것이다. 즉, 전체를 예외에 맞춰 범인의 구분을 어렵게 만든 것이다.

이것은 방어자를 처음부터 깎아내리는 작업이다. 공격자를 조금이라도 생각하지 않았다면 이런 조치는 취하지 않았을 것이다. 왕은 장군의 체면을 세워 주기 위해 애첩의 간청을 처음부터 묵살한 것이다.

방어자 입장에서 적대적 상황 — 논점 전략 : 논점거리 — 논점 전술 : 공격자를 물고 늘어지는 물귀신 작전을 쓴다

연말에 일어난 일이다. 회사의 청소부가 교통사고를 당했다. 과장은 틈을 내서 계장과 병문안을 갔다. 그런데 청소부는 멀쩡하게 밖에서 놀다가 과장이 온다는 말을 듣고 얼른 병실에 들어가 아픈 척했다. 과장과 계장은 이 사실을 알고 청소부의 행동에 나오는 웃음을 참고 모른 척하고 병문안을 다녀왔다.

이런 일이 있은 후 그 다음 해 연초에 과장은 연말의 일을 회상하고 억지로 웃음을 참으며 계장에게 장난 섞인 농담을 했다.
"김 계장, 김 계장도 아무개 청소부처럼 병원에 입원하지 그래. 그러면 내가 병문안을 가지 않겠어!"
"과장님! 과장님은 작년과 하나도 달라진 게 없네요. 허긴 작년에도 그런 증상이 조금 비치긴 했지만."

청소부의 교통사고는 경미했는데 후유증이 있을까 봐 피해자 측과 합의하여 개인병원에서 치료를 받던 중이었다. 계장과 과장은 병실을 찾았는데 간호사는 잠깐 밖에 나갔다고 했다. 그런데 창을 통해 밖을 보니 환자는 아이들과 공차기를 하고 있었다. 그래서 과장과 계장은 무안할 것 같아 병실에서 나와 환자가 보이지 않는 곳에 대기하고 있다가 환자가 입실하자 병실에 들어왔다. 이 사실을 전혀 모르는 환자는 간호사가 회사에서 사람이 왔다고 알려 주자 급히 병실에 들어와 이불을 덮고 누워 있었다. 과장과 계장은 환자의 모습에 웃음이 터져 나왔지만 이 얘기 저 얘기한 후 헤어졌다.

과장은 이런 과거를 두고 계장에게 농담을 한 것이다. 여기서 김 계장은 과장의 농담을 이상한 병의 증세로 몰아 자신의 곤궁함을 벗어났다. 이것을 연말의 증세가 연초까지 계속되는 증상으로 본 것이다.

남의 얘기를 가지고 과장이 계장에게 우스갯소리를 하며 공격한 것을 방어자는 물귀신처럼 이상 증세로 몰아붙였다. 공격을 했다가 방어자가 쩔쩔맬 줄 알았는데 오히려 역공격을 하니 긴장에서 해방되어 웃음이 나왔다.

7. 논점 은닉

방어자의 비적대적 상황 — 논점 전략 : 논점 은닉
— 논점 전술 : 사투리로 덜떨어진 수준을 보여 준다

영화관에서 지갑을 소매치기 당한 여자가 경찰서에 신고했다.
"지갑을 어디에 넣었는교?"
"스커트 안쪽 주머니에."
"그라믄 범인은 치마 속으로 손을 넣었겠구먼."
"네."
"몰랐는교?"

"아니라예."

"그라믄 왜 가만히 있었는교?"

"그 머스마가예, 제 사타구니에 손 넣는 줄만 알았지 슬마 지갑을 목표로 삼은 줄은 몰랐지예."

머스마가 사타구니에 손 넣을 때는 사랑 행위인 줄 알고 가만히 있다가 지갑을 훔쳐갔기 때문에 경찰서에 신고한 것이다.

응큼한 속셈을 보는 것 같아 웃음이 나왔다. 이런 말은 실상은 겉으로 표현해서는 안 되는 말이다. 웃기고자 하여 만든 경청자 유머이다.

남자 입장에서 비적대적 상황 ─ 논점 전략 : 논점 은닉 ─ 논점 전술 : 가슴 조이는 모습으로 그간의 못된 짓을 고백한다

어떤 남자가 신부님을 찾아와 죄를 고백했다.

"전 죄를 지었습니다. 용서해 주세요."

"무슨 죄를 지었습니까?"

"전 제2차 세계대전 때 돈 많은 한 도망자를 제 집 지하실에 숨겨 주었습니다."

"그건 죄가 아닙니다. 그리고 벌써 수십 년 전의 일이고요."

"하지만 저는 그 대가로 매달 50만 원을 받기로 했습니다."

그 말에 신부님은 잠시 생각하더니 말했다.

"그건 좋은 일은 아니지만 동기가 나쁜 게 아니니까 괜찮습니다."

"신부님이 그렇게 말씀해 주시니 이제 마음이 편해집니다. 그런데 한 가지만 더 여쭤도 될까요?"

"말씀해 보세요."

그러자 남자가 잠시 머뭇거리다 말했다.

A "그 사람에게 이젠 전쟁이 끝났다고 말을 해 줘야 할까요?"

신부와 속세의 고민을 상의하여 지도를 받는 것까지는 잘한 일이다. 죄를 지어 용서 받을 일, 그리고 도망자를 숨긴 일까지는 일단 있을 수 있는 일이다.

그러나 A는 상의해서도 안 되고 입 밖으로 표현해서도 안 되는 말이다. 그냥 마음속으로나 간직하고 있을 말이다. 그런데 이 말까지 신부와 상의했으니 바보가 아니고서는 이런 행동을 할 수가 없다. 결국 신부에게 과거사의 못된 짓을 들킨 것이나 다름없다.

8. 논점 설명 또는 논점 해석

공격자 선생 입장에서 비적대적 상황 — 논점 전략 : 논점 설명 — 논점 전술 : 방어자를 '붕' 띄워 주고 깎아내린다

해부학자 요제프 히르틀이 구술시험에서 이런 질문을 던졌다.

"비장에 대해 아는 게 있나?"

학생의 대답,

"알았는데 잊어버렸습니다."

히르틀의 말씀,

"저런! 비장에 대해서 안다는 사람은 이 세상에 자네 한 사람밖에 없었는데 하필이면 자네가 그걸 잊어버리다니……."
(한스 · 반클 지음 / 장혜경 옮김 : 48)

거짓말하는 것을 뻔히 알면서 일단 인정하고 들어갔다. 그리고 나서 꼭 알아야 될 일인데 당신이 잊어버렸다면 큰일이라고 말함으로써 정말 알았다면 답변하도록 만들었다.

만일 나중에라도 답변을 못 한다면 거짓말을 한 셈이 된다. 거짓말 한 번 잘못하고서 등줄기에서 땀이 비 오듯 흘렀을 것이다.

이 예화는 방어자인 학생의 입장에서는 얼른 그 자리를 피하고 싶은 적대적 상황이고, 선생은 질문을 해도 좋고 안 해도 좋은 비적대적 상황이다. 그런데 선생이 비장에 대해 묻자 학생은 답을 몰라 답변한 것이다. 논점 일탈이다.

여기서 정직하지 못하고 아는 체하다가 망신을 당하고 있다. 그렇지만 공격자인 선생의 입장에서는 창피를 피해 주면서 거짓의 잘못된 점을 일깨워 주는 전술을 폈다.

채무자 방어자 입장에서 비적대적 상황 ─ 논점 전략 : 논점 해석 ─ 논점 전술 : 채권자 공격자를 내리깎아 놓고 다시 공격자를 '붕' 띄워 놓는다

돈놀이를 하는 구두쇠 친구 하나가 있었으나 아무래도 수금이 잘 되지 않으므로, 하루는 채무자를 전부 한자리에 불렀다.
"너희들 형편도 딱할 줄은 알아! 그러니 없는 걸 내라고만 하면 되겠

나. 이승에서는 아무래도 못 갚을 터이니 저승에라도 가거든 꼭 갚아라. 그런데 자넨 어떻게 갚겠나?"

"고맙습니다. 전 저세상에 가면 말이 되어서 한평생 영감님을 태워드리겠습니다."

옆에 앉아 있던 사람이,

"네, 저도 저세상에 가면 소가 되어서 한평생 임자네 밭을 갈아드리겠습니다."

하니, 영감은 매우 좋아서 여러 사람이 보는 앞에서 문서를 모두 불살라 버렸다. 그리고는 옆을 돌아보면서,

"응 참! 자네는 아직 아무 말이 없었지? 자넨 어떻게 갚으려나?"

"네? 저 말씀입니까? 전 저승에 가서 당신의 아버지가 될 작정이오."

이러니 영감이 펄펄 뛸 수밖에…….

"아 아니 뭐 뭐라고? 이 고얀 놈 같으니! 돈을 갚기는 고사하고 남을 보고서 욕까지 한다? 이 목을 끊어 놓을 놈!"

그러나 이 사람은 더욱 침착한 어조로,

"아니 너무 그렇게 흥분하실 건 없습니다. 제가 당신의 아버지가 되어서 일생 동안 땀 흘려 재물을 모아 가지고서, 한푼 다른 데 쓰지 않고 전부 자식한테만 물려 줄 생각이니, 그보다 더 잘 갚는 길이 또 어디에 있단 말씀입니까!"

채권자가 빚을 독촉하여 채무자가 시달리는 것은 전혀 없기 때문에 채무자는 비적대적 상황이다. 채권자는 호의를 베풀어 채무자를 빚에서 해방시켜 주려 했다. 그런데 채무자는 공격자 아닌 공격자를 갑자기 화나게 했다. 빚을 탕감해 주는 채권자의 아버지가 되겠다는 것이다. 상식을 벗어난 배은망덕한 행동이 아닐 수 없다.

이 예화는 처음부터 의외성이다. 채권자가 갑자기 채무자들을 불러 놓고 꿈에서도 생각지 못한 행동에 채무자들은 의외로 놀랐다. 채권자가 채무자의 빚을 갚지 말라는 이야기는 가히 혁명적인 발상이요, 천지개벽할 일이기 때문이다. 긴장과 흥미가 처음부터 고조되었다.

그런데 그 다음이 가관이다. 채무자들이 채권자에게 각자가 보답할 일을 약속하는 과정에서 죽어서 채권자의 아버지가 되겠다는 의외성의 말에 채권자는 성을 발끈 냈다. 죽어서 말이 되어 한평생 주인을 태워 주겠다는 사람과 소가 되어 한평생 주인의 밭을 갈아 주겠다는 사람 말을 들을 때까지는 갸륵하고 기특하다고 생각했는데, 아버지가 되겠다는 자의 말은 괘씸하기 이를 데 없는 엄청난 모독이요, 수모였기 때문이다. 도저히 있을 수 없는 말을 들은 것이다. 호의를 베푼 것에 대한 배신이요 모독이다.

여기서도 다시 의외성으로 긴장과 흥미가 처음보다 더 장중하게 고조되었다. 그러나 채권자가 아버지가 되겠다는 자의 말을 듣고 보니 이것은 성낼 일이 아니다. 그것은 도리어 칭찬해 줄 일이며 진리이다.

즉, 업어 주고 싶을 정도로 기쁘고 고맙기 그지없는 말이다. 문제는 그 다음이다. '자식한테 땀 흘려 모은 재산을 한푼도 다른 데 쓰지 않고 전부 자식에게 물려 줄 생각이다.' 의 말에서 채권자는 커다란 쇠뭉치로 한 방 얻어맞은 결과가 된 것이다.

이같이 의외성과 진리가 혼용되어 웃음이 형성되었다.

9. 논점 자유

정신 입장에서 비적대적 상황 — 논점 전략 : 논점 자유
— 논점 전술 : 최대한 공손한 태도를 보여 왕에게 더없는 충신으로 느끼도록 한다

"자네는 몇 살이 되나?"

어느 날 루이 14세가 한 정신廷臣에게 물었다.

"폐하, 아무쪼록 폐하의 마음에 드는 나이로 생각해 주십시오."

하고 그는 정중히 대답했다.

아부의 극치를 보는 예화이다. 묻는 것 자체가 잘못이다. 정말 어지러운 현실이다.

이러니 권력자나 힘 있는 자가 안개 속에 싸여 세상을 제대로 볼 수 없다. 이 세상이 이렇게 허상 속에 살고 있는데 자기 주변에 올곧은 사람을 두지 않고 산다면 그 삶은 실패할 수밖에 없는 것이다.

어머니 입장에서 비적대적 상황 — 논점 전략 : 논점 자유
— 논점 전술 : 모정과 바보 모습을 같이 보여 준다

늦게 일어난 아들이 학교에 안 가고 이방 저방 돌아다니는 것을 보고 어머니가,

"얘야, 너 무얼 찾느라 이방 저방 다니니?"

하고 물었다.

"책가방이 없어서 그래요."

"아이구, 이 녀석아! 학교에 늦겠다. 어서 갔다 와서 찾으렴."

(김용 : 37)

어머니는 무슨 말을 하든 아들에게 자유를 구속당하거나 자기의 뜻과 상반되는 일을 안 해도 될 정도로 아들로부터 자유스럽다.

다만 하지 않아도 될 말을 하여 공연히 아들로부터 질책받을 우려가 있다.

이 예화는 경청자(독자)를 위해 만든 유머이지 실제로 이런 엄마는 없을 것이다.

발화자 입장에서 비적대적 상황 ─ 논점 전략 : 논점 자유 ─ 논점 전술 : 경험담을 서로 다르게 주장한다

갑돌 : 나는 태어나면서부터 줄곧 쇠고기를 먹어왔지. 그래서 지금 황소처럼 힘이 세다고.

병태 : 그거 이상한데……. 난 평생 동안 생선을 먹었는데도 전혀 헤엄을 못 치는데 말이야.(고정식 : 246)

위 예화의 유머에서는 누가 발화자이고 누가 경청자인지 알 수 없다. 굳이 구분할 필요도 없다. 그저 말하는 사람의 입장만 살피면 된다.

04 논점 표현

대화 과정은 (1. 상황) → (2. 논점 전략) → (3. 논점 전술) → (4. 논점 표현) 의 4단계를 거쳐 이뤄진다고 했다. 그런데 앞의 3단계는 대화에 숨어 있고 실제 나타나는 형식은 마지막 4단계인 논점 표현의 단계이다.

이 단계의 영향으로 공격과 방어가 이루어져 어떤 때는 화기애애한 분위기가 되고 어떤 때는 험악한 분위가 된다. 상황 발생 시 논점 표현은 논점 전략과 논점 전술을 구체적으로 실현하기 위한 마지막 단계이다. 즉, 보복성으로 할 것인가, 넓은 마음으로 그냥 덮어두고 넘어갈 것인가, 아니면 주관적 관점에서 가정법으로 대응할 것인가 등이 나타나는 곳이다.

유머에서 표현은 가장 중요한 전략이자 전술이다. 유머가 성공하고 실패하는 것은 거의 대부분 이 표현상의 문제에 있다 해도 과언이 아니다.

'유머가 표현에 있다.' 는 말은 형식에 있다는 말과 같다. 같은 내용을 가지고도 어떻게 표현하느냐에 따라 의미나 분위기가 확 달라지기 때문이다. 다음에 기술하는 '인간의 변수' 에서 가장 두드러지게 나타난 예를 찾아볼 수 있다. 사투리 구사라든가 유행어 사용이라든가 속담 등에서 보듯이 3변수로 설명할 수 없는 것은 모두 이 인간의 변수에 포함했다. 따라서 3변수 어디에도 해당되지 않는 유머는 모두 인간의 변수라고 보면 틀림없다.

133쪽에 소개한 사실적인 내용을 그대로 말하거나 제3자에게 전달하면 웃음은 전혀 발생하지 않는다. 그러나 이것을 지역의 특색 있는 사투리로 구사하면 금방 웃음이 터져 나온다. 그 이유는 지방마다 다른 표현 방법과 정서 때문에 생기는 현상이다.

126쪽에 소개한 속담도 마찬가지이다. A "그걸 보고 뭐라 하는지 알아? 그 밥에 그 나물이란 거여." 에서 B '그 나무에 그 열매' 가 오히려 더 적확한 말이다. 유사성이나 속성이 A보다 B가 더 가깝다. 그런데 A가 더 웃음이 나오는 것은 누구나 다 알고 있는 속담이라는 형식을 갖췄기 때문이다. 누구나 다 알고 있는 것은 바로 형식이라고 할 수 있다. 왜냐하면 속담 형식은 반 공감을 갖춘 것이기 때문이다. 속담은 언중이 다년간 사용하여 나온 말로서 모두 공감하여 사용하는 말이다. 그래서 전혀 공감이 가지 않는 말보다 더 설득력과 호소력이 있는 것이다.

이점은 유행어에서도 동일하게 나타난다.

91쪽에서 남편이 아내에게 성의 만족도를 묻는 말에서 A "뿅 가나?" 하니 아내는 B "택도 없씸더!" 했다. 남편의 말은 "어때? 기분이 좋아?" 이고 아내의 말은 "아니, 전혀 별로야!" 이다.

87쪽의 1945년 사건을 1919년에 태어난 사람들의 26번째 생일이라고 표현한 것은 객관적인 답은 분명 아니다. 그런데도 이것이 웃음이 된 것은 유머의 형식성 때문이다.

이같이 유머의 형식은 주관에 있다. 만일 유머의 형식이 객관에 있다면, 답은 '광복절' 하나밖에 없다. 주관이기 때문에 26번째 생일이라는 대답에도 틀렸다고 반박할 사람이 없는 것이다.

지금까지는 이해를 돕기 위해서 1. 상황 → 2. 논점 전략 → 3. 논점 전술을 다 설명했는데 이 장에서는 3단계를 뺀 논점 표현으로만 설명하고자 한다.

어떤 거지가 그날 수입이 없다 보니 길거리에서 얻어먹는 자기 밥그릇인 깡통을 요란하게 걷어차며 화난 모습으로 걸어가고 있었다.
지나가는 사람들은 겁이 나 깡통에 안 맞으려고 피하면서 거지 앞을 재빨리 뛰어갔다.
때마침 그 골목을 지나가던 경찰관이 거지에게 다가와 주의를 주었다.
"이봐요! 길에서 시끄럽게 깡통을 차고 다니면 어떡합니까? 당신 혼자 사는 동네요? 도대체 무슨 짓이오?"
그러자 거지가 경찰관을 한참 동안 쳐다보더니 조용히 말했다.
"난 지금 이사 가는 중이오."

거지가 살림이 있으면 얼마나 있을까? 그나마 가진 살림이라고 하면 깡통인데 그 벌이가 시원찮아 화가 나 깡통을 발로 차면서 이사 간다고 말하니 경찰로 봐서는 말린다는 자체가 잘못되었다는 것을 직감했다.

그러나 거지가 보행자를 불안하게 하는 것을 보고만 있다면 직무

유기이기 때문에 거지의 반박에 갑자기 쓰고 있던 경찰모자를 옆으로 돌려쓰고 옷을 벗어 뒤가 앞으로 되게 입어 마치 중국 의상을 입은 모습을 하고 다음과 같이 받아넘겼다.

"심부름센터에서 보내서 왔습니다. 사장님이 품삯은 받지 말고 한치의 하자 없이 고객을 잘 도와 주라고 하시던데요. 제가 그럼 깡통을 옮겨다 드리겠습니다. 어디로 가십니까?"

이렇게 또 경찰이 받아치면 거지는 더 이상 할 말이 없다. 그도 그럴 수밖에 없는 것이 '깡통을 차는 행동'을 '이사'라고 했으니 '이사'를 도와 주러 왔다고 하면 천상 깡통을 옮겨 달라는 말은 차마 할 수 없기 때문에 거지는 하던 행동을 중단할 수밖에 없다.

여기서 경찰의 재치가 놀랍다. 경찰복장을 감추고 심부름센터의 사람으로 변장하여 말하고 보니 거지에게는 더 큰 압박 수단이 될 수밖에 없다. 잘못하면 말장난에 그칠 수 있는데 바로 상황 파악을 하여 임기응변의 조치를 취한 것이다.

"야, 너는 애인 없니?"
"응, 없어."
"넌 아는 여학생들도 많잖아! 그런데 왜 애인이 없냐? 시치미 떼지 말고 나도 한 명 소개시켜 주는 게 어때?"
"야, 넌 홍수가 나면 마실 물도 없다는 걸 모르냐?"(이현비 : 172)

이 얼마나 적절한 표현이냐?

우리 속담에 '대장간에 식칼이 없다.'고 만일 이 말로 표현했다면 수궁의 정도가 상당히 떨어졌을 것이다.

그러나 알고 있는 속담으로 표현하지 않고 '홍수일 때 마실 물이 없다.' 는 것으로 표현했다. 같은 의미를 전달하지만 표현에 따라 이렇게 설득력이 달라지는 것이다.

이래서 논쟁에서 표현은 핵폭탄 같은 힘을 갖는 것이다. 어떤 어휘를 구사하느냐에 따라 대화의 양상이 달라지기 때문이다.

1. 주관성으로 만든다

문학은 거의 주관성에 바탕을 두어 호소하는 것이 특징이다. 특히 형식을 중시하는 유머에서 주관성이 없다면 유머는 불모지로 전락했을 것이다.

그런데 이 주관성에 호소하다 보니 뜻을 같이하는 사람들이 모였을 때는 공감을 얻기도 하고, 또 어떤 때는 당시에 왕성하게 유행되었으나 어느 날 슬그머니 사라지는 경향이 있는 것이다.

선생 : 1919년에 무슨 일이 일어났지?
학생 : 3 · 1만세운동이 일어났습니다.
선생 : 맞았어. 그러면 1945년에는 또 무슨 일이 있었지?
학생 : 1919년에 태어난 사람들이 스물여섯번 째 생일을 맞았죠.
(고정식 : 29)

선생의 질문은 광복절을 말하고 있다. 그런데 답변자는 3 · 1만세

운동을 기점으로 스물여섯번 째 생일이라 말했다. 비록 질문자의 논점에서는 일탈되었지만 답변자의 대답은 틀린 게 아니다. 이는 유머가 주관성으로 만들어지기 때문에 생기는 현상이다.

2. 유행어로 만든다

유행어의 사용은 광휘성과 유사하다. 광휘성은 시공을 초월한 보편타당한 성격을 가지는 반면에, 유행어는 그 시대나 그 지역에 맞는 정서를 사용한다는 점에서 차이가 있다. 따라서 유행어는 광휘성만큼 생명력이 없다.

전깃줄에 참새 세 마리가 앉아 있었다.
포수가 총을 탕탕탕 쏘았다. 하나는 눈에 맞고, 하나는 머리에 맞고, 하나는 가슴에 맞아 떨어지면서 부르짖는 말!
눈에 맞은 새 : 눈물이 핑 도네요, 정말로!
가슴 맞은 새 : 가슴이 찡하네요, 정말로!
머리 맞은 새 : 머리가 빼근해요, 정말로!

어느 회사의 기획실에서 회사의 발전 방안을 3달 주야로 근무하여 100쪽 짜리 보고서를 만들었다. 일이 다 끝나자 말단직원이 한마디 한다.

직원 : (눈치 없이) 과장님! 우리 회포 한번 풀어야 하는 거 아니에요?

과장 : 그러지 뭐.

계장 : 오늘은 좀 푹 쉬는 게 좋지 않겠어? 과비도 다 바닥났어.

A 직원 : 과 분위기를 만드시는 계장님이 그렇게 남의 말하듯이 하면 난 눈물이 핑도네요, 정말로!

계장 : 야, 돈 안 든다고 마구 입 놀리지 마. 누군 인심 쓸 줄 몰라서 짠지 알아? 지난 번에도 회식비를 과장님이 내셨단 말야.

B 직원 : (놀라며) 그래요? 가슴이 찡하네요, 정말로!

C 계장 : 그런 것도 모르고 입 가졌다고 마구 놀리지 마, 알았어? 계장 머리가 뻐근해요, 정말로!

과장 : 그만들 해. 마, 돈 걱정은 마라. 과가 잘 안 돌아가면 다 과장 책임 아닌가? 삼수갑산을 가더라도 오늘 한잔 묵자. 돈돈 하는데 과장이 돈 걱정하고 일 못하면 그게 과장인가? 과장은 일을 하다 보면 제 돈도 쓰고 또 돈이 모자라면 그 다음 월급도 당겨 쓰는 게 과장인 것이다.

직원 · 계장 : 와 우리 과장님 따봉! 이래서 우리 과장님이 어떤 과장님보다 인기짱일 수밖에 없어. 정말 눈물이 핑 돌고요, 가슴이 찡하고요, 그러다 보니 과장님 마음에 들려고 밤낮으로 생각하니 머리가 뻐근하다니까요, 정말로! 이건 거짓말 아니에요, 정말로! 으핫핫하!

여기서 A의 표현은 서글프다든지 섭섭하다든지 하는 것보다 훨씬 직원간의 대화가 격의를 없앤다. B와 C에서도 마찬가지다. 과장님에 대한 감동을 표현하는 말은 여러 말이 있을 것이다. 이를테면 툭하면 돈을 먼저 내는 과장이라면 '또 과장님이 내셨어? 과장님이 봉이야?' 하는 말도 있을 것이고 계장 머리가 무겁다는 말도 있을 것이다.

그러나 당시에 유행하는 말을 적당히 섞어 쓰면 훨씬 더 정감 있고 친숙한 관계를 유지할 수 있는 강점이 있기 때문에, 평소 유행어를 활용하든지 유행어를 직접 만들어 쓰든지 하는 것도 효과적인 대화 기법이다.

사례1

직업도 없이 빈둥거리며 놀고 있는 사람을 네 글자로? 놀고 있네.

사례2

대학을 졸업할 때까지 연애 한번 못 한 후배가 좋은 남자 소개시켜 달라 하여 예의 바르고 잘 생긴 괜찮은 직장 동료 남자를 소개시켜 주었다. 후배에게는 여러 모로 넘치는 남자였다.

그런데 나중에 들리는 얘기는 후배가 채인 것이 분명한데,

'남자가 별로네, 자기 스타일이 아니네.' 한다. 게다가 거기서 그치면 좋으련만 없는 말을 만들지를 않나 하여튼 그 남자와 나를 씹고 다닌다는 말이 들려왔다.

이럴 경우 뭐라 하지?

"응, 놀고 있네!"

이 예화는 이해를 돕기 위해서 《최화정의 맞아 맞아 best》 42쪽을 각색한 것이다.

사례3

여우가 길을 가다가 포도를 발견했다. 포도는 넝쿨 위쪽에 달려 있었다. 여우는 포도를 따기 위해 수십 번의 시도를 했지만 결국 따지 못

했다. 할 수 없이 여우는 포기하고 길을 가면서 중얼거렸다.
'저건 신포도일 거야.'
이것을 본 과객이 한마디 했다.
"놀고 있군!"(박지영:173)

과객이 본 여우야말로 조소의 대상이다. 자기의 능력 부족을 순전히 남의 탓으로 돌리는 행위야말로 기가 막힐 일이기 때문이다.

위 세 개의 예화에서 보듯이 자기 변명이나 합리화를 할 경우 흔히 쓰는 말이다. "꼴갑하네!" "병신이 육갑 잔치하네!" 이런 뜻이다. 이런 말은 어떤 상황에 적절히 맞으면 상당 기간 생명력을 가져 주변의 분위기를 색다르게 하는 왕성한 힘을 갖는다.

시에는 시어가 있듯이 유머에도 유머어가 있는 것이다. 같은 말이라도 상황이라든가 전후 문맥에서 적확한 말이 있다.

열두 시가 넘어 아들이 잠든 걸 확인한 부부는 일을 치르기 시작했다.
한참 용을 쓰던 남편이 부인을 보고 말했다.
"뽕 가나?"
부인이 대답했다.
"택도 없씸더."
한참이 지나서 남편이 또 물었다.
"(헉헉) 뽕 가나?"
부인은 대답했다.
"택도 없씸더!"

날이 밝아올 때쯤 남편이 다 죽어가는 목소리로 '헉헉' 대며 또 물었다.
"뽕 가나?"
부인이 여전히 말했다.
"택도 없씸더!"
옆에서 자고 있는 줄만 알았던 아들이 안타까운 듯이 말했다.
"어매, 아배 죽입니더! 고만 뽕 간다 하이소!"

성의 만족도를 묻는 남편의 말에 아내는 계속 상스런 말로 불만을 표출했다. 어찌보면 이런 천박스럽고 듣기 거북한 밑바닥의 말이 공감을 자아내는데 상당한 기능을 한다. 밑바닥에 사는 사람들의 어휘가 세련되고 다듬어진 고급말보다 더 가슴에 와닿는 것은 이런 어투 때문이다.

유머에서 표준어보다 사투리가 훨씬 정감이 가는 것을 생각하면 쉽게 이해가 갈 것이다.

남편이 틈만 나면 아내에게 사랑 행위를 원한다. 아내는 남편의 이런 모습이 좋기도 하지만 시도 때도 없이 남편의 추근댐이 어느 때는 귀찮기도 하여 한 마디 했다.
"여보, 당신 어디 시합 나갈 일이 있어요?"

시합이 있다면 밤잠도 안 자고 그 시합에 대비한다. 마시던 술도 안 마시고 좋아하던 취미나 특기 생활도 당분간 접는다. 시합에 임하는 자세가 이래야 무슨 시합이든 잘 치를 수 있다. 남편이 전력투구하는 사랑 행위는 아내가 보기에는 마치 시합 나갈 일처럼 비쳐졌다. 실로 적절한 표현이 아닐 수 없다. 시합 나갈 일이 아니면 시도 때도 없이 요구할 리 없을 것이다.

3. 불합리나 불가능으로 만든다

생활 속에서나 사고 속에서는 경우와 논리에 맞지 않는 일이나 사건이 많다. 이런 현상은 사고 속에서 발생하면 별 문제가 없으나 실생활 속에서 일어나기 때문에 문제가 된다. 이런 현상이 사고 속에 오래 내재되어 있으면 정신이 혼란스러워 질병을 일으키기 때문에 올바른 사고가 아니면 빨리 마음속에서 추방해야 한다.

그리고 생활 속에 일어나는 불가능한 일이나 불합리한 현상은 사람에게 많은 갈등과 고민을 주기 때문에 적절한 처리 방법을 터득하지 않으면 생활 자체가 상당히 어려움에 부딪칠 수 있다.

한 남자가 파출소에 들어와 지갑을 소매치기 당했다고 신고했다.

남자 : 돈은 얼마 되지 않습니다. 다만 방금 산 복권이 두 장 있는데 한 장은 일등 당첨될 것이 틀림없습니다.

경찰관 : 그럼 도둑 잡는 것은 문제가 없어요. 일등 당첨된 사람을 붙들면 돼요.(차종환 : 120)

신고자는 신고의 가치가 없는 것을 신고했다. 경찰관 역시 사건을 접수할 사항이 아니다. 그런데도 자신만만한 태도를 보였다. 일등 당첨된 사람을 잡으면 사건은 간단히 해결된다고 했다. 과연 경찰관 말대로 범인이 잡힐까? 이렇게 불가능한 것은 어리석음을 보여 줌으로써 우월감에서 웃음이 유발되는 것이다.

우월감에서 웃음도 되지만 웃음의 요인이 우월감만 있는 게 아니라 이렇게 불가능에서도 유발된다는 것을 소개하고자 제시했다.

4. 모순으로 만든다

모순은 어떤 대상이나 사안이 상충되어 상식을 벗어나거나, 불합리하거나, 불가능한 상태인 것을 말한다. 불합리나 불가능한 것과 모순의 차이는, 전자는 두 개 이상의 사안이나 대상 속에 합리성이나 현실성을 띠었는가에 대한 성격의 문제를 말하고, 후자는 사안이나 대상 그 자체가 앞뒤가 맞지 않거나 공존할 수 없이 상충되는 것을 말한다.

따라서 불합리나 불가능의 정도를 예를 들어 100으로 볼 때 전자는 70—80% 정도라면(정도가 부분이다.) 후자는 100% 이상으로(정도가 전체이다.) 생각하면 이해가 쉽다.

중매쟁이 : 아이구, 새댁. 진작 결혼하지 그랬어. 결혼하더니 점점 예뻐지네그려. 정말 사랑을 하면 예뻐지는 게 맞는 말인 것 같아요!

새댁 : (떫은 소리로) 사랑을 하면 눈도 멀고 귀도 멀어서 곰보도 보조개로 보이고 고양이 소리도 개소리로 들린다는 말이 맞습디다.

중매쟁이 : (중매에 불만이 있다는 감을 잡고 설득한다.) 결혼은 현실

이야. 연애 때 잃은 시력이나 청력 이상이 결혼으로 회복된다는 말이 있어. 연애 때 착각, 환상, 환시, 환청을 결혼이 모두 고쳐 주지.

새댁 : 시력이 회복되면 뭘해요? 눈 뜨고도 못 본 척하는 일이 얼마나 많은 줄 아세요? 아, 글쎄, 내가 옆에 엄연히 있는데도 좀 반반한 여자가 지나가면 지가 10대 청소년인가 '죅인다! 죅여 준다!'면서 침을 질질 흘리며 괴성을 지르지 않나, 차라리 눈이 멀었으면 좋겠다는 생각이 한두 번이 아니에요. 그뿐인 줄 아세요? 내가 술 좀 그만 먹게 하려고 생활이 안 된다고 그렇게 바가지를 긁어대도 귀에다 말뚝을 박았나, 내 말이 글쎄 개소리로 들리나 매일 그 타령이고 날 잡아잡수 하면서 계속 퍼마시니 이건 하루 이틀이 아니니 미쳐 죽을 지경이에요. 정말 말이 나왔으니 말이지 이 결혼 물릴 수 있으면 물리고 싶은 심정이에요.

중매쟁이 : 옳거니! 새댁은 시력이 회복되었지만 보아도 안 본 척하려하고, 신랑은 청력이 회복되었지만 들어도 못 들은 척하니 두 분 다 천생연분이구먼!

새댁은 결혼을 후회하고 있다. 그런데 중매쟁이는 결혼은 현실이므로 다 불만을 가져서는 안 되고 현실에 적응하면서 살라는 뜻으로 말하고 있다.

그래서 새댁이 술 먹지 말라고 바가지를 긁어도 신랑이 못 들은 척하는 것은 정말 잘하는 일이고, 새댁 또한 신랑이 거리를 지나가는 반반한 여자를 보면 괴성을 지르는 모습을 보았을 때 못 본 척 넘어가는 것도 정말 잘하는 일이기 때문에 두 사람은 천생연분일 수밖에 없다고 말하고 있다.

가장 가까운 사이가 이렇게 모순덩어리로 살고 있는 것이 우리네 현실이다. 이런 모순이나 불합리가 생활 도처에 깔려 있기 때문에 유머는 언제 어디서든 가능한 것이다. 합리적이면 유머가 결코 탄생할 수 없다.

일본에 사는 한 재일동포는 지진에 대한 공포 때문에 늘 불안한 나날을 보내고 있었다. 게다가 어린 아들의 안전이 더욱 걱정되었다.
그래서 그는 어린 아들을 서울에 사는 동생에게 보내기로 하고 동생에게 편지를 썼다.
'지진의 위험이 커서 너에게 아이만 보낸다. 잠시 맡아 주기 바란다.'
그런데 한국에 온 여섯 살 짜리 꼬마는 대단한 개구쟁이였다.
마구 돌을 던지는 바람에 이웃집 유리창을 깨기도 하고 유치원에서는 다른 아이를 깨물어 병원비를 물어 주기도 했다. 또 어떤 때는 방 안에서 불장난을 하여 큰 화재가 날 뻔한 적도 있었다.
그 아이와 한 달을 함께 지낸 삼촌은(재일동포의 동생) 참다못해 형에게 이렇게 편지를 썼다.
'아이를 되돌려 보낼 테니 대신 지진을 보내 주시기 바랍니다.'
(자운영 : 132)

지진과 아이는 전혀 유사성이나 상관성이 없다. 그러나 삼촌 입장에서는 놀랍게도 상관성이나 유사성이 많다고 본 것이다. 우선 지진도 예측할 수 없는 위험이 많고 피해 또한 상당히 크다. 인위적으로 예방할 수도 없다.

그런데 한국에 있는 삼촌은 조카와 같이 있기까지는 전혀 몰랐다. 단지 형의 말대로 지진 위험을 당분간 피하는 것이라고 생각한 것이다. 그러나 겪어보니 이건 지진보다 조카 피해가 훨씬 크다.

오죽하면 지진이 낫다고 생각했을까? 지진과 조카와 함께 생활(공존)하는 것은 이제 더 이상 도저히 상상도 못 할 일이라고 생각한 것이다. 그러면 과연 지진을 보낼 수 있는 일일까?

지진과 조카를 비교해 보니 그래도 차라리 지진을 데리고 있는 것이 낫다고 생각한 것이다. 그러나 지진은 보내고 데리고 있고 할 성질의 것이 아니다.

공존상의 문제로 볼 때 불가능한 일이다. 이같은 불가능한 현상을 적대적 모순이라 한다.

5. 건망증이나 치매에서 만든다

한 젊은 부인이 독을 파는 상점에서 독을 사려고 고르고 있었다. 거꾸로 놓은 독을 보고 그녀는,

"독이 단단해 보이기는 한데 아가리가 없어서 못 쓰겠군요."

라고 하더니 독을 다시 젖혀 놓고서는,

"아이고, 밑까지 빠졌으니 이 독을 어디에 쓰겠어요? 별난 독이 다 있군그래."

라고 말하며 다른 것을 고르기 시작했다.(김용 : 35)

건망증에 걸린 사람은 손에 들은 물건도 못 찾는다고 한다. 건망증은 우리의 뇌세포가 파괴되어 새로운 세포가 형성되지 않으면 이런 현상이 나타난다고 한다. 건망증은 일종의 노화 현상증이라고 보면 좋다.

우리가 무슨 말을 하다가 갑자기 어휘가 생각나지 않는 경우가 있다. 이럴 때 이름이라든가 동네 등이 생각나지 않는다고 포기해 버리면 안 된다. 자꾸 기억해 내려고 노력해야 퇴화의 속도를 늦출 수 있다는 것이다.

옛날 어떤 재상이 곧잘 망령을 부렸다. 하루는 제삿날이었다.
모두 제사상 앞에 절하고 아들이 축문을 읽을 차례였다.
"현顯 몇 대 조祖 고考 승록대부 의정부 영의정."
하고 읽어가는데 엎드려 있던 늙은 재상이 몸을 일으켜 무릎을 치면서 하는 말,
"뉘 집 자식인지 꽤 벼슬을 했군!"

건망증이 심하다 보니 재상은 자기 조상인지도 모르고 욕설이 담긴 칭찬을 하여 실수를 저지르고 말았다. 기억력이 밝지 못하면 일상 생활 속에서 이런 현상은 수없이 발생한다.

6. 우월감(어리석음)에서 만든다

잃어버린 열쇠를 잃어버린 곳에서 찾지 않고 가로등 아래가 더 잘 보이니까, 그곳에서 열쇠를 찾는 술 취한 사람의 이야기를 들으면 우리는 누구나 웃는다. 문제 해결의 시도가 문제와 동떨어져 있기 때문에 이 시도는 필연적으로 실패할 수밖에 없으므로 무익한 수고가 웃음이 되는 것이다.

즉 열쇠를 찾는 모습을 보는 관중은 바보스런 그 모습을 보고 우월감에서 웃는 것이다.

옛날 한 지주가 아들을 데리고 손님으로 갔다.
방 안에 들어서자 아들이 갑자기 큰 소리로,
"아버지 어깨에 이 새끼가 있어요."
라고 말했다. 창피하게 된 지주는 화가 나서,
"이 바보야! 그런 말은 작은 소리로 하는 거야."
그러자 아들은 아버지의 귀에 대고,
"아버지, 자세히 보니 이가 아니라 실밥이군요."
라고 소곤소곤 말했다.
"야 임마, 그런 말은 큰소리로 말하는 거야."
"아니 아버지는 누굴 놀리는 거요? 작게 한다고 뭐라고 하고 크게 한다고 뭐라고 하고 도대체 사람이 줏대가 있어야 될 게 아니에요?"
(김용 : 132)

크게 말하지 않을 말은 작게 말하고, 작게 말할 말은 크게 말해서 망신을 당하는 장면이다.

원문을 흥미를 돋우기 위해 조금 개작했다. 아들이나 아버지나 그 아들에 그 아버지다. 아니 그 아버지에 그 아들이다.

혼내는 것도 품위 있어야 한다. 꾹 참고 집에 가서 혼내든지 아니면 재치를 발휘하여 위기에서 탈출하든지 하면 될 일을 우둔하게 처신하다 보니 더 망신만 당했다.

'그냥 둬라. 모처럼 내가 외출하니 저도 기뻐서 덩달아 외출 나온 것 같다.'

이런 유머였으면 위기는 쉽게 극복이 된다. 이것을 감추려 하니 문제를 풀 수가 없는 것이다.

7. 실수에서 만든다

실수는 의도적인 실수와 비의도적인 실수가 있다. 유머에서는 양자가 다 사용되고 있다.

할아버지, 아버지, 손자 3대가 고스톱을 했다.
손자가 돈을 잃었다. 손자가 자기 아버지에게 물었다.
"아버지, 돈 얼마 땄어요?"
아버지가 손자에게 말했다.
"임마, 아버지가 언제 고스톱해서 돈 따는 것 봤냐?"
손자가 할아버지에게 물었다.
"그러면 할아버지가 땄군요?"
할아버지가 손자에게 말했다.
"모르겠다. 나는 본전이나 했는가?"
"그러면 어떤 개새끼가 내 돈을 따갔지?"
이렇게 말하다가 '아차' 했다.

평소 아버지나 할아버지에게 이렇게 얘기할 수 없다. 화투판이니까 이런 실수도 애교로 받아 줄 수 있다. 화투를 치면 본심이 나온다는 것이 거의 틀림없는 말이다. 아버지나 할아버지나 이 말을 듣고 앞으로도 계속 화투를 칠 수 있을까?

화투에 열중하다 보니 상대가 아버지와 할아버지라는 사실을 잠시 잊고 있다. 무심코 내뱉은 말은 평소 또래의 친구와 놀 때 흔히 사용하는 말이다. 이런 상황이라면 결코 실수가 아니다. 처음에는 오순도순 놀다가 잃었을 때는 천한 말이 막 나오게 마련이다.

그래서 술은 같이 먹어도 놀음은 가려 하라는 말이 있다. 권위고 체통이고 잃게 되어 있는 것이 노름인 것이다.

8. 복선으로 만든다

대화에서나 문장에서 흥미를 고조시키거나 관심을 계속적으로 붙들어매기 위해서 서두나 중간 부분, 어떤 경우는 마지막 부분에다 전략적으로 미리 말하고자 하는 주된 핵심을 깔아 놓는다. 이것을 복선이라 한다.

두 사람의 난봉꾼이 전철 안에서 잡담을 나눈다.

행인1 : 진보와 보수의 차이점을 아나?
행인2 : 한 남자만 사랑하는 것을 보수라 하고 여러 남자를 사랑하는 것을 진보라 하지.
행인1 : 이해가 안 되는데 좀더 쉽게 설명할 수 없나?
행인2 : 순정을 지키려 하면 '꼴통 보수=꼴수'라 하고 이놈 저놈 마다하지 않는 것을 진보라 한다네.

행인1과 행인2 사이에 주고받는 말은 내용이다. 그 내용을 참되게 하기 위해서 서두에 두 사람의 난봉꾼이라 했다. 누가 대화를 하느냐에 따라 꼴수와 진보의 정의를 알 수 있다. 여기서 꼴수가 정상인데 진보를 찾는 사람이 엉터리로 정의를 한 것이 조소를 짓게 만들었다.

복선은 이같이 내용을 참되게 하거나 대화의 효과를 고양시키기 위해서 흔히 사용되고 있다.

9. 비교해서 만든다

속성이나 형상이 유사한 것이나 같은 것끼리 한데 묶어 비교하면 웃음이 유발된다. 이것은 사리의 이치에 합당하면 금방 이해가 가기 때문이다.

어느 산골에 독수리 부자가 있었다.
아들독수리는 아버지독수리가 그렇게 멋있어 보일 수가 없었다.
기품 있고 용맹스러우며 빠르기가 이를 데 없었기 때문이었다.
그런데 어느 날 아버지에 대한 존경심이 사정없이 무너져 버리고 말았다. 그것은 독수리 부자 위로 제트기 한 대가 '쌩' 하고 날아갔기 때문이었다.
아들독수리가 아버지독수리에게 말했다.
"에이, 아버지. 별거 아니네!"
아버지독수리는 자존심도 상하고 창피하기도 했다.

아버지독수리는 화가 나서 아들독수리에게 말했다.
"임마, 나도 꽁지에 불 붙으면 더 빨라!"

평소 아버지독수리가 빠르고 용맹하다고 느꼈던 아들독수리는 머리 위로 '쌩' 하고 지나가는 제트기를 보고 나서는 아버지독수리에 대한 존경심이 여지없이 무너졌다.

그렇지만 아버지의 말이 걸작이다. 자기도 꽁지에 불 붙으면 더 빠르다는 것이다. 말도 안 되는 소리지만 이것이 웃음이 된 것은 제트기에 지지 않으려는 모습과 불가능한 일을 말하는 어리석음에 우월감에서 웃었다.

미국 폭주족이 여자를 태우고 일본 폭주족을 만났는데 오토바이 뒤에 칼이 있는 게 아닌가!
"형님 사시미 칼 싣고 다니니까 멋있어요."
그러자 일본 폭주족이 말했다.
"야, 우리는 아무것도 아냐. 한국 형님들은 가스통 싣고 다녀."

사시미 칼과 가스통을 비교했다. 어디 하나 비슷한 속성이 없다. 그런데도 웃음이 나는 것은 무엇 때문일까?

이질적인 것에서 오는 행태 때문이다. 이질적인 것은 거칠고 전혀 닮지 않은 것 때문에 긴장을 유발한다. 그러면서 그 긴장이 실은 사실의 행태를 말하니까 웃음이 형성되었다.

10. 비유해서 만든다

비유란 각자가 표현하고자 하는 원관념을 그와 유사한 보조관념을 통해서 한결 강하고 신선하며 효과적으로 표현하기 위한 것을 일컫는다.

원관념은 각자가 표현하려는 심리 현상이고 보조관념은 원관념을 구체적으로 나타내기 위해 사용되는 사물을 말한다.

※ 비유는 비교와 혼동되기 쉬운데, 후자는 사물과 사물 간이나 생각과 생각 간에 의식의 특징이나 성향을 대조하는 것을 말하고, 비유는 원관념을 표현하기 위해 보조관념을 도입하여 사물을 구체적으로 확실하게 만드는 점에 차이가 있다.

"아이고 차장 누나, 어디를 만지남유? 그러게 차가 달릴 때는 손잡이를 잡고 다녀야지유!"

사람들의 웃음소리가 크게 들려왔다.

그래도 거기까진 좋았다. 내 말이 끝나기가 무섭게 평상시도 입담이 좋으시고 걸걸하시며 유머가 풍부한 우리 동네 할아버지께서 한 말씀 하셨다.

"허— 고것도 손잡이 아닌가벼! 헛헛헛."

"아이고 할아버지 놀리지 마세유. 그렇잖아도 이 얘들(여학생을 가리킴) 때문에 창피해 죽겠는데유. 그리고 지만 손잡이 있나유? 할아버지도 있잖아유!"

"예끼, 이놈아! 헛허허."

버스 안은 온통 배꼽이 굴러가는 소리였다. 그런데 할아버지에 그 할머니가 한술 더 뜨시는데, 할머니의 말씀은 마침내 온 차 안을 뒤흔들었다.

"얘, 이놈아! 할아버지 손잡인 낡았다—아!"

사람들은 할머니의 그 한 마디에 눈물이 나도록 웃었다.

그리고 그 후 난 이 일로 인해 훈장을 하나 달게 되었다.

손잡이! 이것이 저의 훈장이자 별명이다.

손잡이 핵교 다녀오냐?

손잡이—.

그 할아버지, 할머니께서 나를 보면 늘 그렇게 놀리시고는 하셨다.

이제사 돌이켜보면 그런 일들이 하나의 즐거운 추억으로 남았다. 지금은 고인이 되었지만 입담이 좋았던 두 분도 어린 날의 따스한 기억으로 떠올랐다. 그리고 그날 차장 누나는 내 차비를 받지 않았다.

(mbc 편집부편 1권 : 98)

이 예화는 여차장이 시골에서 운행하는 버스 안의 손잡이를 잡지 않고 돈을 받으러 다니다가 차가 흔들리는 바람에 좌석에 앉은 주인공의 성기 부분을 건드려서 생긴 사건이다.

할아버지의 손잡이는 낡았다는 할머니의 말에 일대 폭소가 터지지 않았다면 오히려 이상할 수밖에 없다. 이같이 적절한 비유는 웃음을 자아낸다.

11. 사실에서 만든다

사실이 왜 웃음이 되느냐 하면 진리이기 때문이다. 그런데 진리도 상황에 따라 웃음이 될 수도 있고 그렇지 않을 수도 있다.

만일 바른소리를 했다가 썰렁하거나 공포감이 쌓인다면 유머를 하지 않은 것만 못 한 결과가 되기 때문에 올바른 상황 파악이 중요한 것이다.

보안관 한 사람이 어느 날 미국 텍사스 주의 어느 불법 도박장을 덮치면서 소리쳤다.

"모두 꼼짝하지 말고 손들어!"

그랬더니 세 사람이 깜짝 놀라 두 손을 번쩍 쳐들었다. 잠시 주위를 둘러본 그 보안관은 자기 눈을 의심했다. 노름판에 앉아 있는 사람들이 다름 아닌 천주교 신부, 개신교 목사, 그리고 유대교 랍비였던 것이었다. 그래서 보안관이 세 사람의 성직자를 향해 한바탕 훈계를 늘어놓고 난 뒤, 맨 먼저 가까이 앉아 있는 목사에게 물었다.

"목사님, 여기서 포커 노름판을 벌였습니까?"

그 목사는 자기가 속한 교단의 명예와 자신이 봉직하고 있는 교회에 줄 충격을 생각하니 도무지 자신이 없어 거짓말을 했다.

"아닙니다. 저는 결단코 노름을 하지 않았습니다!"

보안관이 두 번째로 유대교 랍비에게 물었다.

"사회의 지도자이신 랍비께서는 노름했다는 사실을 시인하시겠지요?"

랍비도 자신에게 돌아올 엄청난 비난을 생각하고 거짓말로 대답했다.

"보안관님! 저는 포커 노름을 벌이지 않았습니다!"

실망한 보안관이 마지막으로 천주교 신부를 향해 물어보는 태도가 이번에는 꼭 시인을 받아내겠다는 각오였다.

"신부님만은 거짓말하지 않으시겠지요! 노름을 했습니까?"

그랬더니 이 신부가 보안관을 응시하며 이렇게 대답하는 것이었다.

"보안관님! 보안관님은 도대체 혼자 노름하는 것을 본 적이 있습니까?"(구병진 : 262~263)

사실이 웃음이 되는 유머이다.

다른 개신교의 목사, 유대교의 랍비 두 사람 다 거짓말로 대답했는데 오직 천주교 신부만 사실을 말했다. 그러다 보니 보안관은 더 질책을 할 수 없게 되었다. 말이야 바른말이지 다른 사람 모두 노름을 안 했다고 하는데 어떻게 혼자 노름하느냐고 묻는 것은 보통 재치가 아니다.

이렇게 물어보는 보안관만 바보가 되어 웃음거리가 된 것이다. 둘 중의 하나가 노름을 했다면 상대가 있어 의심이라도 하는데 셋 다 증거 포착은 했지만 정작 당사자가 혐의 사실을 인정 안 한다면 범죄인으로 단정할 수가 없는 것이다. 둘의 팔짝 잡아떼는 모습과 한 사람의 여유 있게 말하는 모습도 웃음을 만드는 하나의 요소가 되고 있다.

12. 비약으로 만든다

비약은 일정한 방향으로 서술해 나간 화제를 갑자기 다른 방향으로 바꾸거나 순서를 바꿔나가는 기법이다. 화제가 갑자기 비약한다든지, 현실에서 상상으로, 상상에서 현실로 돌변하는 수법이다.

고대소설은 이런 비약 때문에 황당무계한 일이 많아 웃음이 많다.

교사가 된 동수가 벽지 분교로 발령을 받았다.
그 학교는 학생 두 명에 선생님 한 분이 전부였다. 물론 그 한 분의 선생님이 바로 동수였다. 그러나 벽지 학교 학생들이라고 일반 학생들과 크게 다르지는 않았다.
중간고사 보는 날, 학생 두 명이 커닝을 하다 동수에게 들키고 말았다.
실망한 동수는 한숨을 길게 내쉬며 이렇게 말했다.
"전교에서 1, 2등 하는 놈들이 이 모양이니……."(자운영 : 59)

전교생이라면 그래도 몇 백 명 정도는 될 것이라고 상상한다. 그런데 대여섯 명도 아니고 그것도 겨우 두 명을 거창하게 비유하여 말하기 때문에 웃음이 난 것이다.

하찮고 왜소한 것을 이렇게 거창한 것과 관련시켜 말하면 사람들은 크게 생각했다가 너무 작다는 사실에 실망 내지는 긴장 완화에서 웃음이 생성되는 것이다.

13. 논리에 맞지 않게 한다

글이나 대화는 논리가 생명이다. 그런데 논리 아닌 논리가 웃음을 유발하는 경우가 있다. 이것은 발화자가 본질을 이해 못 하고 말하여 바보 같은 짓을 함으로써 우월감에서 웃게 되는 것이다.

어느 본당신부가 본당 살림이 어렵다고 실토하면서 교우들에게 허리띠를 조금 더 졸라매 달라고 호소했다.

A : 교우 여러분! 주님께서는 우리에게 얼마나 많은 은혜를 베푸셨습니까? 그런데 우리는 어떻게 보답했습니까? 그저 받기만 하고 하나도 되돌려드린 것이 없지 않습니까? 이 은혜에 보답하기 위해서 여러분께서는 수입의 10분의 1을 바치는 것이 어떻습니까?

강론에 감동을 받은 본당회장이 벌떡 일어나더니 교우들을 향해 흥분한 목소리로 이렇게 외쳤다.

B : 교우 여러분, 10분의 1뿐 아니라 20분의 1, 아니 30분의 1이라도 기꺼이 바칩시다.(구병진 : 497)

교회 입장에서 볼 때 어려운 시기에 신도들이 협조하여 자기 수입금에서 많은 부분을 헌금하면 문제는 간단하다. 그래서 신도들에게 적극적으로 협조해 달라는 주문인 것 같다. 그렇다면 이 논리는 이렇게 말하면 안 된다.

A는 본당신부가 굳이 말하지 않아도 평소에 실천해 온 사항이라 독려한다는 뜻에서 이해를 구하면 신도들이 반발하지 않을 일이다.

그러나 B처럼 말하는 것은 반발이 거세질 것은 불을 보듯 뻔하다. 받는 사람의 입장에서 말하는 게 아니고 내는 사람의 입장에서 말해야 공감을 얻는 것이다. 그런데 본당회장은 무슨 충성심에서 말했는지 몰라도 교우들은 돌아서서 비난할 것이다. 아마도 적극적으로 협조해 달라는 강한 주문을 실수하여 말한 것이라 본다.

다음과 같이 말하여 협조를 끌어내는 것이 옳지 않을까?

"교우 여러분! 요즈음 무척 어렵지요? 힘드시리라 봅니다. 그러나 어떡합니까? 우리가 신앙을 가진 이상 일의 모든 우선 순위를 하나님을 첫째로 두다보니 어쩔 수 없이 하는 일이 한두 번이 아닌 것 같습니다. 하도 힘들 때는 건너뛰고 싶은 때도 있습니다. 그러나 명색이 회장이다 보니 그런 내색도 하기가 어렵습디다. 여러분들도 아마 저 같은 심정일 겁니다. 십일조가 잘 안 걷히면 아무리 훌륭한 일도 할 수 없기 때문에 말씀드린 겁니다. 정히 형편이 어려우시면 어쩔 수 없지만 신앙인의 자세는 신앙을 갖지 않은 사람과 다른 점이 분명히 있어야 되지 않습니까? 이점 이해 있으시기 바랍니다."

이렇게 말해야 된다. 그런데 내는 사람이 내려는 마음이 없으면 회장 말대로 30분의 1, 50분의 1도 내는 게 어렵다.

자! 여기서 회장 말을 분석해 보자. 회장은 많이 내라는 뜻으로 말한 것이다. 적게 내라고 했다면 말할 필요도 없다. 왜냐하면 독촉하지 않을수록 안 내게 되어 있는 것이다.

그리고 회장 말은 논리에 안 맞는다. 교회는 수입금을 확보하려고 독려하고 있는데 1/10, 1/20, 30/1은 수입금의 적은 금액이다. 이 말은 오로지 1/10 범위 내에서 얘기되어야 한다. 그래야 수입금이 많아진다. 회장은 잘못 이해하여 거꾸로 말한 것이다.

14. 천성 · 본능에서 만든다

배고프면 먹을 것을 찾고 일을 하면 피곤해서 쉬는 것은 생리적인 현상으로 당연시한다. 이와 마찬가지로 아버지가 아들이 힘들어하면 도와 주려 하고 또 아들의 생명이 위급하면 자기 장기를 떼어주거나 아들을 위해 목숨까지 주려는 성향이 있다. 이것을 천성 본능이라 하는데 유머에서도 이 천성 본능을 이용하여 자기 자신을 보호하거나 주장을 하여 처세에 성공하는 경우가 있다.

시큰둥한 아이 셋이 앉아서 심심하니까 서로 소원을 얘기하는데,
"난 죽어 이름난 기생으로 태어나서 위로는 공경대부로부터 아래로는 저자에 있는 장사치들에게까지 애간장을 녹이고 재물을 많이 거두어 평생을 사치로 살면 얼마나 만족한 일이겠나!"
"나는 죽어서 소리새가 될 테야. 하늘 높이 날아서 사방을 내려다보다가 귀한 집 어여쁜 여종 아이가 고기 담은 소쿠리를 끼고 지나가는 것이 보이면 급히 날아 내려가 그 고기를 낚아채서 먹을 때, 어여쁜 종아이가 '아이고 엄마, 어쩔꼬.' 하면서 나를 쳐다보고서 울고불고하는 것을 본다면 얼마나 시원할 것인가?"
마지막 놈은 있다가,
"나는 죽어서 하나 될 게 있어!"
"뭐가 되려니?"
"돼지."
두 아이가 깔깔 웃고,
"왜 하필이면 그런 더러운 돼지가 되겠다는 거냐?"
라고 물으니까,

"돼지란 놈은 태어나 석 달도 안 되어서 벌써 짝을 아는 놈이란 말야. 너희들이 어려서 서지도 못하고 있을 적에 나 혼자 먼저 암컷 맛을 보게 된다면 그 얼마나 통쾌한 일이겠나?"(이주홍 : 283~284)

돼지는 나서 석 달도 안 되어 짝을 알기 때문에 기생이나 소리개보다 훨씬 낫다는 말은 사람의 본래 성향이나 본능을 얘기한다. 이같이 천성이나 본능에 바탕을 둔 행동은 웃음을 자아낸다. 이것이 웃음이 되는 이유는 누구나 내재된 바람을 솔직히 말하기 때문에 거기서 쾌감을 얻기 때문이다.

15. 해석(설명)으로 만든다

사물을 대할 때 각자의 위치에서 보는 각도나 수준 등으로 차이가 생긴다. 이때 자신에게 유리한 측면으로 사물을 보는 태도를 해석이라 한다.

어떤 사람이 기차 여행을 하는데 옆의 사람과 인사를 나누고 보니 둘은 모두 크리스천이었다. 그런데 점심 때가 되자 그 중 하나가 샌드위치 도시락을 꺼내 기도를 하고는 점잖게 먹는 것이었다. 옆사람은 먹어보라는 말 한 마디 없이 혼자 먹는 게 너무 한다고 생각했다. 더욱이 그는 도시락이 없어 시장기를 느끼고 있던 터였다.
그는 은근히 화가 나서,
"형제여, 나는 요즈음 주님의 말씀이 얼마나 중요한지 모르겠더군요.

특히 네 이웃을 네 몸과 같이 사랑하라는 말씀 말입니다."

그러자,

"네, 참 좋은 말씀입니다. 그런데 저는 네 이웃의 것을 탐내지 말라는 말씀이 얼마나 귀하고 중요한 말씀인지 모르겠군요."(차종환 : 202)

같은 사안을 놓고 자기 유리한 쪽으로 끌어다 설명하고 있다. 진리는 엄연히 존재하는데 이렇게 이기심의 발동이나 편견, 아집 등으로 논쟁이 끊임없이 일어나고 있다.

그런데 해석이 왜 웃음을 유발하느냐 하면 추잡하고 속이 다 보이며 그럼으로써 사람이 왜소하게 되기 때문이다.

16. 균형(부조화)으로 만든다

어떤 사고나 행동이 그 사안에 합당하지 못하고 부조화스런 모습을 갖는 것을 말한다. 중이 고기를 먹는다든지 선생님이 데모를 한다든지 하는 것은 격에 어울리지 않기 때문에 웃음이나 빈축의 대상이 된다.

다른 사람이 하면 아무 문제가 되지 않는 일들이, 권위가 있든지 높은 지위에 있는 사람의 경우에는 말이 나고 그에 따라 조롱이나 조소의 대상이 된다.

성종 때 김량金亮은 애꾸눈이었다. 그런데 성미가 괄괄해서 누가 애꾸눈 얘기만 꺼내도 펄쩍 뛰곤 했다. 친한 친구들이 못 할 말이 없이 서로 농을 하다가도 그 사람의 성미를 아는 터라 아무도 눈 얘기는 하지 못했는데, 어느 날 홍문으로 있던 정휘鄭輝가 천연덕스럽게 하는 말이,

"자네는 참으로 알고 지내오던 사람과는 다르네. 사람이란 첫째 도량이 넓어야 하는 법인데 그까짓 농담을 고깝게 들어 화를 내곤 하니 점잖은 처지에 사람이 그래서야 쓰나."

"무슨 소린가. 내가 무얼 성만 냈어?"

"그럼 내가 자네를 보고 욕을 해 볼 테니 성을 안 내겠는가?"

"안 내지."

"정말인가?"

"저 하늘을 두고 굳게 맹세하지."

이 말이 떨어지기가 무섭게 정휘는 눈을 부릅떴다.

"이 눈도 없는 소경놈아! 사람값도 못 하는 놈이 진작 죽지 않고서 무얼 한다고 이때까지 살아 있단 말이냐!"

금세 얼굴에 피가 퍼져 올라왔으나 김량은 자신이 한 말이 있었기 때문에 꾹 참을 수밖에 없었다. 다음 날 채기지蔡耆之란 친구가,

"이 사람, 잘 낫는 약이 있는데 왜 이제까지 눈을 안 고치는가?"

"무슨 약인데?"

"술이 잔뜩 취한 뒤에 눈알을 뽑아 버리고 대신 강아지 새끼 눈으로 바꾸어 넣으면 성한 사람같이 보인다던데."

"그렇지만 이 사람아, 보이는 것은 좋지만 한 가지 걱정은 똥만 보면 사족을 못 쓰게 된다니 어쩌겠는가."(보성출판사 : 300)

강아지는 똥만 보면 먹으려든다. 강아지의 격에 맞는 것을 찾으니 똥이다. 아마도 그 개는 똥을 먹는 똥개인 모양이다. 이렇게 천칭 저울처럼 물건을 올려 놓으면 기울어지는 것을, 같은 무게의 물

건을 놓아 균형을 찾으면 웃음이 유발된다.

즉 공격의 강도가 강한데 비해 방어가 거기에 못 미치면 불안하다. 그러나 같은 크기나 무게로 방어했다면 한편으로 쏠렸던 천칭은 균형을 찾는다.

이같이 불안 심리를 균형으로 씻어내면 불안에서 유발된 긴장감에서 해방되어 안도의 웃음이 나온다.

17. 보복으로 만든다

사람이 살다 보면 억울하거나 분통 터지는 일이 종종 있다. 그런데 골치 아프다고 이것을 성인군자처럼 그냥 덮고 넘어간다든지, 처음부터 눈 막고 귀 막아 아예 상대하지 않을 셈으로 처신하는 사람이 있는데 이것은 크게 잘못된 삶이다.

왜냐하면 그런 일을 그냥 덮고 나면 나중에 또 그 같은 일이 반복되고 거기에 관련된 사람은 또다시 피곤하게 되기 때문이다. 그 사람의 행동을 개선시키기 위해서도 의미 있는 조치를 취하는 것이 유머인의 삶이라 본다.

만일 이런 불편한 관계나 억울한 대우를 시정하지 않고 눈감고 넘어간다면 언제 유머인이 될 것인가? 지혜를 짜서 통쾌하게 보복하여 새로운 유머 역사를 쓰는 유머인이 되어야 할 것이다.

아들이 성질이 나면 개에게 발길질하지 않나, 개를 번쩍 들어 내동댕

이치는 것을 본 어머니가 기겁을 하며 나무란다.

"이놈아! 말 못 하는 짐승을 왜 패? 그러다가 동물병원에 입원하겠다. 네가 그렇게 하면 개 입원시키고 대신 개집을 지키려고 그래?"

"그렇게 하세요. 그 대신 도둑이 들어와 물건 잃어버려도 내가 짖지 못했다고 욕하지는 마세요."

개를 패는 것을 나무라는 것까지는 좋았다. 그렇지만 개집에 아들을 넣겠다는 말은 너무 심한 말이다. 그런데 아들은 그 심한 말은 조금도 개의치 않고 통쾌한 한방을 날려 어머니를 꼼짝 못 하도록 만들었다. 이런 것이 유머만이 맛볼 수 있는 복수전이다.

동수는 새벽 4시에 전화벨 소리에 잠이 깼다. 전화를 받아보니 처음 듣는 목소리의 남자가 이렇게 소리쳤다.

"당신네 개가 짖는 소리 때문에 도저히 잠을 못 자겠소!"

동수는 개를 키우지 않았다. 즉 그 전화는 잘못 걸려온 전화였다.

하지만 동수는 점잖게 그 남자에게 전화해 줘서 고맙다고 인사를 한 후 전화 건 사람의 전화번호를 물었다.

다음 날 새벽 4시가 되자 동수는 어제 그 남자에게 전화를 걸었다. 그리고는 이렇게 말했다.

"선생님, 저희 집에는 개가 없습니다."(자운영 : 79)

한밤중에 전화가 걸려오면 신경질이 난다. 더욱이 잘못 걸려온 전화면 말할 것도 없다. 그래서 어떤 집은 아예 수화기를 내려놓는다. 요즈음은 휴대폰을 많이 사용하여 상대방을 확인할 수 있지만 옛날 전화에는 상대방을 확인할 길이 없었다.

동수는 짜증났던 감정을 정확히 되돌려 주는 행동을 했다. 개가 없다는 말을 굳이 안 해도 되는 일이다. 그런데 보복을 하려다 보니 상대가 취했던 상태 그대로 새벽 4시에 전화를 걸었던 것이다.

동수의 전화를 받은 상대방은 분통이 터지지만 이후로 한밤중에 전화 거는 일은 신중을 기했을 것이다. 좋은 스승은 일찍 만나야 발전이 된다.

18. 반복으로 만든다

동일한 어구나 같은 단어, 동의어 등으로 그 뜻을 강조하거나 흥을 돋우기도 하고 아름다움을 창조하는 기법이다. 음악에서는 반복의 미를 많이 사용하고 있으며 특히 문학에서는 시에 주로 많이 사용한다.

어느 화가 부부가 있었다. 고생고생 끝에 화실을 하나 장만하고 그림도 제법 잘 팔려 생활에 걱정은 없었다. 젊을 때 돈이 없어 신문지에 스케치 연습을 하며 그림을 그렸지만 아내에게만은 나름대로 잘해 주는 착한 남편이었다.
아내가 허영심과 과시욕이 많아 옷 욕심이 있는 것을 아는 남편은 비록 유행은 지났지만 세일을 하면 같이 옷가게에 들러 옷도 사 주곤 했다. 이때 남편이 '이 옷이 좋다, 저 옷이 좋다.' 하면 a '당신이 뭘 알아요?' 하고 핀잔을 준다. 화가인 만큼 색상이나 디자인은 아내보다 더 잘 아는 남편인데도 불구하고 평소 구박하는 것이 습관화된 것이다.

예를 들어 처삼촌 혼사 때 축의금을 10만 원 내는 부인에게 '우리 형편에 5만 원도 많은데 너무 과하지 않느냐?' 고 하면 b '삼촌과 나 사이를 당신이 뭘 아느냐?' 고 핀잔을 준다. 또 양 명절이 돌아와 친구에게 꼬박꼬박 챙기는 부인에게 '어떻게 양 명절을 다 챙겨가며 사느냐?' 고 하면 c '나와 숙자의 관계를 당신이 뭘 아느냐?' 고 핀잔한다. 이러니 남편은 부인 앞에서 제대로 말도 못 했다.

그러던 어느 날 병원에서 전화가 걸려왔다. 남편이 교통사고를 당했으니 빨리 병원으로 오라는 전갈이었다. 부인은 허겁지겁 병원으로 달려갔다. 부인이 병원에 도착해 보니 이미 때는 늦었다.

남편은 죽어서 하얀 천을 뒤집어쓰고 있었다. 의사로부터 죽은 경위를 들어보니 신호를 기다리다가 급히 달려오는 우회전 차에 치여 양쪽 다리가 으스러지고 하반신이 못 쓰게 되어 살아도 성불구자가 된다는 것이었다.

부인은 평소에는 그렇게도 남편을 구박했지만, 막상 남편이 죽고 나니 그렇게 서러울 수가 없었다. 부인은 남편이 누워 있는 병상을 붙들고 한없이 울었다.

A : 어이구, 여보. 이게 웬일이오. 하느님 안 돼요, 이대로 절대로 보낼 순 없어요. 남들은 산으로 들로 강으로 놀러 다녔건만 오로지 처자식 먹여 살린다고 집과 화실만 오갔으니 아이고 우리 남편 가엾어라. 아이고, 가엾어. 하느님, 안 돼요 절대.

이렇게 울다가 문득 조금 전의 의사가 남편이 살아도 성불구자가 된다는 말이 떠오르자 이렇게 말한다.

B : 하기야 살아도 못 살아, 어쩌자고 거기를 다쳤어요? 다 다쳤어도 거기만은 온전해야지. 으흐흐흑 아이구 하느님! 이를 어째요.

이렇게 섧게 우는데 간호사가 병실문을 빠끔 열다가 도로 닫자 다시 또 하느님께 기원한다.

C : 하느님! 우리 남편 이대로 보낼 수 없어요. 내가 남편에게 해 준 게 하나도 없어요. 하느님! 1년만 살게 해 주세요. 아니 그것도 어려우면 6개월도 좋아요. 제발 부탁이니 하느님 으흐흐흑. 우리 남편에게 저도 사람 노릇하게 해 주세요. 만날 어린애처럼 투정만 부리고 구박만 했으니 저도 빚 좀 갚게 해 주세요.

이렇게 한없이 울고 있는데 침대에서 침대보가 천천히 움직이더니 남편이 천을 슬그머니 내리면서 말했다.

D : 여보! 나 아직 안 죽었어.

부인은 울다 말고 남편에게 버럭 소리를 질렀다.

E : c 당신이 뭘 알아요? 의사가 죽었다면 죽은 줄 알지.

얼마나 불합리한 현상인가? 이렇게 아이러니한 현상은 삶의 도처에 깔려 있다. 지금까지 엉엉 목놓아 울은 것은 말짱 거짓이었다는 것밖에 안 된다. 겉마음과 속마음은 이렇게 다르다. 이 예화에서 보듯이 가장 가까운 사람이 가장 먼 관계가 된다.

그런데 이것이 웃음이 되는 이유는 무엇인가? 반복과 아이러니 때문이다. '당신이 뭘 알아요?' 가 a, b, c 등 세 번이나 반복됐고, 거기다가 살아 돌아오면 A, C에서 보듯 금방 잘해 줄 것 같았는데 D의 말 한 마디로 전부 거짓말이 되고 말았다.

그러면서 의사까지 동원하여 남편이 살아 있다고 하는 말은 믿을 수가 없다는 듯 핀잔을 주는 것이 이 유머에서 백미이다.

사람은 살면서 만족하지 못해 늘 새로운 변화를 바라고, 그러다가 새것에 오래 찌들다 보면 싫증이 나서 복고를 원한다. 사람의 모습은 이렇게 '이원성' 속에 살고 있다.

거기다가 인간의 심리 안에 내재한 천성 · 본능은 이성적인 것보다 감성적인 것, 신적인 것보다 인간적이거나 동물적인 것이 더 강하게 작용하기 때문이다.

유머에서는 이런 추악한 면이 더 감동을 주는 속성이 있다.

19. '뻥—거짓말'에서 만든다

거짓말은 생활에서는 결코 해서는 안 되는 말이다. 그러나 다음 두 가지 경우에는 진실이 악이고 거짓이 선에 해당된다.

첫째, 누군가가 이미 사 버린 물건에 대해서 의견을 물어왔을 때는 설령 그것이 나빠도 훌륭하다고 거짓말한다.

둘째, 친구가 결혼했을 때는 반드시 부인이 대단한 미인이라며 행복하게 살 것이라고 거짓말한다.

이런 경우 외는 거짓말이 허용되지 않는다. 그러나 허구를 재료로 하는 소설에서 거짓말은 약방의 감초가 된다.

배경색이 있어야 주제를 잘 나타내듯이 추함이 있어야 진실을 제대로 알 수 있기 때문이다.

여기서 진실은 미이다. 데소이어(Dessoir)는 추는 미의 탁월성을 증대케 하기 위한 배경으로서 용인해야 한다고 주장했다.

미국 사람과 프랑스 사람이 서로 허풍을 떨기 시작했다.

A : 우리 미국에서는 산 돼지를 기계에 넣고 손잡이를 돌리면 다른 쪽

에서 순대가 마구 쏟아져 나온다오.

B : 우리 프랑스에서는 그런 기계를 벌써 오래 전에 개조해서 맛이 없거나 상한 순대를 기계에 넣고 돌리면 저쪽으로 산 돼지가 뛰어나오게도 하지요.(김용 : 257)

A도 거짓말이 세계 수준급이지만 B는 A를 한술 더 떠서 입이 딱 벌어진다. 아마도 '세계거짓말대회' 가 있다면 이들은 전부 최우수상을 받을 것이다.

그렇다면 필자도 거짓말대회에 출전할 기회가 있다면 그들에게 지고 싶은 마음은 추호도 없다.

"그렇습니까? 우리 한국에서는 밤낮으로 연구하여 정말 놀라운 새 기계를 발명했습니다. 장난감 돼지를 살아 있는 돼지로 만들고 살아 있는 돼지를 장난감 돼지로 만들었지요. 그래서 한쪽에 넣으면 다른 쪽에서 살아 있는 돼지가 되어 꿀꿀거리고 돌아다닌다우. 그뿐인 줄 아세요? 이놈이 암컷 맛을 보더니 장난감 돼지로 만들려고 하면 악을 쓰고 발버둥친다우."

20. 넌센스(nonsense)로 만든다

무의미한 언행이나 어리석은 짓을 말한다. 한 마디로 엉터리가 넌센스라 보면 좋을 것이다. 말 같지 않으면서도 이치에 근접하고, 근접했지만 결국은 전혀 답이 아닌 경우를 말한다.

서울대를 들어가는데 비법이 있습니다.
그 비법이 무엇입니까?
나도 그것이 무엇인지 몰라 열심히 찾는 중입니다.

웃기는 것은 꼭 한 가지 비결이 있습니다.
그 비결이 무엇입니까?
네, 저도 그것을 몰라 열심히 찾고 있는 중입니다.

우리의 몸매를 아름답게 만들 수 있는 비법을 아십니까?
네, 알고 있습니다.
무엇 무엇입니까?
그 비법을 모르고 있다는 것을 알고 있다는 사실입니다.

방귀를 뀌면 왜 구리다고 합니까?
아니 그것도 모르십니까?
알면 말씀해 주십시오.
구리니까 구린내가 나는 것 아닙니까?

화장실의 악취를 제거하는 방법이 여러 가지가 있습니다만 딱 하나만 말씀드리겠습니다.
그것이 무엇인데요?
나도 그것을 잘 몰라 고민하고 있는 중입니다.

넌센스는 상황에 맞는 답은 전혀 아니다. 그러나 들어보면 어느 한 부분은 진리가 된다. 사실에 대한 접근은 아니지만 그 한 부분이 설득력이 있어 유머로서 사용되고 있는 것이다.

21. 점증법으로 만든다

대화나 문장의 내용을 경청자나 읽는 이로 하여금 감흥을 주도록 차츰차츰 높여가는 기법을 말한다.

고속도로에서 순찰을 돌던 경찰관이 속도제한 표지를 전혀 무시하고 달리는 승용차를 목격했다. 교통법규 위반 사실을 경고하기 위해 그는 급히 달려가서 그 차를 세운 다음, 운전자에게 면허증을 제시하도록 요구하려고 차창을 두드렸다.

A : 여보쇼, 나리. 나는 기껏해야 소주 세 병밖에 안 마셨단 말이오! 내가 그래 그거 마시고 헷갈릴 것 같소?

만취한 운전자가 경찰관을 향해 소리쳤다. 기가 막힌 경찰관이 차 안을 살펴보자 운전석 옆에 있던 여자가 운전자에게 말했다.

B : 그러길래 내가 뭐라고 그랬어요? 면허증 없이 운전하다가는 큰일 난다고 하지 않았어요, 여보!

바로 이때 뒷좌석에 앉아 있던 노파도 운전석을 향해 얘기했다.

C : 아이고 이 녀석아, 넌 항상 내 말을 귀담아듣지 않아서 탈이야. 남의 차를 훔쳐가지고는 멀리 가지 못한다고 내가 그러지 않았니?
(고정식 : 287)

운전자는 술이 취해서 실수로 객기를 부렸다 하자. 그러나 아내는 그렇게 말해서는 안 된다. 또 노파 역시도 그렇게 말해서는 안 된다. 한 마디로 셋 다 모두 결정적인 실수를 했다.

여기서 음주 운전은 무면허증보다 약하고 무면허증은 차 도둑보다 약하다. 가장 덜 약한 범죄 혐의로부터 가장 무거운 범죄 혐의로 점차 높아져 갔다.

만일 거꾸로 노파 말 → 아내 말 → 운전자 말이 되었다면 웃음의 강도는 떨어질 것이다. 이같이 덜 약한 것에서부터 점차 강한 것으로 이동하는 현상을 점증이라 한다.

22. 궤변으로 만든다

도리가 아닌 말을 도리인 것처럼 억지로 공교롭게 꾸며대는 말을 일컫는다. 논리에 맞게 하기 위해서 상대방의 사고의 혼란, 불확정, 감정의 격앙을 이용하여 참이 아닌 것을 참인 것처럼 꾸며대는 것을 말한다.

"복동아, 너의 아버지 어디 가셨니?"
"시장에요."
"시장이 얼마나 먼데?"
"가는 길은 10리구요. 오는 길은 15리예요."
"그게 무슨 말이냐?"
"에이, 아저씨두. 우리 아버지가 시장에 가실 때는 맑은 정신으로 가시기 때문에 곧장 가시지만요, 오실 때는 술에 취해서 갈지자걸음으로 오시니까 15리가 되는 거죠."(차종환 : 194)

집에서 시장까지 거리는 내내 같은 거리이다. 그런데 갈 때 거리와 올 때 거리가 다르다는 것은 상식선에서 맞지 않다. 그런데 알고 보니 복동이는 거리로 물어본 것을 시간으로 답하다 보니 같은 거리를 다르게 말한 것이다.

거리 개념으로는 논리에 맞지 않지만 시간 개념으로는 논리에 맞는 말이다.

23. 속담으로 만든다

민간인들이 생활의 경험에서 얻은 옛부터 내려오는 격언을 속담이라 한다. 일상 생활 속에서 일어나는 갖가지 일들 중에는 곤란한 경우라든가 분위기 조성으로 속담을 사용하여 문제를 풀게 되는 경우가 있는데 속담이 그 문제 해결이나 유흥의 몫으로 기능하고 있다.

주일학교 꼬마들에게 '하느님의 섭리'를 어떻게 설명하면 알아들을까? 주일학교 수녀님이 머리를 짜내다가 '불행 중 다행'이라는 속담이 떠올랐다. 교리 시간에 '불행 중 다행'이라는 말에 딱 맞는 예를 얘기해 보라고 했더니 맨 앞에 앉아 있던 로사가 손을 번쩍 들고서는 얘기하는 것이었다.

"수녀님, 우리 엄마가요, 얼마 전에요, 입 안에 혓바늘이 돋아 입을 다물고 고생을 많이 하셨어요. 그건 참 큰 불행이었죠. 그런데 저를 향해 날마다 퍼붓던 잔소리를 한 마디도 못 하시는 거 있죠? 그건 참 다행이었어요!"(구병진 : 100)

로사의 적용은 맞지 않는 어휘 구사다. 엄마의 혓바늘 선 것이 불행이라면 엄마가 낫는 상태를 가지고 말해야 한다. 그런데 엄마가 로사에게 잔소리하지 않은 것을 끌어다 적용한 것이다.

자신에게 유리한 적용만 찾다보니 이런 문제가 생긴 것이다. 소위 의도적인 논점 일탈이다. 논점 일탈은 웃음을 유발한다. 그러나 전혀 무관한 적용이 아니기 때문에 더욱 웃음이 났다.

한 번도 면회 오는 사람이 없는 죄수에게 간수가 물었다.
"자넨 얼마나 못된 짓을 많이 했길래, 면회 오는 친구도 하나 없나?"
"당연하죠. 어릴 적 친구, 초등학교 친구, 중학교 친구 모두 다 여기 있걸랑요."
"그걸 보고 뭐라 하는지 알아? 그 밥에 그 나물이란 거여!"

'그 나무에 그 열매', '그 밥에 그 나물' 모두 같은 말이다. 속담이 왜 웃음이 되느냐 하면 비유의 적절성과 사실을 말하고 있기 때문이다.

수업시간에 매일같이 공부도 안 하고 떠들기만 하는 학생을 선생님이 교무실로 불렀다.
"너는 왜 항상 그 모양이야? 공부도 안 하고 그렇게 떠들기만 하면 어떻게 해?"
"오는 말이 고와야 가는 말이 곱지요."
"뭐, 도대체 너는 뭐하는 녀석이야?"
"윗물이 맑아야 아랫물도 맑지요."
"그래도 꼬박꼬박 말대꾸를 하는구나."

"서당개도 3년이면 풍월을 읊는대요."
"이 녀석이…… 당장!"
"선생님, 지렁이도 밟으면 꿈틀거려요."
"내가 너한테는 졌다. 꼴도 보기 싫다. 당장 나가!"
"가다가 그만두면 아니감만 못 하지요."
"어휴! 저놈을 그냥……."

선생과 학생의 대화를 속담 형식으로 구성하여 흥미 있게 만들었다. 우리 속담에 '말 못 하고 죽은 귀신 없다.'는 말이 있다.

허나 속담을 인용할 때 상황에 맞는 적절한 내용도 중요하지만, 인격을 나타내는 향기도 그에 못지않게 중요하기 때문에 사용시 상당한 주의가 필요하다.

24. 문답 풀이로 만든다

문답 풀이는 가장 쉽게 창조할 수 있는 소재이다.

질문을 하고 그것의 답변을 통해 자기가 말하고 싶은 것을 주장한다. 메시지가 대개 답변에 있지만 때론 질문에 있는 경우도 있다.

어느 형제가 굴뚝 속에 들어가서 청소를 하고 밖으로 나왔을 때 형은 그을음으로 얼굴이 새까맣게 되었지만 동생은 조금도 그을리지 않았다. 누가 먼저 세수를 했을까?
정답은 아우였다. 형은 동생의 얼굴이 깨끗한 것을 보고 자기도 그럴 것이라고 생각하고 씻지 않았다. 동생은 형의 검은 얼굴을 보고 자기도 그럴 것이라고 생각하고는 얼른 씻었던 것이다.

주변 환경의 영향이 얼마나 중요한가를 일깨우는 유머이다. 인간은 '대자적 존재' 이다. 남이 잘하는 것을 보고 자기도 잘하려고 하고 남이 잘못된 것을 보고 자기는 저렇게 하지 말아야지 속으로 생각하고 행동을 취한다.

이것은 유대인의 유머이다. 유대인들은 아버지가 전승자가 되어 아들에게 들려 주는 전통적 습관이 있다. 그들은 '발상과 전환의 놀이' 로 자녀를 교육시키기 때문에 유명한 과학자나 상인이 많다고 한다.
평상시와 같은 생각으로 하면 결코 풀 수 없고 이같이 착안점을 바꿔야 풀 수 있는 유머가 유대인에게는 5백 개가 넘는다고 한다.
(서병숙 : 95)

25. 만담漫談으로 만든다

두 사람 이상 때로는 혼자가 대화 형식으로 이야기를 전개하여 우습고 즐겁게 세상을 비꼬고 비판하는 것을 말한다. 아래는 도둑질하다 경찰서에 붙잡혀온 도둑과 경찰의 대화 내용이다.

경찰 : 얌마! 당신 직업이 뭐야?
도둑 : 빈부의 차이를 없애려고 밤낮으로 노력하는 사회사업가입니다.
경찰 : 사회사업가? 말은 번드레하네! 도둑질할 때 다른 사람은 2인 1

조나 3인 1조가 되어 망을 본다든지 자동차를 대기한다든지 한다. 그건 왜 그런지 아나? 위험을 줄이고 기동력 있게 하기 위한 것이야! 그런데 넌 어째서 꼭 혼자 하는가?

도둑 : 세상에 믿을 놈이 있어야지요.

경찰 : 하기야 당신 마누라도 당신이 위험을 무릅쓰고 도둑질한 물건을 갖고 도망갔다니 믿을 놈이 없다고 생각하는 것은 당연하겠지! 봐라, 자네 부인이 왜 도망갔는지 그 이유를 아나? 사랑하는 사람이 잡힐까 봐 집에서 가슴 졸이며 사는 생활이 자네 부인은 겁나고 두려웠던 거야! 그러니 이제부터라도 그 잘난 사회사업 그만하게. 또 마누라를 도망가게 하지 말고.

도둑 : 마누라 도망가는 거 뭐 걱정합니까? 도망가면 바로 훔쳐오면 되죠. 자꾸 도망갈수록 촉감 좋고 향기 좋은 신품이 얼마든지 많은데!

경찰 : 참 희한한 놈 다 보겠네! 도대체 걱정이라고는 눈곱만큼도 없는 놈이구먼! 좋아. 이번에는 휴가에 관해 묻겠다. 니들은 휴가도 안 가냐? 니들이 극성을 부리니 특별 단속령이 내려 나도 휴가 반납하고 이렇게 근무하게 되었다. 남들 갈 때 니들도 휴가 좀 가라 잉? 이렇게 남의 휴가 망치지 말고. 남들이 바닷가에 간다, 스키장에 간다 하며 휴가를 가면 니들도 남들 갈 때 같이 휴가 가는 거야. 내 말은 이렇게 휴가철에 잡히면 우리도 망치고 너희들도 망치고 하여 피차 피곤해지는데 우리 그렇게 살지 말자는 거다. 알았제이? 왜 대답이 없나? 머리라도 식힐 겸 휴가 좀 가란 말이다.

도둑 : 저희들 휴가가 뭐 따로 있나요? 이렇게 잡히는 날이 휴가가 되는 거죠. 그리고 경찰처럼 휴가 안 가면 휴가 보상비를 받는 것도 아닌데…… 말이 나와서 말씀드리는 건데 저희들은 휴가 보

상비도 없이 열악한 환경에서 근무를 하고 있는 겁니다. 오히려 휴가를 갈수록 손해인데 어떻게 다른 사람처럼 행동해요.

경찰 : 그 말은 맞는 말 같다. 그건 그렇다치고 아들 학교에서 아버지 직업을 물어볼 때가 있을 텐데 도둑질하는 것을 직업이라고 차마 말 못 하지. 아들 기죽이지 말고 이번 일로 아예 손을 씻게.

도둑 : 그것도 걱정할 게 없습니다. 그렇지 않아도 아들놈이 아버지 직업을 묻길래 귀금속 이동센터를 운영한다고 당당하게 말하라고 했습니다.

경찰 : 지금까지 자네 태도를 보면 도둑질하는 것에 대해 뉘우치거나 부끄러웠던 적은 없고 오히려 떳떳한 직업으로 생각하고 있는 것 같다. 한 마디로 즐거운 직업, 재미난 직업으로 알고 있는 것 같다. 그렇다면 이번에는 반대로 묻겠다. 지금까지 도둑질하면서 가장 슬펐던 일은 무엇이었나?

도둑 : 내가 훔친 다이아몬드를 마누라가 팔러가다가 날치기 당했을 때죠.

경찰 : 그때 마누라가 뭐라고 하던가?

도둑 : 본전에 팔았다고 하던데요.

경찰 : 이렇게 밤낮으로 도둑질하러 다니면 자녀 교육은 언제 시키나?

도둑 : 틈만 나면 현장에 데리고 다니면서 절대 들키지 않도록 감각을 갖도록 특별과외를 시키고 있죠.

불합리한 것의 반대 개념으로는 정의나 진리가 있다. 불합리와 정의 또는 진리는 서로 모순 개념을 내포하고 있다. 따라서 내용 자체가 웃음을 안고 있다. 내용 자체가 불합리한 것에 합리성을 섞으면 웃음이 난다.

다음은 시골 장터에서 아내를 만나 결혼한 A 사람이, 백화점에서 아내를 만나 결혼한 사람 B와의 대화 내용이다.

A : 백화점이 확실히 시골 장터보다 물건이 많긴 많더군!

B : 뭘 샀는데?

A : 지금 마누라를 5일장에서 구했지.

B : 자네 부인을?

A : 응, 시골 장터에서 눈을 크게 뜨고 지금 마누라를 겨우 구했는데 글쎄 백화점에 가보니 탐나는 좋은 물건이 얼마나 많은지 혼을 빼게 되더라구! 정말 물건을 사려면 앞으로 백화점에서 사야겠다는 마음이 불쑥 들었어! 어깨까지 내려앉은 치렁치렁한 머리를 가진 여자! 앞가슴이 보이도록 파진 옷을 입은 여자! 눈이 왕방울만한 여자! 개미허리를 가진 잘록한 여자! 미끈한 다리! 걸을 때마다 보일 듯 말 듯 하얀 허벅지를 가진 여자! 정말 침을 꿀꺽 삼킬 정도로 탐나는 물건이 많아!

B : 백화점 물건이라구 다 좋은 물건인 줄 아나? 처음 우리 마누라도 명품 값을 한다고 콧대가 상당히 높았어. 그렇지만 나이에는 어쩔 수가 없더라구. 그 콧대 높은 여자도 시골 장터 물건만 못 하게 되었네!

A : 그게 무슨 말이야?

B : 유행이 한참 지난 것을 세일할 때 샀거든! 내가 결혼할 때 우리 마누라 나이가 얼마인 줄 알아? 자그만치 40살이었다네.

A : 명품은 유행과 상관없이 좋은 것인데?

B : 나도 그런 줄 알고 샀거든! 그런데 막상 사고 보니 피부도 까실까실하고 촉감이 영 좋지 않아! 음식으로 말하면 신선도만 떨어지는 게 아니고 달콤한 향내가 전혀 없어! 사람들이 비싼 줄 알면서도 제철에 사는 것을 이제 알겠어!

혼기를 놓쳐서 결혼하는 것은 여러 모로 불행하다는 것을 시사하는 유머이다. 사람을 백화점과 재래시장의 물건에 비유한 것이 잘못이지만 귀담아 들을 말이 있다.

결혼은 적령기에 해야지 나이들어 콧대 높은 여자를 만나는 것보다 명품은 아니라도 좀 수준을 낮춰서 제철의 물건을 사듯이 그런 여자를 맞이해야 좋다는 뜻이다. 옳은 말이다. 신세대들이 집을 장만한다고, 공부를 한다고, 차를 산다고 결혼을 늦추는 것은 크게 잘못된 생각이다. 어떻게 다 갖춰서 살려 하는가?

남녀가 일단 만나서 없는 것이 얼마나 불편한 것인지도 느껴보고 또 그 불편을 통해서 간혹 도움을 받으면 고마움도 느끼고 해야 한다. 부모가 자식에게 재산을 물려 주다 보니 자식은 자식대로 힘들고 부모는 부모대로 힘들다. 만일 우리도 선진국처럼 20세가 되면 부모가 도와 주려 하지 않고 자식 또한 부모에게 도움을 받지 않으려는 마음을 갖는다면 부모의 재산은 모두 사회에 기부하는 풍토가 생길 것이다. 그러면 없는 사람 있는 사람 지금처럼 구분되지 않고 각자가 독립심을 갖고 살려 할 것이다.

결혼이 늦는 것까지는 어쩔 수 없다 하자. 문제는 제2세가 늦으니 자식이 친구 같아야 하는데 너무 늦은 결혼이다 보니 모두가 불행해지고 있다. 이렇게 되니 자식과 현실 문제도 상의하기도 하고 미래 문제도 계획을 세우는 등의 인생의 참맛을 하나도 일궈내지 못하고 서로들 겉돌며 살고 있는 것이다.

여기서 우리는 남을 돕는 풍토를 가져야 한다. 국가가 돈이 생기면 정권 유지나 치적, 또는 개발이라는 명분으로 자연 환경을 마구 훼손하는 일은 제발 그만하고 그 돈으로 남의 나라를 진정으로 어떻게 도와 줄 것인가를 생각해 보고, 국민 또한 자기만 쓰다 가는 불행한 인간이 되지 말고 남을 도우며 사는 생활을 실천할 수 있는 풍토를 하루 빨리 만들어야 한다. 그래야 대한민국이 중병에서 일어날 수 있다. 그렇지 않고 이 상태가 계속되면 한걸음도 앞으로 나가지 못하는 불행한 사태가 도래할 것이다.

26. 사투리로 만든다

오늘날 교통이 발달하고 또 표준어의 사용으로 지역의 구수한 정서나 표현이 획일적으로 되어가고 있다. 따라서 사투리의 보존이 상당히 시급한 과제로 등장하고 있다.

사투리는 잘만 쓰면 유머스런 장면을 연출할 수 있다. 표준어에 익숙해진 사람에게 사투리는 어색하기보다 오히려 친근감을 더 갖게 된다. 이것은 사투리가 가지고 있는 장점 때문이다. 즉, 사투리는 우선 이색적이고 호기심이 들기 때문에 관심과 흥미가 자연 고조된다. 따라서 각 지방의 사투리를 알아두는 것은 유머를 잘하기 위한 조건이 된다.

예화1

표준어 : 돌아가셨습니다.

경상도 : 운명했다 아입니까.

전라도 : 뒤져버렸어라.

충청도 : 갔슈.

예화2

표준어 : 실례하겠습니다.

경상도 : 내 좀 보소.

전라도 : 아따 잠깐만 보더라고.

충청도 : 좀 봐유.

예화3

표준어 : 정말 시원합니다.

경상도 : 억수로 시원합니다.

전라도 : 겁나게 시원해부러라.

충청도 : 엄청 션해유.

예화4

표준어 : 빨리 오세요.

경상도 : 퍼뜩 오이소.

전라도 : 허벌라게 와버리랑께.

충청도 : 빨와유.

예화5

표준어 : 괜찮습니다.

경상도 : 아니라예.

전라도 : 됐어라.

충청도 : 됐슈.

● 팔도 사투리 시조편

함경도 사투리

태산이 높으믄 얼마나 높겠슴지비.
올라가고서리 또 올라가문 그 못 올라갈 종재들이 어디 있겠슴메.
사람들은 올라 갈라구 념은 치지 않고 뫼만 높다 하지 않겠슴지비.

꺄르륵, 대번에 웃음이 터진다.

평안도 사투리

태산이 높으믄 얼마나 높갔어.
올라가고서리 또 냅다 올라가믄 그 못 올라갈 에미나이 새끼들이 어드메 있갔어.
올라가 디네? 기럼 올라가라우.

호남 사투리

태산이 있었구만이라. 얼마나 높았으까이. 생각만 해도 사람 환장허겠다이.

올라가고 또 올라가면 하늘 아래 쬐께난 멘게 못 올라갈 싸가지 없는 놈들이 어딨겠냐고.
사람들은 올라갈라고 맴도 먹덜 않고 뫼만 높다헌게. 긍게 올라가랑게. 성공헌게.(남보원 : 119)

27. 광휘성으로 만든다

모든 화술이나 문장은 화제를 꺼내는 '도입부'가 있고(기起) 그것을 이어받아 논리를 전개하는 '전개부'가 있다.(승承) 그리고 그 전개 속에서 가장 중요한 단어가 반드시 들어 있는데, 이것을 '광휘성光輝性'이라 한다. 이 광휘성은 화제나 문장을 살리고 죽이는 핵심 단어를 말하는 것으로 이 한 단어 때문에 문장이나 화술이 생명력을 갖는다. 프랑스의 플로베르는 적확한 어휘의 선택으로 일물일어설一物一語說을 주장했다. 좋은 글의 요건 중, 논리에 맞는 명확한 어휘 선택은 필수적이다.

부인 : 아니, 당신같이 건장하고 잘생긴 남자가 세상에 그렇게도 없어 구걸을 하고 다녀요?
거지 : 아주머니, 낸들 이 짓이 하고 싶어서 하는 줄 아세요? 이것도 직업이니 어찌합니까? 직업에는 귀천이 없다고 하지 않습니까? (최성호 : 234)

여기서 광휘성은 '직업에는 귀천이 없다.'이다. 거지 직업은 실업이다. 그런데 그것을 직업인 것처럼 인식시킨 어휘는 '귀천이 없다.' 를 비유한 데 있다.

"주인님 계십니까?"
하고 찾으니 집안에서 하는 대답이,
"잠을 자고 있습니다."
"아니, 자는 사람이 어떻게 말을 합니까?"
"이건 잠꼬대요."
주인은 이렇게 친절했다.(김용 : 101)

여기서 '잠꼬대' 는 이 유머 전체를 살리고 죽이는 기능을 한다. 이 같은 현상은 유행어나 광휘성에서 찾아볼 수 있다.

광휘성은 유행어보다 생명력이 길다. 유행어는 특수 지역이나 특수 인종이, 언중이 공감하여 집중적으로 사용하는 말이므로 그 유통 기간이 극히 짧기 때문에 내구 연한 또한 짧다. 이에 비해서 광휘성은 지역이나 인종을 뛰어넘어 만인이 공감하여 사용할 수 있는 말로써 내구 연한이 상당히 길은 게 특징이다.

28. 그림으로 만든다

먹을 양식이 떨어진 한 양반이 친구의 집에 쌀을 꾸어달라고 편지를 했는데 글을 모르는 그는 종이에 쌀 한 섬을 그려 보냈다.

답장이 왔는데 종이에는 방울 두 개가 그려져 있었다. 이것을 본 그의 마누라는 무슨 내용인지 이해가 안 가서 남편에게 물었다.
"무슨 답장이 이렇소?"
"그것도 몰라? 자기 집도 양식이 떨어져 달랑달랑하니까 못 꾸어 주겠다는 말이지 뭐야……."(김용 : 11)

글을 모르는 양반의 그림 해석이 정확한 해석인지 아닌지 잘 모른다. 그러나 무식한 양반의 아는 체하는 모습은 보는 이로 하여금 웃음을 자아내게 한다. 양반의 바보 같은 말에 우월감에서 웃음이 생긴 것이다.

chapter 3

유머 창조의 4변수

유머는 +현상과 −현상이 상충 작용을 하여 전기가 들어오는 일이다. 따라서 상충의 기회에 상충이 안 되면(전깃불이 안 켜지면) 서로들 불행한 생활을 할 수밖에 없다. 만일 그 상충이 잘 되면 역설적으로 교감이 잘 되는 것이고 상충이 잘 안 되면 합선이 되어(어둠을 밝히지 못해) 사고가 발생되는 것이다.

따라서 인간은 유머를 통해 문제를 풀든지 아니면 최악의 경우에는 싸우든지 둘 중의 하나를 선택하며 살고 있는 것이다. 이같이 유머를 사용하거나 싸우거나 하는 것은 우리네 삶의 모습이기 때문에 유머 사용은 필연적인 것이다.

만일 유머를 사용하지 않고 어떤 가치관 싸움에서 진다든지 조용히 물러선다든지 하는 것은 비겁한 사람이거나 함량 미달자라고 단정하고 싶다. 왜냐하면 어떤 난관을 극복하거나 위기를 탈출하려면 유머 사용이 필연인데, 이것을 포기하고 다른 것에서 찾으려 한다면 착각도 이만저만이 아니고 바보도 그런 바보가 없다고 보기 때문이다.(의견의 상치라든가 불합리나 모순을 극복하는 데는 유머만한 무기가 없다고 본다. 따라서 이렇게 훌륭한 무기를 버리고 다른 무기를 찾는 것은 바보나 할 짓이다.)

한마디로 유머를 구사하는 사람들의 수준이나 철학 등 가치관에 따라 유머 사용의 가능과 불가능이 결정되기 때문에, 만일 유머 사용이 안 되고 험악한 관계로 치닫는다면 관계된 사람들은 절대적인 책임을 모면할 수가 없다.

우리는 사물을 대할 때는 반대를 생각하든지 뒤집어서 생각하든지 이원성으로 생각한다. 공격자가 '정正'으로 공격하면 방어자는

'반反' 으로 방어하고 공격자가 '원인' 으로 공격하면 방어자는 '결과' 로 방어한다. 자신에게 유리한 쪽에서 +현상을 찾는 행동인데 공격자의 +현상 공격은 방어자에게는 −현상으로 작용하여 방어자 역시 +현상을 찾아 방어한다. 이것을 〈이원성〉이라 한다.

또 자신에게 유리한 것이 있으면 억지로 관련을 맺고(+현상) 불리하면 관련에서 '분리' 한다. (+현상) 이것을 〈관련〉이라 한다.

그리고 일의 순서나 역할을 바꿔 웃음을 창조한다. 그런가 하면 고정관념으로는 강이 약을 이기나, 약이 강을 이길 때가 있다. 이 변화의 변수에서는 원형을 바꾸거나 없애거나 보태거나 빼거나 하여 +현상이 되는 것을 찾는다.

마지막으로 인간이 가진 철학이나 가치관 등의 차이로 문제를 해결하는 방법이다. 이것을 〈인간〉이라 한다.

이같이 이원성과 관련과 변화의 세 변수는 공격자(또는 발화자)의 공격에 방어자는 정해진 규칙에서('겉으로 공격하면 속으로 방어한다.' 등등으로 볼 때 '상황' 이 있다.) 가치관의 선택으로 자아나 비자아가 형성되고(+현상, −현상, 0현상의 선택으로) 있는데 반해 뒤에 인간의 변수에서 유머 창조의 과정은 발화자(또는 공격자)나 수화자(또는 방어자) 각자는 그가 처한 입장에서(예를 들면 동물의 세계나 인간의 세계나 신의 세계에서 살기 때문에 1차 인간, 2차 인간, 3차 인간이 정해진다.) 정해진 규칙이 없는 상태에서(공격을 할 때 3변수에서 방어 전략이 정해지듯이 무슨 방법으로 방어할 것인가 방어 전략이 정해지지 않았다. 소위 방어 전략에 해당하는 '상황' 이 없다. 겉으로 공격하면 속으로 방어하는 등) 곧바로 자신이 가진 가치관에 의해 임의적으로 +현상이나, −현상이나, 0현상 중 하나를 선택하여 자아나 비자아를 형성한다는 점에서 차이가 있는 것이다.

물론 3변수도 그가 처한 입장에서 1차 인간, 2차 인간, 3차 인간이 정해지지만 때에 따라서는 이원성과 관련과 변화의 3변수에서는 공격이 결과이면 방어도 결과로 조치하여 자아와 비자아를 형성하는 경우도 있기는 하다.(이런 경우는 설명이나 해석이 된다.)

그러나 일단은 대부분 정해진 규칙에서 전개되기 때문에 기술 변수요 도구 변수라고 하는 것이다. 이런 이유로 인간의 변수는 그가 가진 수준이나 경험 등 가치관이나 철학에 따라 자아나 비자아를 창조하기 때문에 정해진 규칙에 따라 방어하지 않아 '창조의 변수'라 하기도 하고 '유전인자 변수' 라고도 하는 것이다.

한마디로 '변수1 이원성', '변수2 관련', '변수3 변화' 의 3변수는 반드시 '변수4 인간' 의 도움을 받아 창조되며, 독자적으로 유머를 창조하는 일은 하지 못하는 의존 변수이다. 반면에 인간의 변수는 3변수에 모두 작용하고 있으며 또 그들 3변수에 해당하지 않은 부분은 물론이요 유행어, 광휘성, 속담, 만담, 넌세스, 사투리 사용 등 기타 부분까지 모두 총괄하여 유머를 창조하고 있다.

지금까지 말한 것을 정리하면 공격과 방어에서 반드시 이 4가지 중 한 가지 이상의 변수가 나타나기 때문에 4변수를 잘 활용하면 성공적인 유머를 할 수 있다.

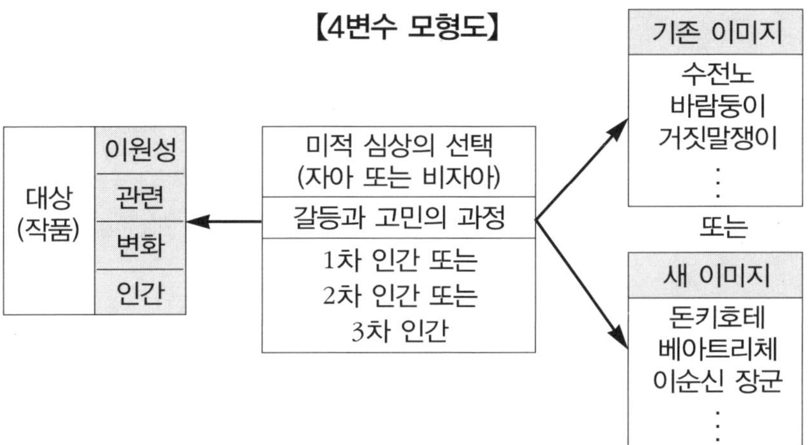

※1. 심령 안의 미적 심상은 가치관(이기심 · 철학 · 신념 등을 총칭한다.)에 의해 갈등과 고민의 과정을 거쳐 선택된다.

2. 미적 심상은 갈등과 고민의 과정을 거쳐 자아와 비자아에(자기에게 유 · 불리를 선택하여 자아 형성을 한다. 자아 형성을 위해서 때로는 불리한 것을 선택하기도 한다.) 의해 선택된다.

3. 미적 심상이 선택되었으면 각자의 이미지가 창출되고 사회적 평가가 나온다.

4. 이원성 · 관련 · 변화의 3변수는 유머를 만드는 기술(도구) 변수, 즉 유동 변수이고 인간의 변수는 유전인자를 가진 창조 변수이며 경직 변수이다.

5. 자신이 가진 수준이나 가치관에 의해 그 수준, 그 가치관대로 그대로 나타나는 경우가 많고(수전노, 바람둥이 거짓말쟁이 등) 어떤 특별한 계기가 되어야 비로소 새로운 이미지가(돈키호테, 베아트리체, 이순신 장군 등) 형성된다.

6. 유머는 +현상과 −현상의 상충 작용이다. 따라서 공격이 +현상이면 −현상으로 상충을 만들고, 반대로 공격이 −현상이면 +현상으로 만들면 된다.

01 변수1 : 이원성

무릇 모든 사물에는 동전의 양면처럼 두 개의 면을 가지고 있는 바 여기에는 '겉과 속' · '긍정과 부정' · '현실과 이상' · '유와 무' · '본질과 현상' · '원인과 결과' 등이 있다.

이런 것들은 대개가 합리적인 것과 비합리적인 바탕 위에서 존재하고 있으며 모순과 다른 점은, 이원성은 개체 밖에서나 개체 내에서 대립의 측면에서 살펴본 것이고 모순은 개체 내의 융합된 상태나 개체 밖의 분리된 상태에서 살펴본 점이 다르다. 즉 이원성은 존재 · 비존재 속에서 현상을 모두 말하나 모순은 오로지 존재 속에서 현상을 말한다.

따라서 공격자가 '현실'을 이야기하면 방어자는 '이상'으로 맞서고, 공격자가 '원인'을 말하면 방어자는 '결과'를 말한다면 쉽게 상대를 제압할 수 있다.

그 외 수입과 지출, 여당과 야당, 사측과 노측, X 인간과 Y 인간

등 제도적 장치를 마련한 것도 이원성으로 볼 수 있다. 이것은 인간의 내면 형태의 이중성을 양성화한 것이다. 장자는 이원성을 다음과 같이 말했다.

> 사물은 이쪽에서 보면 모두가 저것이고 저쪽에서 보면 모두가 이것이다. 저것은 이것의 입장에서는 분명히 알 수 없지만 이것의 입장에서 저것을 본다면 분명히 차이를 알 수 있게 된다. 따라서 저것은 이것에서 생겨나고 이것 또한 저것에 기인하는 것이다. 즉 저것과 이것은 함께 생긴다는 말이다.
>
> 성인이 성인일 수 있는 것은 이런 상대적인 입장을 초월하여 세상을 있는 그대로 보기 때문이다. 이런 경지에서 보면 이것이 저것이고 저것이 이것이다. 또 저것에도 하나의 옳고 그름이 있고 이것에도 역시 하나의 옳고 그름이 있다. 이렇게 이것과 저것의 대립을 초월한 것을 도추道樞라 한다.(진현종 : 146)

【이원성의 변수】

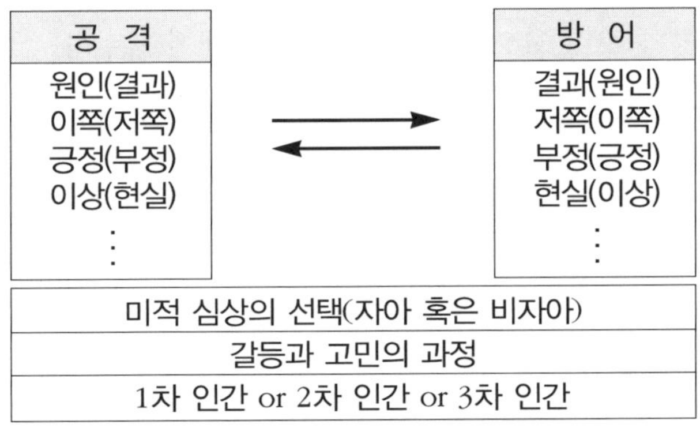

※예시) 1. ( ) 안은 결과(−현상)로 공격하면 원인(+현상)으로 방어함을 말함.

2. 공격시 공격의 무기로 공격하면 그 무기를 그대로 사용한다. 예를 들면 원인이 뭐냐고 물으면(−현상) 답은 원인을 묻고 있기 때문에 원인으로(+현상) 답해야 한다.

3. −현상은 공격자나 방어자 각각의 입장에서 부담이 되는 것을 표현한 말이다.

몹시 추운 겨울날 털복숭이 강아지와 털이 없는 빼빼 마른 강아지가 길을 걷고 있었다. 털복숭이 강아지가 털 없는 강아지에게 말했다.
"난 털이 많아서 따뜻한데 넌 참 안됐구나."(공격 : 겉 : −현상)
그러자 털 없는 강아지가 대꾸했다.
"자식 빈정대긴 임마! 난 뒤집어 입었어."(방어 : 속 : +현상)

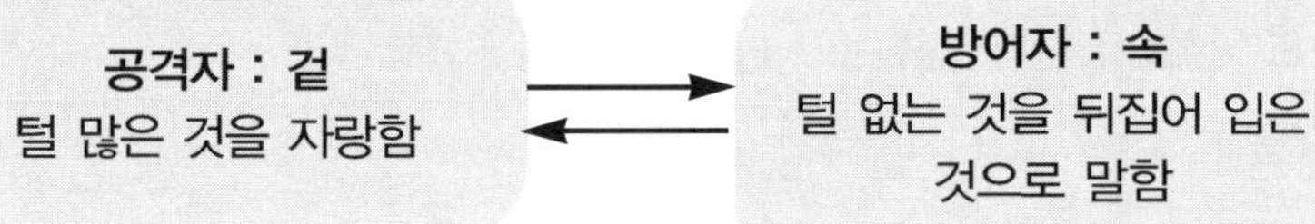

있는 자가 모피 코트(?)를 입고 없는 자에게 자랑하는 모습이다. 즉 가진 자가 없는 자에게 온갖 스트레스를 주는 일을 서슴지 않는다. 공격자의 거침없는 공격에 가진 것이 없는 자는 곤혹스런 입장이 되었다(−현상). 유리한 +현상이 무엇인가 찾아보니 '겉'으로 공격한 것에 착안하여 '속'으로 방어했다.

여기서 없는 자는 가난을 결코 부끄러워하거나 기죽는 일은 추호도 찾아볼 수 없다. 오히려 가난을 더 멋으로 알고 자랑으로 생각하며 당당하게 맞섰다. 이런 것이 유머만이 맛볼 수 있는 매력이다.

가진 자의 조소와 깔봄을 이렇게 통쾌하게 받아칠 수 있는 무기가 유머 외에 또 있을까?

지체 높은 장군이 부하를 불러 놓고 말했다.

"내 얼굴을 잘 보아라."

"괜찮은 얼굴인 줄 아뢰오."

"음, 그렇겠지. 사람의 입은 틀어막을 수 없어. 나더러 원숭이를 닮았다고 하는 자들이 있는데 정말 원숭이를 그대로 닮았는지 어디 한 번 잘 살펴보아라."(이쪽 → 저쪽)

부하는 열심히 그 유명한 장군의 얼굴을 살피고 살핀 후에,

"아닙니다. 장군님이 원숭이를 닮다니요? 그렇지 않습니다. 원숭이가 장군님을 닮은 것입니다."(저쪽 → 이쪽)

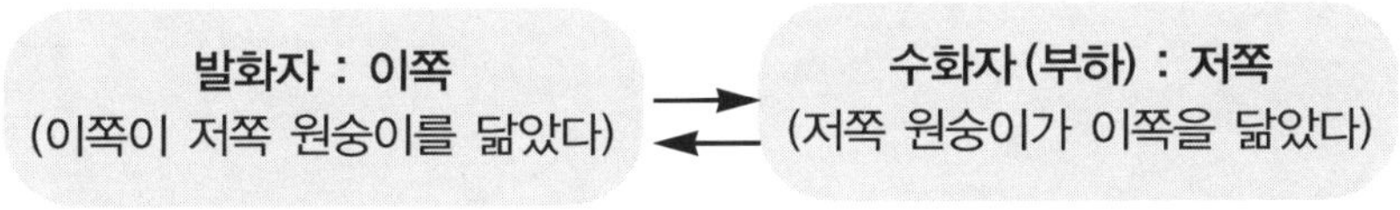

발화자 : 이쪽 (이쪽이 저쪽 원숭이를 닮았다)	⇄	수화자(부하) : 저쪽 (저쪽 원숭이가 이쪽을 닮았다)

하나의 형상을 '이쪽'에서 말하느냐 '저쪽'에서 말하느냐 하는 이원성 유머이다.

장군이 원숭이를 닮은 것이나 원숭이가 장군을 닮은 것이나 둘의 관계에서 그들이 가진 형상은 하나도 변하지 않는다. 무엇을 말하든 하나도 변하지 않는 있는 그대로의 0현상이다. 여기서 장군이 원숭이를 닮았다고 하면 당사자인 장군은 화가 나지만(−현상) 관중은 웃음이 날 것이다.(+현상) 이것은 근엄한 장군이 하찮은 원숭

이에 비교하여 형편없는 존재로 전락되기 때문이다.(-현상) 반대로 원숭이가 장군을 닮았다면 전자처럼 웃음의 강도가 약하다.(-현상에서 정도 문제의 차이지 비교를 안 한만 못한 결과가 되기 때문이다.) 이것은 하찮은 원숭이가 근엄한 장군을 닮았다면 사람들이 쉽게 수긍할 수 없기 때문이다. 즉 원숭이보다 더 높은 사람에 비교하는 것은 잘못되었다.

이것은 장군의 얼굴이 아무리 못생겼어도 원숭이보다 더 낫다고 보는 고정관념이 있기 때문이다.

02 변수 2 : 관련

관련, 연관, 관계라는 말은 모두 같은 의미를 가지고 있다. 세계에 존재하는 모든 사물은 상호 관련을 맺으면서 존재한다. 만약 우리가 이러한 환경을 무시한다면 우리는 자연이나 인간 사회에 대한 올바른 인식을 할 수 없다.

사람들은 불리하면 자신과 무관한 것을 주장하고 유리하면 관련된 것처럼 행동한다. 즉 자신과 유리한 것은 관련시키고 불리한 것은 무관한 것으로 만들어 고리를 끊는 것을 말했다. 이것은 자신과 관련되었을 경우이다.

이번에는 상대를 유리하게 하지 않고 불리하게 할 경우는 어떻게 조치해야 하는가를 살펴보기로 한다. 이 경우는 상대가 불리해야 자신에게 유리하고, 반대로 상대가 유리하면 자신에게 불리하게 되어 있다. 따라서 상대를 꼼짝 못 하도록 불리하게 만드는 조치를 취해야 한다.

여기서 상대를 불리하게 한다든지 자신에게 불리하다든지 하는 것은 적대적 관계이고 그 반대 현상은 비적대적 관계이다. 관련은 심리적인 관계에서 만들어지는 것과, 존재 그 자체에서 형성된 것 두 종류가 있다.

【관련의 변수】

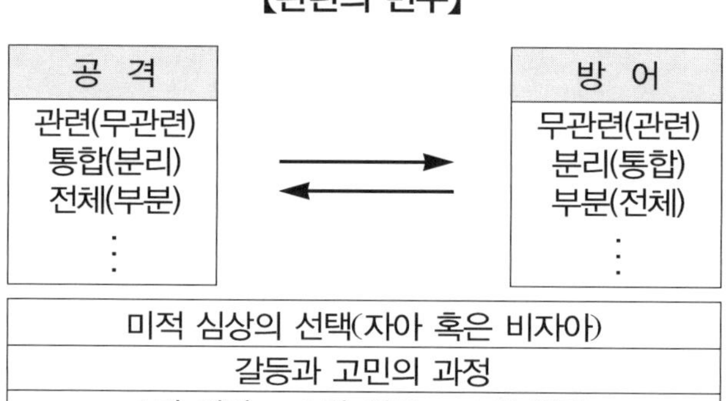

※1. 유리하면(+현상) 억지로라도 '관련關聯' 을 시킨다.

2. 불리하면(−현상) 관련에서 '분리分離' 한다.

3. 웃기고자 하면 불리하게도 만든다.(−현상)

4. ( )은 '무관련' 으로 공격하면 '관련' 으로 방어한다.

5. 공격자나 방어자 둘 중의 하나에서 관련과 무관련을 식별한다.

6. 공격자가 통합하여 전체로 공격하면, 방어자는 전체에서 분리된 부분으로 방어한다.

얼굴과 손에 온통 검댕을 묻히고 들어온 동생에게 형이 나무랐다.

"야, 하라는 공부는 안 하고 그렇게 밤낮 장난질만 하면 동네 사람들이 널 보고 뭐라고 그러겠니?"(무관련)

"응, 형이 어렸을 적하고 어쩜 그렇게 똑같냐고 그러던걸."(관련)

공격자 : 무관련
동생의 심한 장난질과는
무관한 것으로 질책

방어자 : 관련
장난과 형의 약점을 관련
시켜 물귀신 작전을 폄

남을 질책할 때는 자신과는 전혀 관련된 것이 없어야 한다.(무관련) 형이 질책한 일은 동생 입장에서 −현상이다. 동생은 +현상이 되기 위해서 곤혹스런 입장을 빠져 나갈 방도를 찾았다. 그것은 다름 아닌 공격자의 어린 시절을 물고 늘어지는 것이다.

형은 동생이 설마 자신의 어렸을 때를 말할 줄 꿈에도 생각 못 했다. 이리하여 형=동생이라는 관계를 정립하여 오히려 질책한 것을 창피하게 만든 것이다.

왜냐하면 동생이 잘못하는 것! 사람들이 흉보는 것! 등등이 동네 사람들이나 동생 입으로부터 나오는 것은 바로 자신의 허물이 되기 때문이다.(관련)

말솜씨 좋기로 소문난 중매쟁이 아줌마가 돈 많은 은행가의 딸을 중매해 주겠다며 나섰다. 그런데 그 아가씨는 얼굴도 예쁘고 마음씨도 착한데 딱 한 가지, 다리를 저는 게 흠이었다.

"이봐요, 총각. 그런 좋은 혼처가 어디 그렇게 흔한 줄 아우? 예쁘겠다, 착하겠다, 게다가 지참금이 얼마나 되는 줄 아우? 자그마치 10억이오, 10억!"

A "하지만 저번에 그 아가씨를 보니까 다리를 절던데요. 그 아가씬 늘 그렇게 다리를 저나요?"(관련으로 통합시켜 물음)

B "늘 그럴 리가 있나! 걸을 때만 저는 거지."(관련된 것을 분리하여 답변)

발화자 : 총각
뛰거나 달릴 때 저는가를
물음(온갖 것을 관련시킴)

→ ←

수화자 : 중매쟁이
걸을 때만 절음
(온갖 것에서 분리)

총각 입장에서는 걸을 때는 물론이요 달리거나 뛰거나 모두 정상인 것을 염두에 두고 말하고 있다. 물론 이 말은 없으나 내용을 살펴보면 이런 뜻이다. 그런데 중매쟁이는 일을 성사시키려다 보니 그렇게 전체를 싸잡아 말하는 것을 인정하면(관련시켜 통합함) 일을 그르친다.(−현상이다.) 그리하여 일이 되는 쪽으로 +현상을 찾아보니 항상(−현상) 그런 게 아니고 걸을 때만이라고(관련에서 분리해야 된다.) 말하여 웃음을 자아내고 있다.

어떤 사람이 백만장자 로스차일드 씨가 죽었다는 기사가 난 신문을 손에 쥔 채 통곡을 하고 있었다.
"아, 당대의 부호 마침내 돌아가다. 아, 거부는 다시 돌아오지 않는다!"
그 광경을 옆에서 보고 있던 사람이 위로의 말을 건넸다.
A "정말 안타까운 일이긴 하지만, 당신은 로스차일드 씨와는 아무런 친인척 관계도 없는 사람 아니오?"(망인과 무관련으로 물음)
그러자 울고 있던 사람이 태연히 대답했다.
B "바로 그게 슬퍼서 우는 겁니다."(관련으로 답함 — 관련되어야 상속을 받을 수 있기 때문이다.)

발 화 자
망인과 관련이 없는데 우는
이유를 물음(무관련의 원인)

→ ←

수 화 자
관련이 되어야 상속을 받음
(무관련된 결과가 관련됨)

발화자는 신문 기사를 읽고 있는 수화자가 망인과 아무 관련이 없는데 왜 우는가를 물었다. 수화자는 죽은 로스차일드 씨와 자기는 전혀 관련이 없다.(−현상) 관련만 되었다면 상속을 받을 수 있는 +현상이다.

관련이 전혀 안 된 것은 분명 −현상이다. +현상을 찾으려면 억지로 관련을 시켜야 한다. 이런 전제로 유머가 창조되고 있다.

A : 우리 증조할아버지는 나폴레옹과 싸웠고, 할아버지는 청나라 장군과 싸웠고, 아버지는 일본 사람들과 싸웠다.

그러자 한 친구가,

B : 어떻게 된 게 너희집 사람들은 다른 사람들과 친하게 지내질 못하니!

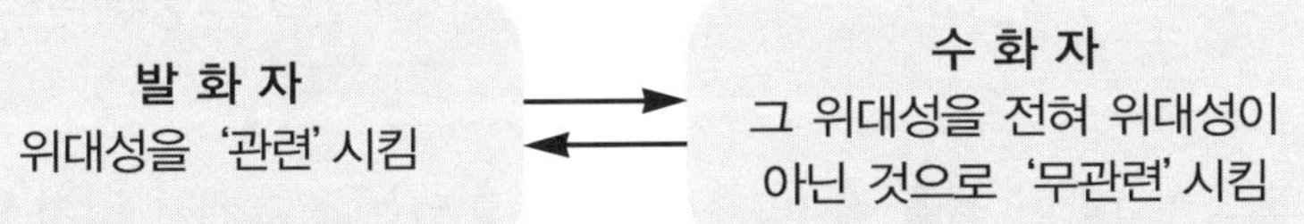

이제까지는 '관련' 으로 공격하면 '무관련' 으로 방어하면 되는데, '관련' 으로 공격할 때 '관련' 으로 방어하면 얘기가 된다. 이때는 공격의 '관련' 을 하찮고 시원찮은 것으로 성격을 규정하여 방어하면 된다.

이 예화에서 발화자는 +현상을 생각하고 위대성을 갖고 말했는데 수화자는 엉뚱하게 논점 회피를 하여(의도적으로 웃기기 위해서 논점 일탈했다.) 위대성과는 거리가 먼 '싸우는 집안' 으로 논점의 주제를 바꾸어 −현상으로 만들어 상충시켰다. 이렇게 됨으로써 졸지에 위대한 집안이 초라하고 형편없는 집안이 된 것이다.(−현상)

개를 데리고 온 한 남자가 개 가게 주인을 보고 화를 냈다.

"당신 정말 뻔뻔한 사람이군. 이 똥개를 개라고 팔아먹는단 말이오? 어제 도둑이 들어 1백만 원을 훔쳐갔는데(불리하게 아주 큰 것으로 관련시켜 꾸중) 이 빌어먹을 놈의 개가 한 번도 짖지 않았소!"

개 가게 주인이 한다는 말이 걸작이다.

"이것 보세요 손님, 이 개는요 1백억대를 가진 부잣집에서 기르던 놈이에요.(유리하게 1백만 원을 아주 작은 것으로 변화시킴) 그 정도 적은 돈 가지고는 눈 하나 까딱 안 한다고요."

공격자 : 개를 산 남자
개가 짖지 않아 도둑맞은
것을 비난(큰것으로 관련)

⇄

방어자 : 가게 주인
1백만 원이 아주 적은 돈이기
때문에 개가 짖지 않음을
1백만 원과 1백억대를 비교하여 방어
(큰것에 무관한 작은 것에 관련)

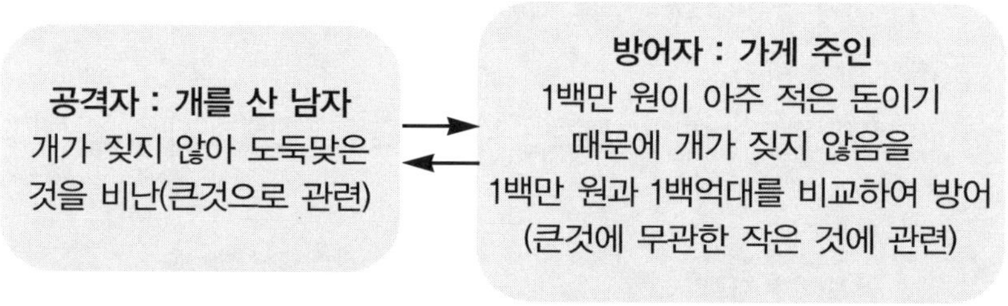

도둑이 1백만 원을 훔쳐가는 상황이 되었는데도 개가 짖지 않아 도둑맞은 것에 항의를 한 것이다. 공격자는 −현상을 분한 마음에 말한 것이다. 그런데 주인은 +현상을 찾아 1백억대를 가진 부잣집에서 기르던 개라 1백만 원은 껌값 정도이고 당신이 생각하는 것만큼 큰돈이 아니라서 짖지 않았다고 변명했다. 공격자는 1백만 원을 심각하게 말하는데(손해본 것으로 생각함, −현상) 방어자는 심각하지 않은 것으로(그다지 손해본 것이 아닌 것으로 생각한 0현상이나 +현상) 방어한 것이다.

03 변수3 : 운동 · 변화

웃기기 위해서 유머의 대상을 바꾸거나 시간의 차이를 두는 것은 유머에서 흔히 있는 일이다. 그리고 1차에서 진 것을 2차에서 이기게 하는 것 등은 유머만이 맛볼 수 있는 매력이다.

예를 들어 고정관념으로는 일반법이 특별법을 포괄한다. 이것은 전체가 부분을 포괄하는 것과 같다. 그러나 특별법이 일반법을 포괄하는 예는 얼마든지 있다.

논리로는 안 맞으나 유머에서는 논리적으로도 맞다. 이것을 보면 유머의 세계는 그야말로 멋이 가득한 신비의 세계가 아닐 수 없다.

【변화의 변수】

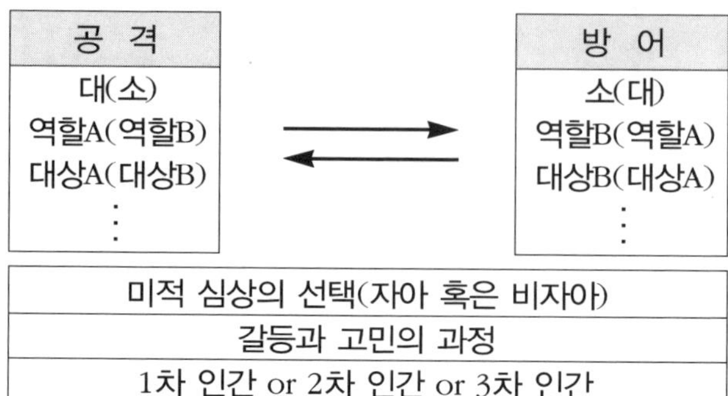

※1. ( )는 '소'로 공격하면 '대'로 방어한다. 강〉약을→약〉강으로 방어한다.

2. 역할을 바꿔 공방을 한다.

3. 대상(일의 순서 등)을 바꾼다.

4. 공격이 −현상이면 +현상으로 방어하고, +현상으로 공격하면 −현상으로 방어한다.

골목 안에 음식 맛이 좋기로 소문난 음식점이 하나 있었다. 상호도 간판도 없었지만 미각과 식도락에 예민한 사람들이 몰려들어 장사가 번창했다. 그러던 어느 날 그 골목에 새로 생긴 음식점 주인이 이런 간판을 내걸었다.

A '한국에서 제일 맛있는 집'

얼마 후 두 번째 음식점이 새로 문을 열면서 간판을 내걸었다.

B '세계에서 제일 맛있는 집'

그러자 간판도 없이 그 골목 안에서 영업을 해 오던 음식점 주인도 한참 뒤에 간판을 내걸었다. 거기에는 이렇게 쓰여 있었다.

C '이 골목에서 제일 맛있는 집'

한승헌의 〈산민객담〉에서 인용한 것이다. 음식점의 상호로 기 싸움을 하고 있는 광경이다. B는 분명 A를 이기고 있다. 그러나 다음에 나타날 상호를 생각하면 불안하다.(−현상) 우선 당장 우주에서 제일 맛있는 집이라는 상호가 나타나면 여지없이 창피를 당하게 되어 있다. 그리하여 당장에도 그렇고 앞으로도 영원히 이길 수 있는 상호를 찾다보니 '이 골목에서 제일 맛있는 집' 으로 결정했다.(+현상) 즉 대〉소를 소〉대로 만들었다.

이것은 부분과 전체의 관계로도 살필 수 있으나. 상호가 계속 늘어나는 현상으로 보면 전체와 부분의 관련으로 보는 것보다 대와 소로 보는 것이 더 타당하다.

> 외출에서 돌아온 후작이 방에 들어와 보니 부인이 실오라기 하나 걸치지 않은 모습으로 주교님의 팔에 안겨 있었다. 그 광경을 본 후작은 갑자기 창가로 가더니 지나가는 사람들을 향해 축복을 내리는 기도를 하기 시작했다.
> 후작의 행동에 놀란 부인이,
> A "당신 도대체 뭘 하는 거예요?"
> 하고 묻자 후작은 천연덕스럽게 대답했다.
> B "주교님께서 내가 해야 할 일을 하시니 나는 주교님이 하실 일을 대신 해드리는 수밖에 없지 않소?"

아내가 주교와 놀아난 것을 보고 참는 것도 대단하고 그런 상황에서 유머를 사용하는 여유를 갖는 인품에 놀랍기만 하다.

아내의 벌거벗은 몸은 이미 후작의 눈을 뒤집고도 남을 만한 공격적 광경이다.(−현상.) 그리하여 후작은 방어 자세를 취했던 것이다. 여기서 공격과 방어는 이미 치열하게 벌어진 것이다. 그런데 아내는 자기가 한 행동은 까마득히 잊고 남편의 행동에 대해서 물었고, 후작은 시치미를 딱 떼고 방어 태도를 설명했다.(+현상의 행동)

주교의 역할과 남편인 후작의 역할이 분명 다르다. 이런 일이 있은 후 후작은 점잖게 자신의 인품을 내보이면서 향후 진로를 모색해 +현상이 무엇인가를 찾게 된다.(갈라서든지 용서하든지 한다.)

집에 손님이 오자 엄마가 주방에서 여섯 살짜리 딸에게 과일 접시를 건네면서 신신당부를 했다.
A "'변변치 않은 과일이지만, 손님 많이 잡수세요.' 라고 해야 한다."
걱정 말라며 큰 소리로 대답을 한 딸이 과일 접시를 손님 앞에 내밀며 공손하게 말했다.
B "변변치 않은 손님이지만, 과일 많이 잡수세요."

대상이나 일의 순서를 바꾸면 웃음이 난다. 여기서는 대상을 바꿔서 말하여 웃음이 생겼다. 과일을 먼저 말해야 하는 것을(정상적인 수준으로는 +현상이다.) 손님을 먼저 말했다.(수준 미달로 보게 되니 −현상이다.) 여섯 살 어린애 수준이라는 것을 생각하면 무의식적인 행동이라는 것을 알 수 있다. 그러나 다음 예화같이 의도적으로 일의 순서를 바꾸어 웃음을 창조하는 방법도 있다.

아들 녀석이 하도 조르는 바람에 아버지가 할 수 없이 공기총을 사 주자 녀석은 좋아라 하며 총을 들고 뜰로 나갔다. 얼마 후 신나게 총 쏘는 소리가 들려 왔다. 아버지는 아들이 남의 집 유리창이라도 깰까봐 주의를 줘야겠다는 생각에 밖으로 나가 보았다. 그런데 담벼락과 나무 기둥에 잔뜩 그려진 동그라미들을 살펴보았더니, 총알이 모두 동그라미 중앙에 정확하게 명중돼 있었다. 그걸 본 아버지가 눈이 휘둥그래져서 물었다.

"얘야, 이거 모두 네가 맞춘 거니?"

"응, 아빠."

"어디서 쐈는데?"

"저기서."

아들이 20미터쯤 되는 곳을 손으로 가리켰다. 아버지는 아들에게 사격의 천재라고 칭찬을 하면서 어쩌면 그렇게 총을 잘 쏠 수 있느냐고 물었다. 그러자 아들이 태연하게 대답했다.

"뭐, 그까짓 거 아무것도 아니에요. 먼저 총을 쏘고 나서 총알이 맞은 데에다 동그라미를 그리면 되잖아."

사격은 당연히 목표에다 총을 쏘는 것이다.(+현상 행동) 그런데 아들은 기상천외한 실력을 과시했다. 총을 쏘고 나서 과녁을 그린다면(−현상 행동) 한 방도 실수 없이 백발백중일 수밖에 없다.

"얘야, 너 왜 이렇게 늦었니?"

"학교에 남아서 벌을 서며 공부를 더 하느라고 늦었어요."

"아니 무엇을 잘못했기에 그랬니?"

"베네수엘라가 어디 있는지 몰라서 그랬지요."

"그것 봐라. 그러기에 내가 늘 물건을 쓰고는 꼭 제자리에 잘 두라고 하지 않았느냐?"(김용 : 209)

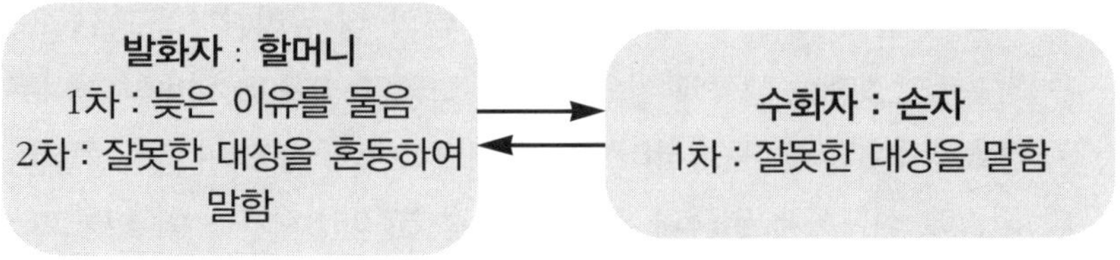

발화자 : **할머니**
1차 : 늦은 이유를 물음
2차 : 잘못한 대상을 혼동하여 말함

수화자 : 손자
1차 : 잘못한 대상을 말함

할머니의 무식이 그대로 폭로되는 순간이다. 무식한 것은 곧잘 대상을 바꾸는 일이 많다. 즉 논점의 초점에서 벗어난 것을 말하니까 자연 대상이 바뀔 수밖에 없다.

0현상의 문답이다. 공격자가 방어자를 어렵게 하거나 방어자가 답변하는데 부담을 갖게 되는 일은 전혀 없다. 공격자나 방어자 모두 +, −가 없는 단지 대화 과정에서 발생한 유머이다.

A 어깨가 떡 벌어진 친구가 팔굽혀펴기를 50번 하더니 '어때 놀랐지!' 하는 태도로 멸시했다. 그러나 5번 한 친구는,
B "놀랄 것 뭐 있어? 비록 졌지만 다시 바로 시합하면 내가 이길걸."
그리하여 시합을 한 결과 50번 한 친구는 30번 했는데, 5번 한 친구는 20번을 했다.
30번을 한 친구는 땀을 뻘뻘 흘리며 한바탕 호탕하게 웃는다.
C "야, 두 번째도 내가 이겼잖아? 할 말 있어? 승복해."
D "천만에, 무슨 시합이고 3번 하여 우열을 가리는 법이야. 이번에는 죽었다 깨어나도 나를 못 이길걸!"

다시 시합을 한 결과 이번에는 처음 50번 한 친구가 팔이 안 굽혀진다고 하면서 10번을 하고 주저앉는다. 그러나 20번 한 친구는 30번을 하고 친구를 쳐다보며 물어본다.

E "어이, 더할까? 그만할까?"

강〉약 → 약〉강 — 이기는 방법 횟수 혹은 기록의 %로 만듦.

□ 1차 시합

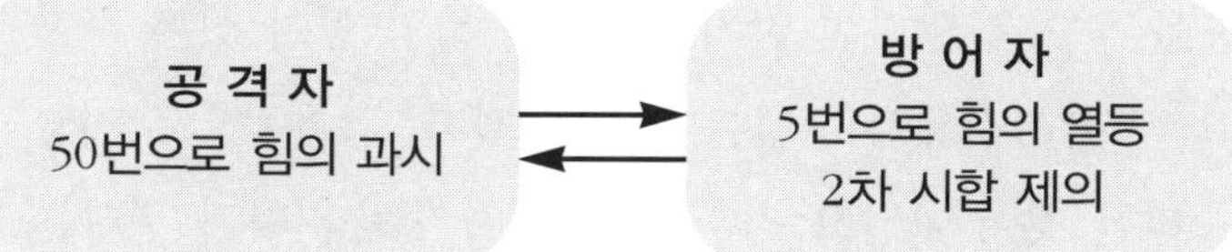

□ 2차 시합

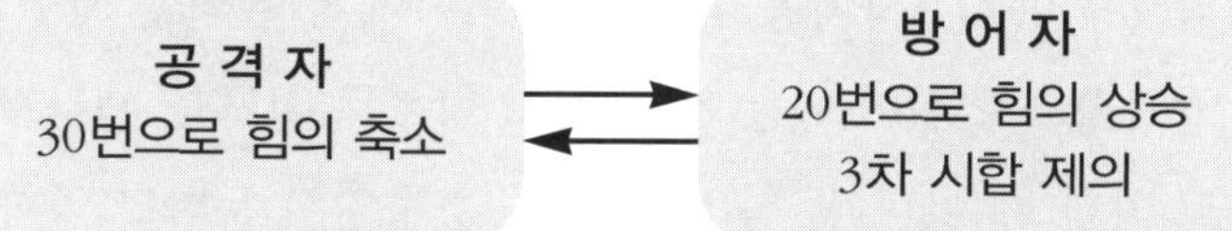

□ 3차 시합

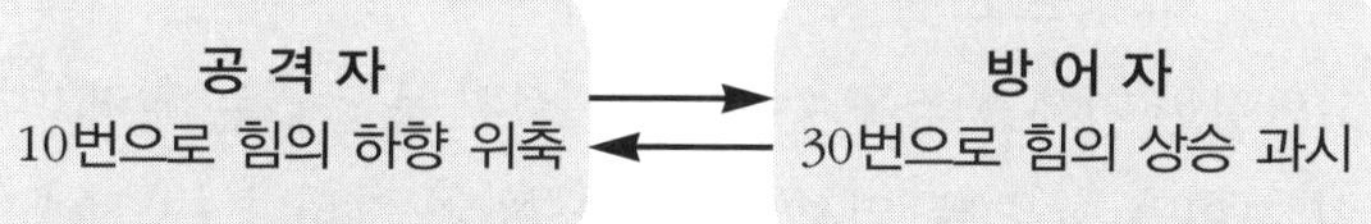

1차 시합에서 50번 팔굽혀펴기를 한 친구는 분명 5번 한 친구를 이겼다. 그러나 2차, 3차 시합이 진행될수록 열세에 몰렸다. 힘을 과시한 친구는 처음에 힘을 많이 써서 더 쓸 기력이 없어졌고 여기에 맞선 친구는 힘을 아꼈다가 시합이 진행될수록 상황에 맞게 썼다.

그 결과 한쪽은 시간이 갈수록 의기양양하고 오만했던 태도는 점점 없어지고, 다른 친구는 겸손을 떨면서 시합이 진행될수록 힘을 과시했다.

결국 힘 있는 친구는 단기전에서 처음 힘을 과시했으나 장기전에서는 참패하는 위험한 게임을 했던 것이다.

이 내용을 풀어서 말하면 단기전에서는 분명 힘이 있는 자가 이긴다. 그러나 장기전에서 힘없는 자가 이겼다. 결론적으로 지금 웃는다고 승리한 것이 아니고 최후에 웃는 자가 승리자가 된다는 것을 시사하고 있다.

사마천이 궁형을 당하고 사마광이 정권에서 밀려나 실각했어도 불후의 명작 《사기》나 《자치통감》으로 권력자에게 철퇴를 가했다. 권력자는 일시적으로 힘이 있는 것을 믿고 함부로 횡포를 부리지만 약자는 결코 약한 게 아니다. 힘의 논리에 밀려 일시 둔하고 약하고 참담한 것뿐이다.

1차전 시합은 방어자의 무참한 패배이다.(−현상) 권력자의 도도한 모습을 도저히 눈뜨고 볼 수 없다. 2차전에서도 우둔한 권력자의 그 기고만장한 기세를 꺾을 수 없었다. 소위 못 말리는 권력자이다.(정도의 차이만 있을 뿐 역시 서글픈 −현상) 그러나 3차전에서는 도저히 믿을 수 없는 현상이 벌어졌다.(위풍당당한 +현상)

어떻게 이럴 수가? 현기증이 날 정도로 상황이 뒤바뀐 현상 앞에서 권력자는 쥐구멍이라도 있으면 들어가고 싶은 심정이다. 이미 2차전에서 상황이 바뀔 것은 예고된 것이다. 그런데도 전혀 감지하지 못하고 계속 힘을 과시하다가 손톱 하나로 누르면 죽는 균한테 그 집채만한 덩치 큰 호랑이가 죽게 된 것이다.

A에서 방어자는 권력자의 횡포를 탐지했다.(권력자의 힘을 보고 상당한 −현상을 느꼈다.) B와 D에서 방어자는 작전을 짰다. 3차전을 끌어 내기 위해서 일부러 져 주었다.(−현상을 덜 부담되는 일이 무엇인지 모색했다.) 그리하여 E에서 상황을 완전 역전시켰다.(+현상으로 만들었다.)

아버지 : 내가 아는 사람은 촌에서 일만 하던 사람인데도 뜻을 크게 세우고 공부를 많이 하여 끝내 박사가 되었다는데 너는 언제나 그렇게 되겠니?

아들 : 나는 아버지가 먼저 된 후에 될래요.

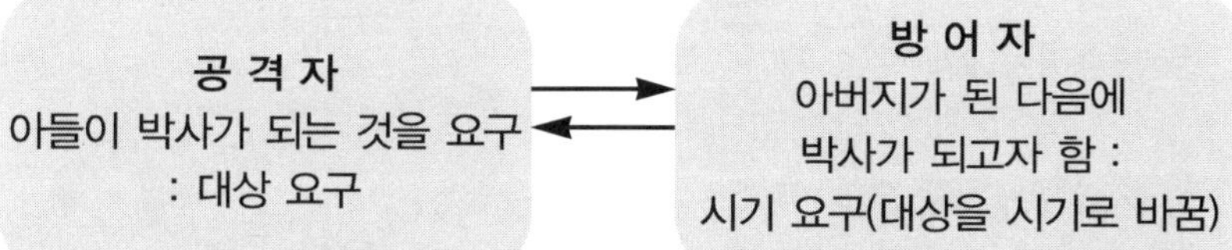

아버지는 남이 박사된 것이 부러워서 아들도 그렇게 되기를 원했다. 아버지는 아들에게 결코 변화의 시기를 물은 것이 아니다. 그러나 아들은 능청을 떨면서 아버지부터 박사가 되라고 주문했다. 아버지가 말한 대상은 아들이다. 그런데 방어자인 아들은 시치미를 뚝 떼고 공격자 자신이 부러워서 말한 것을 들은 것처럼 행동했다. 그 다음에 박사가 되는 시기는 아버지가 박사가 되고 나면 천천히 해도 늦지 않는 다는 뜻이다. 이렇게 대상을 바꾸면 웃음이 생긴다.

여기서 공격자와 방어자 사이에서 제3자를 끌어들여 '삼촌이 하고 나면 하겠다느니, 직장을 잡고 나서 하겠다느니' 하면 결코 웃음이 안 된다. 대화 사이에 일어난 공격과 방어이기 때문에 대화 사이의 대상이나 시기를 선택하여 공방을 펼치는 것이 호소력을 갖는다. 아들에게 자극을 준다는 것이 도리어 되치기 당한 꼴이 된 것이다.

아버지의 말은 아들을 상당히 위축시키는 −현상이 되는 상황이다. 그런데 아들은 재치를 발휘하여 아버지를 끌어들여 아버지에게 갑자기 부담을 지어 줘 아버지가 더 이상 무리한 요구를 못 하게 하는 +현상으로 만들었다.

"엄마, 우리 원숭이놀이 하려는데 같이 해요."
"엄마는 어떻게 하면 되는데?"
"엄마는 구경온 사람이 되는 거야. 그러니까 땅콩과 과자, 아이스크림을 원숭이들에게 주는 거야."

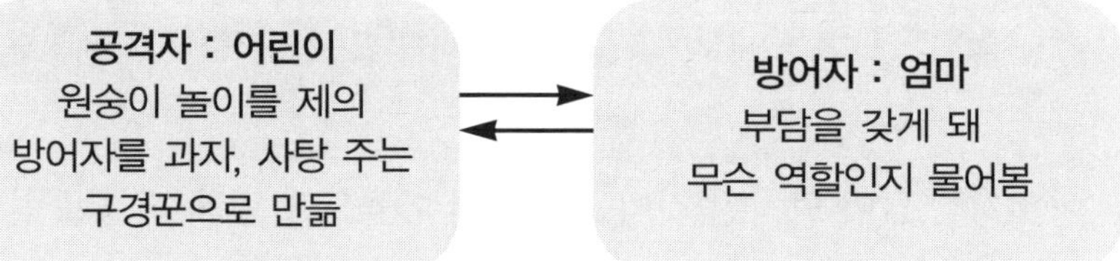

— 공격자의 일방적인 의도로 방어자에게 부담을 안기는 일을 한다. —

결국 연극을 빙자하여 자기의 욕구를 충족시키고자 하는 것임을 알 수 있다. 자신이 원숭이가 되고(+현상 : 과자를 얻는 입장) 엄마는 구경온 사람으로(−현상 : 과자를 주는 입장) 행세하여 땅콩, 과자를 달라고 한다.

그러면 엄마도 이에 질세라 이렇게 말하는 것도 한 방법이다.

"원숭이가 입맛 없다고 하던데 과자나 땅콩 주면 그나마 입맛 놓치지 않겠니?"(+현상)

갑자기 과자를 주어야 되는 부담에서 부담을 더는 쪽이 되어 유리한 +현상이 되었다.

여기서 잠깐!

사마천(司馬遷, BC 145경~BC 86경)의 《사기》

사마천은 흉노의 포위 속에서 부득이 투항하지 않을 수 없었던 이릉 장군을 변호하다 황제의 노여움을 사 남자로서 가장 수치스런 거세를 당했다. 그리하여 인간으로서 결코 겪을 수 없는 수모와 치욕을 《사기》 저술에 집중시켜 52만 6,500자에 달하는 방대한 중국 역사를 체계적으로 확립했다. 권력자의 횡포에 의해 비록 궁형을 당했지만 의분이 불후의 걸작을 남긴 동인이 된 것이다.

사마광(司馬光, 1019~1086)의 《자치통감》

신종 즉위 후 왕안석이 재상이 되어 변법을 통한 개혁을 추진하면서 사마광은 정치 일선에서 물러나 《자치통감》 제작에만 몰두하게 되었다.

그 후 신종이 죽고 어린 나이의 철종이 즉위, 조모인 선인태후宣仁太后가 섭정이 되자, 신법을 싫어하는 태후에게 발탁되어 중앙에 복귀, 정권을 담당했다. 재상이 되어 왕안석의 신법을 하나하나 폐지하고 구법舊法 : 保守政策으로 대체했으나 과로로 몇 달 안 되어 죽었다. 그 뒤로 신법당이 세력을 얻자 냉대를 받았으나, 북송 말부터는 명신名臣으로 추존되었다.

1949년 이후 중국 공산당 정권이 유교를 공격했음에도, 사마광의 학문은 높이 평가했다. 그는 뛰어난 시인이며, 현대 중국의 아동 서적에 나오는 영웅이기도 하다. 특히 유년 시절에 같이 놀던 친구가 물독에 빠졌을 때 돌로 그 독을 깨뜨려 친구를 구했다는 일화는 매우 유명하다.

04 변수4 : 인간 – 유머의 유전인자

유머는 주관과 형식으로 좌우되기 때문에 그 사람이 가진 주관적 성향 즉, 가치관이나 철학 등이 유머 창조를 무한히 가능케 하고 있다. 유머 창조의 4변수 중 가장 많이 사용하는 변수이다.

'인간' 의 변수는 이상과 현실 사이에서 동물적인 존재가 되느냐, 인간적인 존재가 되느냐, 아니면 신적인 존재가 되느냐를 심령 안에서 선택하고 결정하는 변수로서 이것은 가치관의 선택이라 할 수 있다. 이 가치관은 +현상, −현상, 0현상 속에서 +현상을 찾는 일이다. 그러나 실제는 그 +현상이 −현상을 찾는 것이 된다.

물론 때에 따라서는 +현상이나 0현상을 찾기도 하지만……. 즉, 자신에게 참되고 유익하게 되는 것이 '자아' 이고, 그렇지 못하고 가치 없고 볼품없는 미약한 존재가 되는 것을 '비자아' 라 할 때 이

'비자아' 를 선택하고 결정한다. 이런 이유로 '인간' 의 변수는 '유전인자의 변수' 라고 말하게 되는 것이며 '경직된 변수' 라고 하는 것이다.

따라서 '인간' 의 변수에서 만들어진 유머는 −현상을 찾는 행동으로서 '비자아' 가 주류를 이룬다. 간혹 '자아' 로 만들어지는 경우가 있지만 만일 반대로 '자아' 로 만들어지는 세상이 주류를 이룬다면 이 세상은 천국이 되어 유머는 필요치 않게 된다.

아래 도표 [인간의 변수1]에서 보듯이 +현상, −현상, 0현상으로 공격을 하고 방어 또한 +현상, −현상, 0현상으로 방어를 한다. 이원성(원인으로 공격하면 결과로 방어한다.)과 관련(불리하면 관련에서 분리하고 유리하면 어떻게든 관련시킨다.), 변화(대상을 바꾸거나 역할을 바꾼다.)와 다른 점은 이들 3변수는 공격이든 방어든 전략이(예를 들면 원인으로 공격하면 결과로 방어한다.) 결정되었지만 인간 변수는 전략 선택이 자의적이고 임의적이라 무슨 전략으로 한다고 딱 꼬집어 말할 수 없는 점이 특이하다.

【인간의 변수1】

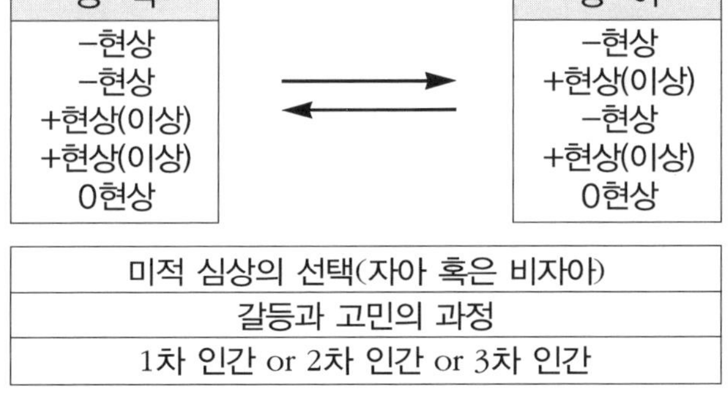

※1. −현상은 현재의 상태보다 더 좋지 않은 상태(퇴보나 후진 상태)를 말하고 +현상은 현재의 상태보다 나은 상태(이상이나 전진 상태)를 말하며 0현상은 현재 있는 그대로의 상태를 말한다.

2. 공격이나 방어에서 인간의 수준이나 경험 등으로(소위 가치관의 작용으로) 현재의 상태와 같은 경우도 있고 퇴보하는 경우도 있으며 또 발전하는 경우도 있다.

3. +현상이나 −현상, 아니면 0현상은 가치관의 작용으로 선택되어지는 인간 존재를 말한다.

【인간의 변수2】

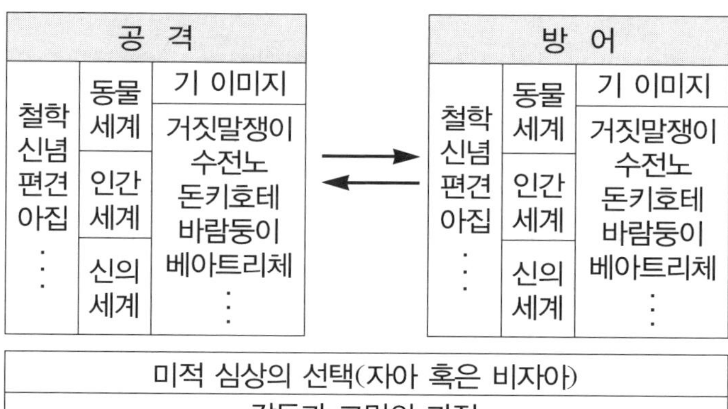

※1. 인간의 천성은 난개라는 말도 있다. 그리고 이미지 관리에서 중요한 것은 한 번 상추밭에 똥눈 개는 안 누어도 누었다고 인식한다. 이래서 혹 유머를 잘못 사용했다면 이미지가 실추되기 때문에 항상 명예를 생각하고 사용해야 한다.

2. 기존에 가지고 있던 이미지에서 유머가 창조되기 때문에 그 틀을

벗어나기가 극히 어렵다. 간혹 논점 은닉으로 본색을 감춰도 창조되는 유머는 거기서 거기가 되는 정도이다.

3. 사람들이 어느 세계에 사는가를 알려면(동물적 세계, 인간적 세계, 신적 세계) 그들의 유머 사용을 보면 국적과 모국어를(유머 창조에서 '모국어'란 사용하는 수준의 언어구사 능력) 금방 안다.
4. 기적이나 이변은 거의 없고 만일 있다면 그것은 이미 거기까지 도달된 능력이라고 보아야 한다. 유머는 그가 가진 능력 이상으로 결코 창조되지 않는다.
5. 새 이미지는 유머 창조 후의 이미지를 말하며 더 승화를 했거나 격하시켰거나 둘 중의 하나가 된다. 이같이 이미 가치관이 형성된 상태(이미지)에서 새로운 이미지를 만드는 것이 '인간 변수의 창조 기능'이다.

단풍이 만발한 산길을 걸으며 남녀가 데이트중이다.
A "어머 자기, 저 단풍 좀 봐!"
B "저 은행 단풍, 꼭 똥색이군."
A-1 "좀 고상한 말을 쓸 수 없어요?"
B-1 "꼭 대변색이군."

화자 A가 사는 세계의 사람들이 사용하는 '은행 단풍의 색'은 '황색'이 모국어이다. 따라서 화자 A는 고급어휘를 생각한 상류층의 어휘인 '황색'이라는 단어를 원하고 한 말이다. 그렇지만 B가 살고 있는 세계의 모국어는 수준이 저급하다 보니 그 수준에서 고급어휘를 찾지 못하고 '대변색'으로 말하여 웃음을 자아내고 있다.

이렇기 때문에 인간의 변수에서 유머는 그 수준에서 맞는 어휘밖에 창조될 수 없어 '유전인자 변수' 라 하는 이유가 바로 여기에 있는 것이다.

어느 날 밤 아가씨가 수풀 사이를 약혼자와 손에 손을 잡고 산책하고 있었다.
"오, 들어봐. 정말 낭만적이다. 저 귀뚜라미 소리……."
"그게 어디 귀뚜라미 소리니? 지퍼 여는 소리지."

이 두 사람은 느낌이 거친 남녀의 만남이지 다정하고 애틋한 만남이 아님을 알 수 있다. 연인 사이라면 말 한마디라도 신경을 써서 말해야 할 텐데 그런 것을 전혀 찾아볼 수 없다. 아마도 밑바닥 인생이나 쾌락만을 추구하는 환락가의 남녀가 어느 날 모처럼 만나서 대화하는 것이 아닌가 생각이 든다. 인간이 가지고 있어야 할 기본 소양도 없이 그저 닥치는 대로, 입에서 나오는 대로 사는 저급 동물 세계의 사람이라 생각되는 유머이다.

맹자는 '물고기도 내가 좋아하는 음식이고 곰 발바닥도 내가 좋아하는 것이다. 그러나 두 가지를 동시에 먹을 수 없다면 나는 물고기를 포기하고 더 고급요리인 곰 발바닥을 먹을 것이다. 삶도 내가 좋아하는 것이고, 의도 내가 좋아하는 것이다. 그런데 이 두 가지를 동시에 취할 수 없다면 나는 삶을 버리고 의를 취할 것이다.' 라고 했다.
(진현종 : 207)

가치관의 선택을 음식에 비유하여 말하고 있다. '인생은 선택이다.' 라는 명제는 누구도 부인하지 못할 것이다. 많은 일 중에서 제

한된 시간을 가치 있고 보람 있게 살려면 선택이 중요한 것이다.

오늘 할 일과 내일 할 일이 있을 경우, 오늘 일을 하지 않고 내일 한다든지 반대로 오늘 일은 하지 않고 내일 할 일을 오늘 한다든지 하는 것은 참으로 어리석은 짓이다.

그리고 중요한 일과 하찮은 일이 있을 경우 중요한 일을 먼저 처리하는 것이 당연한 일의 순서이다. 이렇게 모든 사안을 처리함에 있어서 가치관에 입각하여 우선순위를 살피면서 처리하는 것이 현명하다고 할 것이다.

가치관이 다른 인간 : 보석이 필요없다

> 오! 왕이시여. 당신은 부자이십니다. 그리고 당신의 행복은 당신이 가진 재산에서 나옵니다. 하지만 저의 행복은 다른 곳에서 나옵니다. 그러니 저는 보석이 필요없지요. 그래서 당신에게 보석을 바치는 것입니다?"(마가렛 파긴 / 부회령 : 180)

행복의 결정 기준이 가치관에 달려 있다는 것을 소개한 것이다. 왕의 행복은 보석에 있고 화자의 행복은 보석이 필요없는 다른 곳에 있기 때문에 보석은 왕에게나 필요한 물건이고 화자에게는 불필요하다는 것을 역설하고 있다.

이것이 삶의 방향이나 기준을 정하는 가치관이다. 왕의 가치관은 보석에 있었지만 자신에게 보석은 하등 필요없는 돌덩어리에 지나지 않기 때문에 다른 것에 가치관을 두었다는 애기이다.

가치관이 다른 인간 : 출세는 싫고 정직한 게 좋다

찰스 2세가 왕위에 올랐을 때 왕은 시인인 밀턴에게 수입이 많은 지위를 주려고 했다. 밀턴의 아내 또한 그 지위에 오르라고 권고했다. 그러나 그는 머리를 흔들며 말했다.

"당신은 여자니까 훌륭한 마차가 탐이 나겠지! 하지만 나는 그저 정직한 남자로 편안히 살다가 죽고 싶소."

이같이 부귀와 영화도 버리고 그냥 시인으로 살다가 여생을 마쳤다.

죽을 때까지 순수한 마음을 갖고 사는 것은 출세나 성공보다 더 중요하고 가치가 있다. 정직한 마음을 잃고 살면 모든 것을 잃은 것이다. 왜냐하면 정직한 마음을 갖고 사는 것은 설령 출세나 성공은 하지 못했어도 인생을 성공한 것이기 때문이다. 더욱이 그 출세나 성공이 남의 인정이나 사회적 정서 속에 이루어지지 못했다면 아무것도 아니다. 따라서 행복이나 만족을 외부에서 구하는 것은 그리 바람직하지 못한 일이다.

이와 같이 삶을 가치관에 두고 살았을 경우 아래와 같이 세 가지 양상의 인간이 존재하게 된다. 즉 우리의 심령 안에는 세 개의 세계가 존재하는데 그 속에서 사는 인간 역시 세 가지 유형으로 나타난다. 동물적인 존재, 인간적인 존재, 신적인 존재가 바로 그것이다.

따라서 가장 낮은 수준에 사는 동물적 존재를 1차 인간이라 하고, 따뜻한 가슴과 이성으로 사는 인간을 2차 인간, 시공을 초월한 우주론적인(신성神性) 생각과 행동을 하는 사람을 3차 인간이라 한다.

이들 인간은 국적 없이 현상 세계에서 +, −, 0를 계산하며 자신에 맞는 모국어를 구사하면서 살고 있다. 즉 자신의 수준에 맞는 언어를 구사하는 것을 유머에서는 모국어라 표현하고, 그런 사람이 사는 세계를 모국이라 한다.

다음에 소개하는 예화는 독자들의 국적과 모국어를 분명히 밝혀 줄 것이다.

1차 인간 : 동물의 세계 — 동물적인 존재

무섭고 더러운 세계에 사는 사람들이다.

아우구스티누 씨가 아내에게 물었다.
"여보, 《백 살까지 사는 비결》이라는 책 어디다 치웠소? 아무리 찾아도 없구려!"
아내가 퉁명스럽게 대답한다.
"제가 그 책을 아궁이에 집어넣어 불살라 버렸어요!"
이 말에 아우구스티누 씨가 기가 막히다는 표정으로 아내에게 묻는다.
"뭐라구요? 도대체 그 좋은 책을 태워버린 이유가 뭐요?"
그랬더니 아내가 능청스러운 말투로 이렇게 대답한다.
A "당신 어머니(시어머니)가 그 책을 읽을까 봐……."(구병진 : 65)

여기서 '인간의 변수1 · 2' 도표 내용의 이해를 쉽게 하기 위해서 공격하는 말은 아니지만 편의상 공격이라고 표현하면, 아우구스티

누의 공격의 말에 방어자 아내는 현실적으로 시어머니가 못마땅하고 싫은 것이다. A는 듣는 사람이 비록 남편이라고 해도 실은 해서는 안 될 말이다. 그러나 현실적 입장을 그대로 반영하여 방어했다.

얼마나 웃기는 일인가? 시어머니를 모시는 입장에서 귀찮고 불편한 점이 많은 게 사실이다. 그러나 만일 아들을 낳을 때 이런 며느리를 얻는다고 어느 예언가가 말했다면 그 아들을 그렇게 고통을 참아가며 낳으려 했을까?

며느리 또한 그렇다. 자기는 한평생 안 늙을 것으로 착각한다. 잠깐이라는 걸 모르니 이런 더러운 생각을 하게 된다.

흔히 있을 수 있는 일들 중에서 드러내 놓고 얘기를 못 하는 입장이었는데 누군가가 그것을 말하면 공감을 얻어 웃음이 유발된다. 이것은 속마음을 얘기하는 사람은 친근하게 가까이 하고 싶고 또 같은 생각을 공유했다는 생각에서 아군을 얻은 기분을 느끼기 때문이다.

2차 인간 : 인간의 세계 — 인간적인 존재

따뜻한 피가 흐르고 의협심이 통하는 살맛 나는 세계에 사는 사람들이다.

시와 희곡 소설 등을 써 작가로 널리 알려진 골드스미스(영국의 수필가 · 시인 · 극작가, 《세계의 시민》 저자)는 의학 공부를 한 의사이기도 했다.

어느 날, 가난한 마을 사람이 그를 찾아와서는 자기 남편을 진찰해 달라고 청했다. 인정이 많은 그는 곧 왕진 채비를 하고 부인의 뒤를 따랐다. 얼마 후 초라한 집에 도착하여 방 안으로 들어가 보니 기력이 쇠잔한 남자가 누워 있었다. 뚜렷한 병은 없고 단지 못 먹어 생긴 병이라는 것을 알 수 있었다.

그는 진찰 도구를 거두고 부인을 따라오게 한 후 처방을 내렸다.

"여기 약이 들어 있으니 집에 도착할 때까지 이 상자를 열어보면 안 됩니다."

이렇게 말하고 조그만 상자를 주었다. 부인은 집에 와서 약상자를 열어보고 깜짝 놀랐다.

"이 돈으로 무엇이든지 먹고 싶은 게 있으면 사서 드십시오. 당신의 병은 잘 먹지 못해 생긴 병입니다."(유동범2 : 107)

인술을 갖춘 의사를 능가할 의사가 없다. 과거의 선배 의사는 이런 분도 있었다. 얼마나 자랑스런 선배인가?

자기만 입고 자기만 쓰면 남을 도울 시간이나 여력이 조금도 없다. 남을 돕기 위해 절약하는 것이고 남에게 힘이 되기 위해서 의술을 배우는 것이다. 그런데 어떤 의술도 인술을 당하지 못한다.

그러자면 자신에게 투자하는 게 적어야 가능한 것이다. 렉서스 타는 것을 소나타로 바꾸고 골프 치는 것을 테니스로 한다면 씀씀이는 줄어들어 제2의 골드스미스는 계속 탄생될 것이다. 그러나 자신에게만 투자한다면 항상 모자라고 영원히 치유되지 못하는 정신병자가 될 것이다.

환자는 남을 돕고 싶어도 제몸 하나 건사 못 하기 때문에 영원히 환자가 되는 것이다.

그리스의 정치가 에피민도스가 불량한 청년을 잡아다가 감옥에 처넣은 일이 있었다. 그런데 그의 친구인 페로도 피터스 장군이 찾아와, 그 청년을 석방해 달라고 부탁하는 것이었다.
“그 청년은 나와 특별한 관계에 있는 청년이니, 좀 눈 밖에 나는 일이 있었더라도 특별히 풀어 주시오.”
그러나 그는 냉정하게 거절했다.
“모처럼의 부탁이나, 그 불량청년을 석방해 줄 수는 없고.”
페로도 피터스 장군은 무안을 당한 채 돌아갈 수밖에 없었다. 그리고 나서 얼마 후, 한 아가씨가 찾아와 역시 그 불량청년의 석방을 청하는 것이었다.
“대체 그 청년과 아가씨는 어떤 관계인가?”
“예, 제 애인입니다. 저는 그 청년 없이는 살 수가 없습니다. 제발 풀어 주십시오.”
그 여인은 눈물을 흘리며 애원했다. 그러자 에피민도스는 두말없이 그 불량청년을 풀어 주었다.
페로도 피터스 장군 같은 세력 있는 사람이 와서 간청을 해도 냉정하게 거절하던 그 불량청년을, 한 여인의 말 한 마디에 풀어 주는 에피민도스의 처사를 이상하게 생각한 주위 사람들이,
“피터스 장군의 간청까지 물리칠 정도로 불량한 청년을 한낱 여인의 청을 들어 풀어 주다니 도대체 어찌된 일이오?”
하고 따져 묻자, 에피민도스는 말했다.
“그건 똑같은 청원인 것 같지만 경우가 다르지 않소?”
“아니 경우가 다르다니, 장군도 그 청년을 풀어 달라는 것이었고, 그 아가씨도 마찬가지 아니오?”
“아니지요, 그 여인이 갇혀 있는 애인을 보고 싶어서 풀어 달라고 하는 것은 정상을 참작할 만한 충분한 여지가 있다 하겠지만, 만인의 존경

을 받는 훌륭한 장군이 일개 불량청년을 보고 싶으니 풀어 달라고 한대서야 도대체 그게 말이 되오?"(김영만 : 256)

사안을 처리할 때 이렇게 '공'과 '사'를 분명히 가려 주는 것은 관리자의 몫이다. 특히 위로 갈수록 이런 명확한 판단은 아랫사람에게 행동과 사고의 지침을 주기 때문에 지휘 방침은 일월과 같이 명료해야 한다.

그래서 누가 와서 따져도 정정당당해야 한다.

이런 일은 공직에 있는 사람은 특히 염두에 둬야 한다. 왜냐하면 아랫사람은 윗사람에게 이상을 원하기 때문에 행동과 사고는 모범이 되어야 하는 것이다.

똑같은 사안의 부탁인데 장군의 부탁은 청탁으로 보았고 여인의 부탁은 민원으로 보아 처리한 것이 우리에게 감동을 주고 있다.

공과 사를 엄격히 구분한다고 했다면 오히려 기계적 처리가 되어 졸속 처리가 되었을 것이나, 이같이 인간적인 면에 비중을 둔 것이 많은 감동을 안겨 주고 있는 것이다.

3차 인간 : 신의 세계 — 신적인 존재

신의 말을 하고 신의 행동을 하는 사람들이다.

하루는 어떤 사내가 붓다를 찾아와서는 다짜고짜 얼굴에 침을 뱉는 것이었다. 붓다가 얼굴을 닦으며 사내에게 물었다.

"선생, 이게 다요? 그 밖에 더 말할 것이 있소?"

당연히 화를 내리라고 예상했던 사내는 순간 당혹감에 어쩔 줄 몰라했다. 그는 자신의 눈과 귀를 믿지 못한 채 멍하니 서 있었다.

분노한 것은 옆에 있던 붓다의 제자 아난다였다. 그가 스승에게 목소리를 높였다.

"어떻게 이런 일이 있을 수 있습니까? 이런 파렴치한 자에게 이토록 관대하다니요! 제게 명령만 하십시오. 제가 이자의 버릇을 고쳐놓겠습니다!"

아난다는 싸움에서 한 번도 져본 적이 없는 무사였고, 붓다의 사촌형이었으며 그 자신도 왕자였다. 그런 그가 화를 내고 있는 것이었다.

"허락해 주십시오, 스승님! 제가 이자를 손보겠습니다!"

그러자 붓다가 미소 지으며 말했다.

"나를 놀라게 하는 것은 저 사내가 아니라 바로 너다."

"?"

"너는 왜 분노에 몸을 던지는가? 그는 네게 아무런 짓도 하지 않았다."

"하지만 스승님……!"

"그가 나에게 침을 뱉은 것은 과거의 어느 생애에서 내가 그에게 욕을 했기 때문이다. 오늘로 그 계산이 끝났으니 나는 기쁘기 그지없다."

붓다가 사내를 향해 말했다.

"고맙소, 선생! 나는 빚을 갚기 위해 오래도록 당신을 기다려 왔소이다. 내가 어디선가 당신을 욕보인 적이 있었소. 당신은 기억 못 할지도 모르지만 나는 잊지 않고 있소. 오늘에 와서 그 계산을 끝냈으니, 이제 우리는 서로에게 자유롭게 되었소!"

이런 일은 현실에서는 도저히 있을 수 없는 일이다. 소설 속에서도 있을 수 없다. 그런데도 역사에서 엄연히 이런 일이 있어 이 일화를 우리에게 전하고 있다. 어떤 잘못이 있어 당한 게 아니고 느닷없이 일방적으로 당한 것이다. 왜? 무엇 때문에?

주변 사람들이 더 길길이 날뛰고 분노를 참지 못해 어쩔 줄 몰라 하는 이유는 부처님의 행동이 한치의 하자도 없었기 때문이다.

그런데 놀라운 사실은 부처님은 화난 주변 사람을 오히려 말리며 과거의 업보를 지금 갚았다고 기뻐하고 있다. 이러니 다툴 일이 없고 화낼 일이 없다.

이 일화를 접한 우리들은 스트레스를 받는다고 그토록 떠들고 스트레스를 그때 그때 풀어야 한다고 호들갑을 떨지만 정작 스트레스의 주범은 자기 자신임을 알아야 한다.

소크라테스가 죽음을 맞던 날 제자들이 그를 둘러싸고 몹시 슬퍼했다. 소크라테스는 그러한 제자들을 달래며 그들이 오히려 자기의 죽음을 기뻐해야 마땅하다고 했다.

사람은 누구나 태어나는 순간에 이미 자연으로부터 사형언도를 받았고 더구나 자신은 이미 늙어 기다릴 것은 온갖 고통뿐이기 때문이라고 했다. 그러면서 자신의 죽음은 굴러들어온 행운이라고 여겨야 한다며 제자들을 깨우쳐 주었다. 그러나 제자들 중 가장 나이 어린 아폴로도로스는 슬픔을 이기지 못해 울먹이며 스승에게 다시 여쭈었다.

"하지만 제가 슬퍼하는 것은, 사부님께서 부당하게 돌아가신다는 사실입니다!"

그러자 소크라테스가 어린 제자의 머리를 쓰다듬으며 그리고 활짝 웃으며 부드럽게 말했다.

"내가 지극히 아끼는 아폴로도로스여, 그대는 내가 부당하게 죽지 않고 정당하게 죽기를 바라는가?"

사람은 자연으로부터 이미 사형선고를 받았다는 사실은 고대 칼리스테네스의 운명에서 알 수 있다. 그는 아리스토텔레스의 조카로서 알렉산더 대왕과 함께 숙부의 문하에서 수학한 철학자이며 동시에 역사가로서 알렉산더의 종군사관이기도 했다. 그가 왕의 최측근 막료가 되어 융숭한 대접을 받자, 사람들은 그를 행운아라고 했다. 그러나 디오게네스의 생각은 달랐다.(통속의 철인)

"아니야, 그의 처지를 불쌍히 여겨야겠지. 이제부터 그는 알렉산더의 변덕에 맞춰 먹고 자야 하니까!"

당시의 이 예언은 '무슨 잠꼬대 같은 소리냐?' 로 들렸다. 그러나 훗날 알렉산더가 이끈 모든 전쟁이 야만족들에 대한 그리스의 복수로 그려 정복역사를 찬양하는데 너나 할 것 없이 앞장서며 그를 신격화하자, 그는 알렉산더의 오만을 야유하는 글을 썼다.

이 일은 마케도니아인들의 웃음을 샀고 그 시도는 실패로 끝나게 되었으며 알렉산더는 현명한 판단을 내려 그것을 포기했다. 그러나 그 직후 칼리스테네스는 왕의 시종들이 꾸민 음모에 음밀히 관여했다는 죄목으로 처형당했다.

실로 디오게네스가 예언한 말이 정확히 적중되었던 것이다. 국민이나 국가는 안중에 없고 오직 자신들의 이해나 명예욕으로 권력자의 눈치나 보고 아부나 하는 이들이 흔히 겪는 말로를 겪은 것이다.

최고 권력자도 사람이 필요해서 자신을 임명한 것이다. 국가나 국민에 대한 충성이지 개인에 대한 충성이 아닌 것이다. 고마워야 할 사람은 오히려 권력자인 것이다. 그런데도 거꾸로 온갖 아부를 하고 온갖 아첨을 다 떤다. 하기야 그렇게 해서 그 자리에 올라간

건데 유지하려면 어쩔 수 없는 그들이다. 그러나 권력자도 알아야 할 것이 있다. 그런 사람들로 둘러싸여 있으면 못 한다는 소리는 없고 다 잘 한다는 소리만 듣기 때문에 자신이 수렁에 빠져 있는지조차도 모를 정도로 수습도 못 하고 패가망신하는 것이다.

세상사가 모두 그렇듯이 우리는 어느 개인에 대한 충성은 환멸과 수치만 가져다 줄 뿐이다. 자연에 의해 이미 사형선고를 받았다면 죽을 시기를 찾아야 한다. 그런데 죽는 것도 아닌데 세속의 명예나 욕심 등으로 자신은 물론이요, 후손에게 욕되는 일을 서슴지 않고 한다. 처자식을 먹여 살리려고…… 당장 목 떨어지면 갈 데가 없어서……. 나름대로 그 이유가 있겠지만 어쨌든 비겁하고 비굴하게 산다.

통상적으로 살 만큼 산 사람이 한 살이라도 더 살려고 악을 쓴다. 또 인생의 종착역에 온 사람이 더 욕심을 부리고 더 이기심을 갖는다.

소크라테스의 훌륭한 점은 바로 이런 점 때문이다. 그도 삶에 대한 애정이 없었겠는가? 그렇지만 법을 집행하는 자들이 정당하지 못했어도 그것을 흔쾌히 받아들이며 오히려 자신의 죽음을 행운으로 받아들이고 있다. 정당하게 죽으면 안 된다. 부당하게 죽어야 한다. 당연한 말이다.

여기서 우리는 엉터리 같은 권력자나 왕 앞에서 싸우는 것은 당연한 현상이다. 위에서 정당하면 싸울 일이 아니다. 부당하기 때문에 싸우는 것이요 부당하기 때문에 감옥에 가는 것이다. 무엇이 두려우며 무엇이 자신이 없는가?

이래서 소크라테스는 그 어떤 철인보다 오늘날 만인이 우러러보는 '진리를 사랑하는 자유인' 이 된 것이다. 만일 여기서 구질구질한 생각이나 행동을 했다면 칼리스테네스나 알렉산더 대왕처럼 세인의 웃음거리가 되는 하찮은 존재가 되었을 것이다. 소크라테스야말로 인간의 형상을 한 신의 아들인 것이다.

이렇게 인간은 심령 안에서 세 개의 세계를 오가며 살고 있다. 그러면서 +현상, −현상, 0현상 중 하나를 선택하며 자아와 비자아의 삶을 살고 있다. 아래의 예화들은 특별한 계기가 없는 한 인간은 그가 가진 이미지대로 산다는 것을 소개한 것이다.

비자아의 유머 – 비자아 선택의 삶(−현상의 선택)

다음은 자기가 가지고 있는 '이미지' 대로 유머를 창조하는 인간들을 소개한 것이다. [인간의 변수2]에 소개된 것과 같이 가지고 있는 현재의 이미지에서 새 이미지를 창조한다 해도 특별한 계기가 되어 몇 차례 개선된 것이 지속되어 크게 변하지 않는 한 거기서 거기로 끝난다.

그러나 '제5장 미적 심상의 모습들' 에서 링컨과 같이 어떤 계기가 되면 전혀 다른 사람으로 탄생된다. 이 특별한 계기가 언제이며 누구를 만나야 되고 누구에게 귀를 기울여야 되는 것이냐가 관심사가 된다. 즉 어떻게 하면 미적 심상을 변화시켜 바람직한 인간이 되느냐가 관건이 되는 것이다.

'기존 이미지'가 창조하는 '새 이미지의 인간 유형'을 살펴보면 아래와 같다. 거듭 말하지만 인간은 이상과 현실 사이에서 동물적인 존재, 인간적인 존재, 신적인 존재를 선택하며 산다.

그리고 [인간의 변수1]의 도표에서 보듯이 공격과 방어에서 +현상을 찾지만(이득) 결과는 [인간의 변수2]의 인간이 된다. 물론 때로는 −현상을 찾을 때도 있고(현상보다 손해 보는 것) 0현상을 찾을 때도 있다.(현상 유지)

그러나 대부분이 +현상을(자신의 속셈은 현상보다 나아지는 것) 찾는다는 것이 결과적으로 −현상이나 0현상을 찾은 꼴이 되어 '비자아의 유머'가 창조되는 것이다.

어리석은 인간 : 현재의 이미지 — 어리석은 인간 : 새 이미지

골동품을 사 모으는 것이 취미인 남자가 있었다.
어느 날, 그는 여행중에 꽤 괜찮은 골동품 가게를 발견하여 안으로 들어갔다.
가게는 허름했지만 오래된 물건들이 무척 많이 쌓여 있었다.
남자는 가게 주인에게 물었다.
"이 도끼는 상당히 오래된 것 같군요!"
"그럼요, 이건 먼 옛날에 바이킹들이 사용하던 것이랍니다."
"그렇게 오래됐어요? 그런데 아직도 새것처럼 보이는군요?"
남자가 매우 신기한 듯 다시 물었다. 그러자 가게 주인이 태연하게 설명을 덧붙였다.
"물론이죠. 그동안 손잡이를 세 번이나 갈아 끼우고 날을 두 번이나 바꿨으니까요."(자운영 : 53)

□ 1차 상담

□ 2차 상담

□ 3차상담

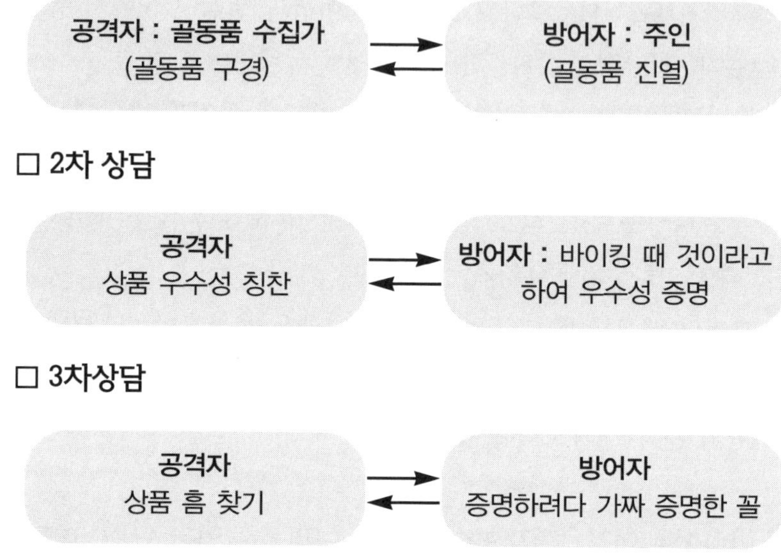

골동품 수집가는 골동품이기 때문에 도끼가 새것이면 소용없다. 그런데 수집가가 시험하기 위해 물어봤는지 아니면 정말 새것이라 신기하여 물어봤는지 대답은 그렇게 해서는 안 된다. 따라서 주인이 골동품을 파는 사람이기 때문에 어찌 됐든 파는데 목적을 두었다면 이것은 커다란 실수이다.

그렇다면 주인이 우둔하기 때문에 생긴 실수로 보아야 할 것이다. 현실에서 이것은 비극이다. 따라서 이 예화는 경청자를 위한 예화이지 현실에서는 결코 일어날 수 없는 유머인 것이다.

여기서 골동품 가게의 주인은 단지 팔기 위한 목적으로 +현상을 찾는다는 것이 결코 해서는 안 되는 속마음을 내비쳐 −현상을 찾은 것이 되어 버렸다. 즉 '비자아'를 선택한 꼴이 되어 우스운 존재가 되었다.

가정 환경으로 직업 의식의 인간 : 현재의 이미지
— 가정 환경으로 직업 의식의 인간 : 새 이미지

미국의 어느 초등학교 선생님이, 유명한 유대인 포목상의 아들 이츠학 군에게 질문을 던졌다.
"이츠학, 159원에 235원을 더하면 얼마가 되나요?"
그랬더니 이츠학이 선생님에게 이렇게 되묻는 것이었다.
"선생님, 팔 때 말입니까? 살 때 말입니까?"(구병진 : 151)

공격자 : 선생님
숫자 답 요구

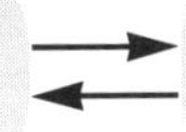

방어자 : 포목상 아들
장사꾼 속성으로 대답

여기서 선생님은 이츠학의 계산 능력을 보기 위해 물었다. 그런데 이츠학은 가정 환경의 영향으로 직업 의식에서 답변을 하다 보니 선생님은 몹시 황당할 수밖에 없다. 물론 웃기기 위해서 의도적으로 논점 일탈을 했다면 이츠학은 상당한 수준의 학생이다. 그렇다면 이츠학은 선생님의 요구에 맞는 답변인 394원을 몰라서 엉뚱한 답변을 한 것이 아니라고 할 수 있다.

그런데 이츠학은 초등학생이다. 그러므로 무의도적인 논점 일탈로 대답한 것으로 볼 수 있다. 가정 환경의 영향으로 '비자아'를 선택해 답변한 결과 웃음이 된 것이다. 이렇게 모르고 한 답변은 그것을 지켜보는 사람에게 우월감을 안겨 준다.

웃음은 이같이 본인이 바보로 비쳐지는 -현상에서 발생한다. 우둔하거나 자질이 부족한 결함은 그 자체가 바로 -현상인 것이다.

아부 인간 : 현재의 이미지 — 아부 인간 : 새 이미지

어느 날 왕이 '키다리 병사'의 한 사람을 그리다가 시종에게 물었다.

A : 이 그림은 얼마 정도에 팔릴까?

그러자 시종은,

B : 100 도우카텐이라도 쌉니다.

하고 아첨을 했다.

왕은 이 말을 듣자 짓궂은 듯이 웃으면서 말했다.

A-1 : 좋아! 그대는 약간 예술을 아는 모양 같군. 그러면 나는 특별히 그대에게 50 도우카텐으로 깎아 주마.

시종은 코가 납작해졌다. 그 그림을 사지 않을 수 없었다.

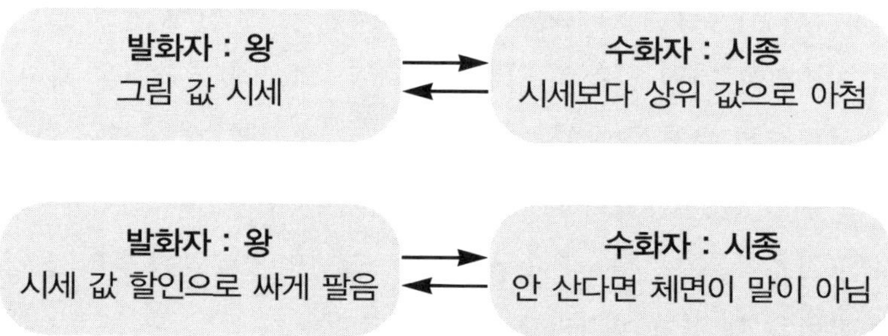

A에서 왕의 물음에 B에서 마음에도 없는 말을 했다. 즉 비자아를 선택했다. 그리고 A-1 대목에서 보듯이 그림값은 적어도 50 도우카텐보다 싸다. 여기서 겉으로 드러난 마음은 무엇이 됐든 사기

싫은 그림이라는 것을 알 수 있다. 이것은 불필요한 그림 때문에 연유되었을지도 모르고 왕이 부른 그림값이 50 도우카텐도 비싸다고 생각했는지도 모른다. 왜냐하면 100 도우카텐도 싸다고 말했기 때문에 설사 비싸도 깎을 수도 없고 그렇다고 그림이 불필요하다고 말할 수도 없다. 아첨하는 사람이 흔히 하듯이 불필요해도 불필요하다고 결코 말할 리 없기 때문이다.

이들은 아첨이 이득이 되는 +현상인 줄만 알았지 이렇게 손해 보는 −현상인 줄은 꿈에도 몰랐다. 자아에 상치한 내키지 않은 말을 했다가 망신살이 뻗친 예화이다.

이 예화가 웃음이 된 것은 권력자에게 붙어 온갖 아부를 하는 것이 +현상으로 알았는데 권력자가 끌어당기지 않고 내팽개치는 모습을 보고 구역스런 모습이 보기 좋게 개망신 당하는 것을 보고 통쾌감에서 웃게 된 것이다.

게다가 +현상이 −현상으로 갑자기 바뀌게 되어 의외성 때문에 더 고소를 금하지 못하게 한 것이다.

이기적인 인간 : 현재의 이미지 — 이기적인 인간 : 새 이미지

도둑 형제가 바깥주인이 출장간 틈을 이용하여 남의 집을 털러 들어갔다. 동생은 들어가자마자 가져간 자루에다 돈이 될 만한 물건들을 열심히 챙겼다. 형은 잠옷 차림의 여인을 보니 생각이 달라졌다.

형이 동생에게 말했다.

"야, 기왕이면 재미도 좀 보고 가자."

동생이 형에게 말했다.

"형아, 쓸데없는 소리 말고 물건들 챙겨서 빨리 튀자."

여인이 동생에게 말했다.

"야, 이 새끼야! 너는 니 할 일이나 해!"

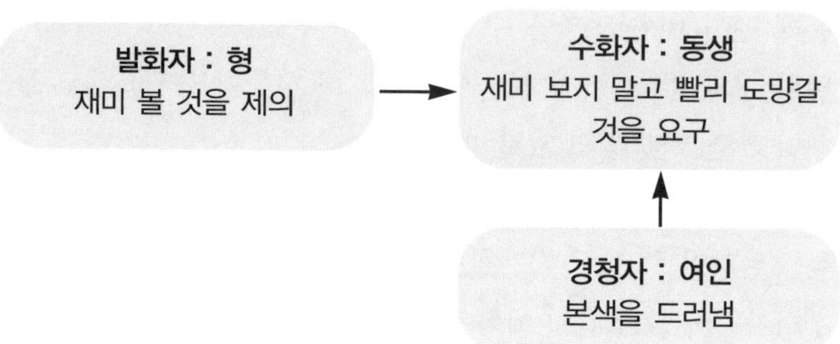

도둑질은 그야말로 이기적인 행동이다. 그런 도둑이 도둑질하는 현장에서도 또 욕심이 발동했다. 형은 +현상을 생각하고 여자를 건드리고 가자고 동생에게 제의했다. 그러나 동생은 그럴 정황이 없으니 욕심이 있어도 없는 듯 0현상의 행동을 하여 빨리 도망가자고 재촉했다. 그런데 여자는 '무슨 소리를 하는 거냐? +현상의 행동이 싫으면 너나 가거라.' 하는 것이다.

여기서 동생은 여자를 건드리는 것은 너무하지 않느냐? 하는 생각에서 한 말은 전혀 아니다. 단지 빨리 도망가지 않으면 잡힌다든지 도둑질한 것이 수포로 돌아갈 것을 생각하고 한 말이다. 동생의 입장에서 +현상은 오직 빨리 도망가는 일이 상책으로 생각하고 한 말이다.

그러나 여자의 입장은 동생 말대로라면 큰일이다. 그렇게 되면 여자에게는 손해 보는 −현상이다. 그러니 자연 큰 소리가 나고 욕설이 나온 것이다.

자아의 유머 – 자아 선택의 삶(+현상의 선택)

자아란 무엇인가? 이기적으로 행동하고 아부하며 시기하고 질투하는 것은 자신의 참모습이 아니다. 왜냐하면 그런 모습으로 행동하고 생각하면 결코 자신을 강하거나 기쁘게, 또는 더 높이 되게 하는 것에 전혀 도움이 안 되기 때문이다.

우리가 무슨 일을 할 때 우선 그 일이 어떤 결과가 나오고, 그것의 전후 좌우 관계라든가 역사적인 관점, 국가적인 관점, 국민적인 관점, 나아가서는 세계사적인 관점 등에서 일이 추진되어야 그 일이 훌륭하고 멋있는 일이 된다.

유머에서도 마찬가지다. 당장에 닥친 어려움이 있다고 그때 당시만 모면할 생각으로 유머를 구사한다든지, 단지 좌중을 즐겁게 하기 위해서 품위 없는 행동을 마구 한다면 당시는 웃을지 모르나 이미지는 망가질 대로 망가진 뒤라 회복하는 데 상당한 시간이 흘러도 결코 쉽지 않을 것이다.

그러므로 품위 있는 유머를 구사하기 위해 어떻게 해야 할 것인가를 생각하지 않으면 안 된다. 유머의 최종 목적지가 바로 여기에 있다. 그러므로 독서를 하고, 생각을 많이 해야 하며, 심령 밖으로 표현하기 전에 신중을 기하는 것이다. 만일 유머를 구사한 것이 본의가 아닌 실수가 되어 돌이킬 수 없는 불리한 상황이나 적대적 감정을 갖게 했다면 그것은 유머를 하지 않은 것만 못한 결과가 된다.

다음 일화는 우리가 얼마든지 격조 높은 유머를 구사하면서 살 수 있다는 것을 소개한 예화이다.

초월적인 인간 : 현재의 이미지 — 신적인 인간 : 새 이미지

혜월 선사가 선암사에 머무르고 있을 때 일이다.

손수 황무지를 개간하여 2천 평의 논을 만든 적이 있었다. 이 논을 마을 사람 중 한 사람이 노리고 있었다. 그는 그 논을 차지하기 위해 밤마다 절로 찾아가 혜월 스님께 논을 팔라고 졸라댔다. 남의 부탁을 거절하지 못하는 혜월 스님은 그 사람에게 논이 왜 필요한지를 물었다. 그랬더니 이렇게 말하는 것이었다.

"농사 지어 밥술이라도 먹을까 해서 그러니 시세대로 제게 파십시오."

혜월 스님은 거절하지 못하고 세 마지기 논을 두 마지기 논값만 받고 팔았다.

그리고 논을 판 돈을 제자들에게 내놓으면서 말했다.

"옛다, 돈 받아라."

스님이 갑자기 돈뭉치를 방바닥에 던지자 제자들은 놀라서 물었다.

"이게 웬 돈입니까?"

"내가 논을 팔았다. 마을 사람 박 아무개가 밥술이라도 먹고 살게 해달라고 하여 논을 팔았다."

느닷없는 혜월 스님의 말에 제자들은 논값을 셈해 보니 스님이 속은 것을 알게 되었다.

"스님, 속으셨습니다. 논은 세 마지기인데 두 마지기밖에 안 되는 값입니다."

제자들이 일제히 비난하자 묵묵히 듣고 있던 혜월 스님이 벽력 같은 소리로 말한다.

"이놈들아 그게 무슨 소리냐? 저 논 세 마지기는 아직 그대로 있고 여기에는 두 마지기 논값이 있으니 다섯 마지기 논으로 불어버렸는데 도대체 무슨 소리냐?"

혜월 스님은 자리를 박차고 일어나며 덧붙여 말했다.

"이놈들아, 장사는 나처럼 해야 한다."

이 예화는 전체〉부분을 이긴 예이다. 손해 보는 것이 거시적으로는 이득을 준다는 예화이다.

변화의 예화에서 보았듯이 부분〉전체가 되어야 유머가 된다. 의외성이 있어야 웃는다. 그러나 인간의 뜻이 원대하고 올곧으면 전체〉부분이 될 때도 웃게 되는 경우가 있다. 통상 유머는 비자아의 형태인 골계미가 유머가 되나, 여기서는 자아의 형태인 숭고미가 웃음이 되는 유머도 있다. 일반적으로 숭고미가 유머가 되는 것은 극히 어려운 일이나 인간의 스케일에 따라 가능하다는 것을 보여주는 대목이다.

큰 어리석음은 큰 지혜와 통한다. 분명 논은 선암사에서는 팔렸다. −현상 행동을 한 셈이다. 그러나 혜월 스님은 나라 전체로 생각하여 재산이 불어난 것으로 말했다. 나라로 보아서 재산이 늘어났는데 무엇이 잘못되었느냐고 오히려 따진다. 이것은 +현상을 한 행동이다.

제자들에게는 황당한 일이 아닐 수 없다. 제자들이 보는 좁은 관점에서는 분명 혜월 스님이 −현상 행동을 했다고 생각한 것이다. 그러나 혜월 스님은 부분으로 봐서는 손해지만 전체로 봐서는 이익이라는 것을 증명하고 있다. −현상이 결코 −현상이 아니라는 것을 깨우쳐 주고 있다. 좁은 세계에 사는 사람에게는 −현상 행동이지만 이렇게 큰 세계에서 행동하고 생각한다면 +현상 행동이 되어 모든 사람이 다 잘살 수 있고 희망이 있으며 기쁨이 있어 이 세상은 신비의 세계가 되고 멋의 세계가 되는 것이다. 이런 기쁨은 속물이 되지 않고 초월적인 행동을 할 때만 가능한 일이다.

이것을 도표로 나타내면 아래와 같다.

【거래흐름】

거래전(시세)		
단독거래		
기존 + 관계 현상		
구분	승려	농부
논	+3마지기 (+3,000,000)	
현금		
손익	+3마지기 (+3,000,000)	

거래		
쌍방거래		
+, − 관계 현상		
구분	승려	농부
논	-3마지기	+3마지기
현금	+2,000,000	-2,000,000
손익	-3마지기 +2,000,000	+3마지기 -2,000,000

거래후		
단독거래 → 쌍방거래		
+ 관계 현상만 찾기		
구분	승려	농부
논	-3마지기	+3마지기
현금	+2,000,000	-2,000,000
손익	-3마지기 +2,000,000 -1,000,000	+3마지기 -2,000,000

※1. 1마지기 값이 1,000,000원이라면 3마지기는 3,000,000원이다.
2. 거래 후는 +현상만 찾았다.

05 요약

인간의 변수는 유전인자를 가진 '창조의 변수'이다. 가치관으로 유머의 양상이 달라지기 때문에 그렇다. 따라서 '가치관'이 유머의 '유전인자'인 것이다. 가치관은 +현상, −현상, 0현상을 찾는 일이다. 이 세 개의 현상에서 +현상을 찾는다는 것이 결과적으로 −현상을 찾는 일이 되어 웃음이 되고 있다. 이런 이유로 인간의 변수에서는 '비자아'의 유머가 주류를 이룬다.

그리고 이원성, 관련, 변화는 공격에(원인으로 공격하면) 대한 방어 전략은(결과로 방어한다.) 이미 결정되어 있고 다만 +현상, −현상, −현상을 찾는 일만 하면 된다. 그러나 인간의 변수는 방어 전략은 없고 단지 그가 가진 가치관으로 세 개의 현상 중 반드시 하나를 선택하고 결정하는 일이기 때문에 '창조의 변수'라고 한다. 따라서 인간의 변수는 3변수에 어떤 형태로든 나타나나 3변수는 그렇지 않다. 이런 이유로 '유전인자 변수'라고 하며 '경직된 변수'라고 한다.

다른 세 변수는 인간의 변수를 도와 주고 지원하면서 어떻게 기술적으로 표현할 것인가가 문제가 되기 때문에 '도구 변수', '기술 변수' 라 하는 것이다.

그리고 이들 3변수는 자기들끼리 관련도 되고 변화도 되고 이원성도 만든다.(이원성 유머이지만 관련되는 경우도 있고 변화 유머이지만 관련이나 이원성에 관한 것도 있다.) 따라서 결코 무관된 독립 변수로서 행세를 하지 않으며 상호간에 서로 필요로 하는 의존변수이다.

즉 인간의 변수가 이원성과 관련과 변화와의 관계에서 살펴볼 때 그들 3변수는 유머의 도구로 사용되는 객체자가 되기 때문에 유머를 창조하지 못하는 점에 비해 인간의 변수는 처음부터 기술 변수, 도구 변수의 주체자가 되어 유머를 창조하는 점이 특이하다.

그리고 4변수 중에 존재하는 '인간 변수' 는 +현상, −현상, 0현상을 찾는 일은 3변수와 같지만 그가 가진 유머의 유전인자라고 하는 가치관으로 창조되기 때문에 그 인자를 확연하게 바꾸지 않는 한 전혀 다른 유머가 창조되는 이변은 결코 탄생되지 않는다. 이런 이유로 인간의 변수는 독립변수라 하는 것이다.

오직 그 유전인자의 특성이나 형질대로 유머가 탄생되기 때문에 가장 경직된 변수이면서 가장 창조의 주체가 된다. 그리하여 10인이면 10인, 100인이면 100인 모두 다 다른 가치관 때문에 10인 10색, 100인 100색의 유머가 탄생된다.

이것 때문에 살맛나는 세상이 되고 멋이 가득한 세상이 되는 것이다. 따라서 5천만, 7천만이 다 살 수 있고 지구상의 65억 인구가 다 살 수 있는 것은 이 가치관 때문이다.

권력으로부터 견디고 재력으로부터 덜 부끄럽고 지식의 부족으로부터 당당할 수 있는 것도 이 가치관 때문이다. 결론적으로 말하면 인간의 변수가 유머 창조의 주체자이기 때문에 이 모든 것으로부터 자유로울 수 있는 것이다.

chapter 4

미적 심상에서 유리한 방법 찾기

01 미적 심상이란?

미적 심상이란 한마디로 속마음의 상태를 말한다. 즉 언어로 표현하기 전에 첫 번째 갖는 마음의 태도가 바로 '미적 심상' 이다.

마음에 대한 정의는 아래 예화에서 찾을 수 있을 것 같아 이를 소개한다.

현자에게 물었다.
"세상에서 가장 팔기 어렵고 비싼 물건은 무엇입니까?
"사람의 마음입니다."
"그럼, 세상에서 가장 팔기 쉽고 값싼 물건은 무엇입니까?"
"그것 역시 사람의 마음입니다."(김창옥 : 160)

이것이 사람의 마음이다. 이 마음에는 속마음이 있고 겉마음이 있다. 언어로 표현한 말은 속마음을 그대로 표현한 때도 있고 그렇지 않은 때도 있다. 여기서 말하고자 하는 것은 언어로 표현하기 이전의 마음 상태에서 유리한 것을 찾는 방법이다.

이같이 언어로 표현되기 이전의 마음 상태를 '미적 심상' 이라 한다. 즉, 마음 안에서 사물을 대하는 첫 번째 마음의 태도를 말한다.

후배 : 선배는 주위 말에 좌우되지 않는 무척 강한 사람인 것 같아요!
선배 : 뭐라고? 나는 그렇게 무신경한 인간이 아니야!

이 예화에서 후배는 여론에 흔들리지 않고 소신을 갖고 사는 것을 칭찬한 말이다. 그런데 선배는 후배가 자신을 비난하는 말로 받아들였다. 선배는 평소 마음의 상태가 남의 말을 잘못 알아듣고 또 고집불통의 사람으로 받아들인 것이다.

즉, 남의 측은한 정경을 보아도 눈물도 없고 따뜻한 마음도 없는 무쇠 같은 사람으로 받아들인 것이다. 이래서 평소 마음의 태도를 어떻게 가져야 할 것인가가 문제가 되기 때문에 미적 심상의 중요성이 얘기가 되는 것이다.

아래는 심상에서 겉으로 결코 드러내서는 안 되는 속마음을 드러낸 예화이다.

예화1

미팅에서 만난 두 남녀가 커피숍에서 대화를 나누고 있었다.
1 : "미숙 씨, 저랑 술 한잔 하지 않으실래요?"
2 : "어머, 여자한테 어떻게 그런 말을……."

3 : "죄…… 죄송합니다. 그럼 술은 한 잔도 못 하십니까?"

4 : "아뇨. 꼭 그런 건 아니지만, 정숙한 여자가 술을 많이 마실 수야 있나요."

5 : "그렇군요. 그럼 간단하게 500CC 한 잔은 어떻습니까?"

6 : "오늘은 좀 그러네요. 어젯밤에 소주 다섯 병을 비웠더니 속이 쓰려서……."

7 : "허어, 아까는 술을 못 한다고 했잖아요."

8 : "어머머, 죄송해요. 제가 어제 새벽 세 시까지 열심히 흔들었더니 헛말이 나왔네요."

9 : "네? 춤을 새벽까지요?"

10 : "어머머머! 쏘리, 쏘리. 자꾸 헛소리가 나오네요. 3일 동안 외박을 했더니만……."(허윤형 : 81)

어제 저녁에는 여자가 소주 5병을 먹었고 거기다가 새벽 세 시까지 춤을 추었다는 사실은 분명했다. 그러나 여자는 겉으로 이 사실을 숨기려 했음을 알 수 있다.

더욱 가관인 것은 변명을 한참 한다고 하는 풍신이 앞의 두 가지 사실은 3일 동안 외박한 때문이라고 변명 아닌 변명을 했다. 여자의 어리석음에 웃음이 생긴 것이다.

여기서 우리는 여자가 진실하지 않다는 것! 입만 벌리면 거짓말하는 '비미적 가치' 로 가득 찬 여자라는 것을 알 수 있다. 그러면 이 여자의 심령 속에는 '비미적 가치' 만 있단 말인가? 물론 아니다. '미적 가치' 도 들어 있다. 다만 여자의 성향이 진실하지 않다 보니 상황을 솔직하게 대응하지 못하고 '정직한 미적 가치' 를 버리고 '정직하지 못한 비미적 가치' 를 선택했을 뿐이다.

심령 안에는 이렇게 '비미적 가치' 나 '미적 가치' 가 혼재하고 있으며 이 혼재하고 있는 상태에서 심령 밖으로 발현되기 전의 상태가 '미적 심상' 이라 명명된다. 따라서 미적 심상은 '미적 가치' 만 지칭되지 않고 '비미적 가치' 도 또한 지칭된다 하겠다. 이같이 미적 심상은 대표성만 띠었지 겉으로 드러난 것이 결코 전부가 아님을 알 수 있다.

처음 여자는 2처럼 내숭을 떨었다. 이것은 6에서 증명이 되었다. 이런 현상은 대화가 진행될수록 여자가 형편없는 사람임이 입증되었다. 4에서 술 한잔 마시지 못하는 정숙한 여인이 6처럼 소주 5병이나 비웠고, 게다가 8처럼 춤까지 추었다고 실언했다. 그리고 더욱 놀란 것은 여자가 10처럼 외박까지 했다는 대목에선 놀라 자빠질 일이다.

이 여자의 미적 심상은 2, 4, 6, 8, 10으로 표현되었는데 10이 되기까지는 2, 4, 6, 8의 표현은 믿을 수가 없는 꼴이 되었다. 즉 여자는 정직하지 못하다는 평가를 받는 처지가 된 것이다.

이것은 정직한 것이 '미적 가치' 라면 정직하지 못한 것은 '비미적 가치' 가 된다고 할 때 이 여자의 심령 안은 '비미적 가치' 로 가득 찬 여자라는 것을 알 수 있다.

만일 여기서 여자가 2의 이야기를 하고 솔직한 사실이 계속 표현되었다면 믿을 수 있는 정직한 여자로 비쳐졌을 것이다. 여자는 순수성을 잃은 상태에서 표현하고 있기 때문에 속이 다 들여다보여 어리석음이 들통났다. 여기서 화자는 더 이상 여자와 얘기하고 싶은 마음이 없어지게 된 것이다.

즉 순수성이 없는 상태에서는 말의 대표성을 잃어 유머가 된다 해도 말의 생명력을 잃어버려 아무것도 얻을 수 없다. 얻는 것은 오직 불신뿐이다. 여기서 미적 심상의 횟수나 반복이 사람을 평가하고 있다는 것을 알 수 있다.

순수성을 잃은 상태에서는 말의 대표성을 잃기 때문에 쓸데없는 말이 많이 필요하다. 거짓말을 잘 하는 사람은 하도 거짓말을 잘 하기 때문에 자기가 했던 말도 잘 모른다. 그래서 말을 많이 시켜보면 전에 한 말을 기억하지 못하기 때문에 그가 한 말이 거짓말이라는 것을 알게 된다. 머리가 좋은 것같이 보이나 엄청나게 나쁜 것이 증명이 되는 것이다. 따라서 순수 유머를 사용하는 품격 있는 생활인이 되는 것이 삶에서 엄청나게 중요함을 생각해야 한다.

다시 다음 예화를 살펴보자!

02 겉마음≠속마음의 사례들

"어른이 선물이나 먹을 것을 주면 뭐라고 하면서 받는다고 배웠죠?"

그러자 아이들은 여기저기서,

"고맙습니다. 감사합니다."

라고 소리를 질렀다.

마지막으로 선생님은 아무 말도 하지 않고 아까부터 창 밖을 내다보며 입을 삐죽거리는 철수에게 물었다. 그러자 철수는 그게 아니란 듯 대답했다.

A "뭘 이런 걸 다!"

겉으로 표현한 겉마음은 겸손하게 사양하는 모습이나 사실 속마음은 은근히 바라는 마음이라는 것을 알 수 있다.

A 말은 결코 해서는 안 되는 논점 은닉이다. 그런데 이 말을 입 밖으로 표현했다. 좋게 보였던 것이 좋지 않게 보이고 감춰야 좋을

것을 감추지 못하고 드러내 보이는 것은 어쩐지 불완전이나 결함을 보이는 것과 다름없다. 그러다 보니 상대에게 어리석음을 보여 줘 웃음이 나는 것이다.

한 남자가 자신의 아내는 말할 것도 없고 가족이 얼마나 그를 사랑하고 있는가를 자랑했다.
"내가 밤에 들어가면 말이야, 모든 것이 나를 반겨 주는 것처럼 느껴지는 거야. 슬리퍼, 파이프, 구석 안락의자에는 독서용 전등이 켜져 있기도 하고 책은 내가 펼쳐 놓은 대로…… 거기다가 말이야, 언제나 따뜻한 더운 물이 가득……."
"슬리퍼라든가 의자, 책, 파이프 따위는 알겠는데 말이야, 더운 물은 무엇 때문에 필요한 거야?"
라고 친구가 물었다. 그러자 그 남자가 대답했다.
"우리집 사람들은 나를 대단히 사랑하고 있거든. 차가운 물로 나에게 설거지를 시킬 생각은 가지고 있지 않은 거야."

가족이 자기를 사랑한다는 것은 말짱 거짓말이다. 그렇게 사랑하면 설거지를 시키지 않을 것이다. 여기서 설거지를 시키기 위해 더운 물을 준비한 것은, 남자를 사랑하지 않는다는 사실이 입증되어 웃음이 형성된 것이다. 가족들의 속마음은 전혀 남자를 배려하지 않는다는 것을 알 수 있다. 그런데 남자는 가족들이 한참 자기를 끔찍이 사랑하는 것으로 말하고 있다.

어떤 사내가 길에 서서 자기 손바닥에 동전 몇 닢을 올려놓고 히죽히죽 웃고 있었다. 고개를 갸우뚱거리며 몹시 신기하고 희한하다는 표정이다. 길을 가다가 이 광경을 발견한 친구가 하도 이상해 말을 걸었다.
"여보게, 자네 거기서 뭘 하나?"
사내는 대답도 않고 계속 히죽히죽 웃었다.
"여보게 자네 실성을 했나? 그까짓 동전 몇 닢이 어찌 되었기에 혼자 웃고만 있나?"
"아닐세, 그럴 사정이 있네. 이 돈을 방금 전에 누군가한테 꾸었거든. 그런데 이걸 떼어먹을 생각을 하니 자꾸 웃음이 나오네."

속이는 사람은 속는 사람이 바보처럼 비쳐져 우월감에서 웃음이 형성된다. 어떻게 보면 속이는 사람은 속는 사람이 무엇을 하게 되는 것까지 다 안다. 그것을 옆에서 바라다보면서 구경하는 사람은 속는 사람을 보고 안타깝게 생각도 하고 미련하게 생각도 한다. 화투를 칠 때 위에서 내려다보면 화투패 꾼들의 모습에 웃음 나는 경우와 같은 이치이다.

chapter 5

미적 심상의 모습들

— '인간' 변수는 유전인자 변수로서
경직 변수이나 미적 심상 때문에 가변적인 존재가 된다

01 미적 심상의 모습과 특징

미적 심상은 고칠 수 있는가? 천성天性은 난개難改라 하면서 사람의 검은 마음은 죽을 때까지 변하지 않는다고 말하기도 한다. 그래서 성선설보다 성악설이 훨씬 설득력을 갖는 것은 바로 이런 이유 때문이기도 하다.

감사원이나 경찰, 판 · 검사가 왜 필요할까? 현실 사회는 엄연히 범죄자가 난무하고 그것을 퇴치하기 위해 제도적 장치로 온갖 방법을 다 동원하여 경각심을 깨우치며 예방하는 데 힘을 쓴다.

그러나 그것은 일정한 한계가 있다. 그런 위치에 있는 사람이 정말 국민을 위하고 국가를 위하는 일을 하지 않고 비겁하고 비굴하게 행동하기 때문에 국민은 억울함을 당하고 국가는 항상 위기에 처하곤 한다.

이런 외부 장치나 제도는 믿을 수가 없기 때문에 근본적인 해결

책을 강구할 필요가 있는 것이다. 이것은 사람이 바람직한 미적 심상을 가질 때 가능하다. 그렇기 때문에 사람이 가지고 있는 미적 심상을 바람직한 방향으로 갖게 하는 일이 중요하다. 그렇다면 미적 심상은 만들 수 있다는 말인데, 마음을 고친다는 것은 지극히 어려운 일로 아는 우리로서는 고개가 갸우뚱해질 것이다.

그러나 우리는, 미적 심상은 노력만 하면 얼마든지 고칠 수 있다는 실례를 알고 있다. 앞으로 소개할 링컨의 예화는 그것이 가능하다는 것을 말해 주는 일화이다.

어떤 영감이 85세가 되었는데 기력이 떨어져 이제 죽을 날이 얼마 남지 않게 되었다. 그래서 본당신부가 그에게 고해성사를 보게 하려고 무던히도 애를 썼으나 헛수고였다.

"맹세코 난 죄를 지은 게 없어요!"

하는 영감님께,

"그래도 혹시 양심에 가책이 되는 게 뭐 없습니까?"

라고 본당신부가 재차 물으니 화를 버럭 내면서,

"아, 전혀 없다니까 그러시네!"

하는 것이었다.

"진짜 아무것도 없어요?"

하고 본당신부가 다시 물어보니 그 영감님 잠시 생각하더니 다음과 같이 말문을 여는 것이었다.

"뭐 별 대수로운 건 아닌데, 이따금씩 마음에 거리끼는 것이 하나 있습니다. 제가 스무살 가량 되었을 때 꼴도 보기 싫은 친구 녀석이 한 놈 있었죠. 그런데 하루는 여러 명이 함께 배를 타고 바다로 놀러나갔는데 그때 그놈을 바닷속으로 냅다 밀쳐 버렸지요. 그런데 그 후로 그 친구가 도무지 보이지 않아서 그때 혹시 그놈한테 무슨 변이 생기지 않았을까 하는 생각이 문득 문득 들 때가 있습니다요."
하는 것이었다.(구병진 : 59)

미적 심상은 표현할 때 그것이 무엇인지 비로소 알 수 있다. 그러나 어떤 경우는 관 속에 들어갈 때까지 표현해서는 안 되는 미적 심상도 있다. 이런 것은 그다지 좋지 않은 미적 심상으로 이런 것이 많으면 정서적으로 불안하고 불쾌하다.

우리의 마음 그릇이 크기가 같은 100개의 돌을 담는 그릇이라고 가정한다면 자꾸 뒤로 미루어지는 미적 심상이 있다면 여간 신경 쓰이지 않을 수 없고, 또 그런 미적 심상 때문에 바로 사용할 미적 심상이 처져서 바람직한 미적 심상이 장애를 일으킬 우려가 많다.

우유부단하든지 어떤 외압에 의해 제동이 걸린다든지 하여 바람직한 미적 심상이 표현되지 못하고 다른 미적 심상이 표현되는 경우가 많다.

따라서 누구든지 좋아하는 미적 심상, 언제나 필요하게 느끼는 미적 심상을 가져야 한다는 것은 아무리 강조해도 지나치지 않는다.

다음 그림은 미적 심상의 모습과 특징을 설명한 것이다.

【미적 심상의 모습】

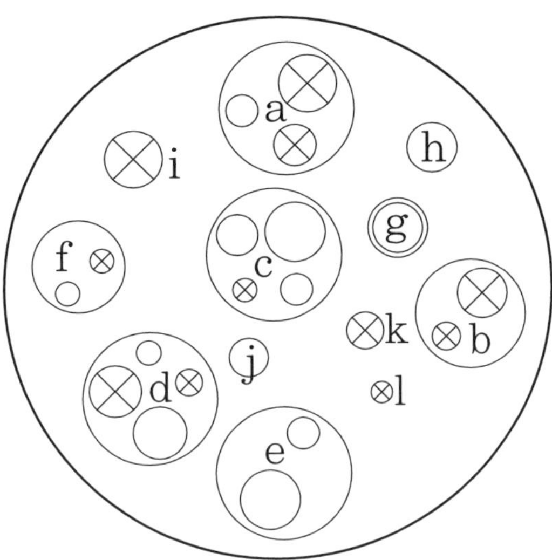

- 큰 원 안 : 심령 안(미적 심상으로 표상됨).
- 큰 원 밖 : 심령 밖(유머로 발현됨).
- ○ 미적 가치 : 감동되는 것, 바람직한 것, 이상적인 것 등.
- ⊗ 비미적 가치 : 미적 가치에 반대되는 것을 말한다.
- 미적 심상은 적어도 하나 이상의 미적 가치와 결합되어 있다.
- 미적 심상들은 독자적으로 존재함 : 슬픔이 갑자기 기쁨이 되거나 화가 갑자기 침착으로 변하지 않는다. 어느 정도의 시간이 흘러야 변하기 때문이다. 이 어느 정도의 시간과 노력으로 미적 심상은 변할 수 있는 것이다.

  a, b, c, d, e, f, g…….
- 심령 안에 h, i, j, k, l처럼 크고 작은 비미적 가치나 미적 가치가 정보처럼 존재하고 있으며, 이것이 어떤 계기가 되면 역시 a, b, c… g처럼 크고 작은 미적 심상의 모습을 갖는다.(이것이 첫 번째 갖게 되는

미적 태도로서 이를 '미적 심상'이라 한다.)

- 심령 안에 미적 가치가 충만되어 이것이 넘쳐흐르도록 생활하면 성공한 사람 · 멋있는 사람이 되고, 반대로 거짓말이나 음해, 모함 등 비미적 가치가 심령 안에 충만되면 실패한 사람 · 추한 사람이 된다. 이런 이유로 농담으로라도 거짓말을 못 하게 하는 것은 그 거짓말이 미적 가치를 말살시키거나 심령 안에 미적 가치가 표상되지 못하게 하기 때문에 극력 삼가도록 종용하는 것이다.

02 미적 심상의 가변성

다음의 예화는, 미적 심상은 얼마든지 고칠 수 있음을 소개한 것이다.

하루는 어떤 부자 한 사람이 성당에 와서 자신이 이번에 착수하려는 사업이 꼭 성공하게 해달라고 열심히 기도했다. 바로 그 순간에 남루한 옷을 걸친 청년 한 사람이 성당으로 들어오더니 이렇게 기도했다.
"주님, 오늘 1달러를 벌 수 있게 저를 도와 주소서! 주님, 제가 오늘 일자리를 얻어 꼭 1달러를 벌게 해 주소서! 저는 1달러가 꼭 필요합니다. 오, 주님이여!"
이 기도 소리를 들은 부자가 그 청년에게 이렇게 말하는 것이었다.
"여보게 젊은이, 내가 1달러를 줄 테니 제발 그분이 딴 데 신경 쓰지 않도록 좀 가만히 놔드리게!"(구병진 : 195)

하느님의 입장에서는 많은 할 일이 있다. 그런데 부탁하는 사람이 많다 보면 누구 일을 먼저 들어 줄 것인가가 문제가 된다.

그 많은 선택 사항 중에 가장 먼저 시급히 해야 할 사항은 무엇인가? 이것이 하느님의 미적 사항이다. 하느님은 적어도 사람들에게 고맙고 정의로운 일이라든가 아름다운 일이라든가 등등을 해결해 줄 때 하느님의 존재 가치가 있기 때문이다.

여기서 1달러를 부탁하는 거지에게 차라리 자신의 돈으로 대납해 주고 자신의 일을 들어 줄 수 있도록 만들려고 한다. 부자 입장에서는 약은 짓이다. 다른 사람 일로 자신의 요구는 한참 뒷전에 밀릴 수도 있고 어쩌면 영원히 챙길 수 없을지도 모르는 불안감을 없애는 한 계책이라 볼 수 있다.

앞서 얘기한 데일 카네기가 쓴 《세상에 알려지지 않은 링컨》이란 책에는 링컨의 됨됨이와 그의 가정 생활까지도 상세하게 기록되어 있다.

젊은 시절의 링컨은 몹시 다혈질의 사나이였다. 욱하는 성미 때문에 자주 싸움을 야기하곤 했다. 그가 인디애나 주의 피존 크리크 발레라는 시골에서 살고 있던 때였다.

그 당시 링컨은 걸핏하면 남을 헐뜯었을 뿐만 아니라 상대를 비웃는 시詩와 편지를 써서 사람들의 눈에 잘 띄는 길목에 떨어뜨려 놓곤 했다. 남을 공격하기 위한 교활하고도 비열한 수법이었다. 그러한 편지 중의 한 통이 원인이 되어 평생토록 그를 원수로 생각한 사람마저 있을 정도였으니 링컨은 쓸데없이 적을 가진 것이다.

그 후 일리노이 주 스프링필드에 진출하여 변호사 개업을 했다. 이때도 그는 상대를 공격할 공개장을 저널에 싣다가 그것이 지나쳐서 끝내 혼쭐이 난 일이 있다. 결국 이 일이 링컨을 사려 깊은 사람으로 만드는 계기가 되었다.

1842년 링컨이 일리노이 주 의회의원으로 꿈을 키워가고 있을 때였다. 당시 일리노이 주 감사이자 검사인 제임스 쉴즈(james shields)가 엉뚱한 짓을 해 주민들의 원성을 샀다. 세금을 모두 금과 은으로만 내라는 느닷없는 포고령을 내린 것이다.
링컨은 〈산가모 저널〉이라는 지방신문에 쉴즈를 조롱하는 기사를 '레베카'라는 가명으로 잇달아 투고했다. '쉴즈를 위선자, 바보, 거짓말쟁이다.'라고 몰아붙였다. 거기까지는 그래도 참을 만했다. 아일랜드계인 쉴즈를 극도로 자극한 건 바로 이거였다. '네 나라로 돌아가라. 거기 가선 성공할지 모른다. 하지만 여기서는 절대 성공 못 한다.'
쉴즈는 〈산가모 저널〉 편집장을 다그쳐 '레베카'라는 가명의 투고가 링컨이라는 사실을 알아냈다. 분기탱천한 쉴즈는 즉각 링컨에게 결투를 신청했다. 1839년부터 일리노이 주에서는 결투가 금지돼 있었다. 하지만 결투 신청에 응하지 않으면 비겁자로 낙인 찍히던 시절, 링컨은 영 내키지 않았지만 결투를 받아들일 수밖에 없었다. 더구나 당시 결투에 대한 인기가 높았으므로 피할 경우 정치 인생은 치명적인 타격을 받을 게 뻔했다. 결투 규범상 도전을 받은 사람이 결투에 쓰일 무기와 장소를 정할 권리가 있었다. 링컨은 기병이 쓰는 날이 길고 넓은 장검을 골랐다. 키가 크고(190cm) 손이 유달리 긴 링컨 자신에게 유리하도록 말이다.
드디어 결투를 벌이는 날, 결투자들은 각기 3명의 입회인들을 데리고 미시시피 강을 건너 결투 장소로 갔다. 결투장에는 큰 버드나무 가지들이 휘휘 늘어져 있었다. 두 사람의 목숨은 거기서 생사가 갈릴 판이었다. 링컨은 장검으로 머리 위 높은 곳에 뻗어 있는 버드나무 가지 하나를 홱 내리쳤다. 나뭇가지가 싹둑 잘려 땅에 툭 떨어졌다. 이를 본 쉴즈는 간담이 서늘해졌다.

"앗, 내 모가지도 저 나뭇가지처럼 싹둑? 더구나 링컨에 비해 키와 팔이 워낙 짧지 않나?"

그가 겁에 질린 표정으로 주춤하자 양측 입회인들이 기회다 싶어 서로 화해하자고 제의했다. 그날 아침까지만 해도 살기가 등등하던 쉴즈도 얼른 꼬리를 내렸다. 결국 결투는 무산됐다. 링컨도 내심 혼쭐났다. 설사 자신이 이긴다 해도 사람을 죽여 놓고 평생 발 뻗고 잠잘 수는 없을 것이다.(김상윤 : 292)

이 사건으로 대범한 링컨도 간담이 서늘했다. 그러나 덕분에 그는 사람을 대하는 데 있어서 더할 나위 없는 교훈을 얻었다. 두 번 다시 남을 비방하는 편지를 쓰지 않게 된 것이다. 또 남을 비방하지도 않았다. 부질없이 남의 감정을 건드리는 행위를 하지 않았다.

링컨은 상대방이 어떤 비난을 하더라도 즉시 감정적인 맞대응을 하지 않았다는 게 유명하다. 꼭 대응해야 할 경우에는 풍자적인 유머로 받아넘겼다. 그의 재치 있는 대응은 어떤 말보다 큰 효과를 가져왔다.

링컨은 언젠가 동료와 언쟁을 일삼는 한 청년 장교를 이렇게 나무란 일이 있었다.

"자기의 향상을 바라는 자는 싸움 따위를 할 시간이 없다. 더구나 싸움의 결과로 기분이 언짢아지거나 자제심을 잃게 되는 것을 생각하면 더욱 싸움질은 할 수 없다. 이쪽에 반쯤의 정의밖에 없을 때는 아무리 중요한 일일지라도 상대에게 양보하라. 이쪽이 열 가지가 다 옳았다고 생각되는 경우라도 조그만 일이라면 양보하는 것이 좋다. 좁은 길에서 개를 만나면 권리를 주장하다가 물리기보다는 개에게 길을 내 주는 것이 현명하다. 설령 그 개를 죽일 수 있다 해도 한 번 물린 상처는 낫기가 어렵다."

한 번의 경험에서 이렇게 커다란 교훈을 얻을 수 있다면 그 경험은 결코 헛되지 않다. 링컨의 일화에서 보듯이 미적 심상은 이렇게 변화가 가능한 것이다.

따라서 나쁜 습관을 고치려는 노력과 폭넓은 지식, 많은 독서와 풍부한 경험 등은 미적 심상을 변화시키기 때문에 훌륭한 사람의 강의나, 그리고 자기보다 나은 사람과의 교제로 자기 수양, 자기 계발을 도모함이 중요하다.

링컨의 성격도 처음에는 영감님처럼 꼴도 보기 싫은 사람이 있었고 화도 잘 내고 신경질도 잘 냈다는 것을 알 수 있다. 그런데 그것이 쉴즈와의 대결 이후 위 유머에서 보듯이 나쁜 미적 심상은 사회적 체면, 높은 도덕, 양심, 가문의 체통 등등에 의해 미적 심상의 표현이 우선순위를 뒤로 돌리는 일을 한 결과, 그것이 어느 날 죽을 때까지 계속되었다.

즉 나쁜 습관, 버려야 할 행동, 상대를 배려치 못하고 자기 위주로 생활하는 태도 등등이 고쳐지고 다듬어져 마침내 바람직한 미적 심상을 표현하는 사람이 되어 미국 역대 대통령 중에 타인의 추종을 불허하는 고매한 인격자가 된 것이다.

사실 영감이 가진 미적 심상은 어쩌면 죽어도 표현 안 되고 영원히 베일 속에 묻혀버려 사람들이 모를 수도 있을 것이다.

아래는 미적 심상을 얼마든지 바꿀 수 있다는 것을 소개한 것이다.

남미의 한 밀림 지역에 사는 어느 청년이 필요한 물건을 사러 멀리 떨어진 장에 갔다가 돌아오던 길에 한바탕 쏟아지는 소나기를 만났다.

숲 속에서 잠시 비를 피하다가 날씨가 개어 갈 길을 재촉하는데 조그만 개울에 걸쳐 있던 외나무 다리가 떠내려가고 없었다. 뛰어서라도 건너야 할 형편이었지만 개울의 넓이가 그리 쉽게 건너뛸 만큼 호락호락하지가 않았다. 청년은 뜀박질하기 전에 호흡을 가다듬고 화살기도를 바쳤다.

A : 주님, 무사히 이 개울을 건너뛰게 해 주소서!
그리곤 냅다 개울을 향해 달려가 건너편에 무사히 착지했다.
그 순간 이런 생각이 머리를 스치고 지나갔다.
B : 이거 그리 어려운 게 아니었군. 괜히 화살기도까지 바쳤잖아!
그와 동시에 청년이 디뎠던 둑이 물살에 무너지기 시작했다.
당황한 청년은 하늘을 향해 이렇게 외쳤다.
C : 아이구, 하느님두 참. 농담도 못 합니까?(구병진 : 190)

인간의 마음이 얼마나 간사하다는 것을 느낄 수 있는 예화이다.

처음 A는 주님께 다급해서 바친 기도다. 그러나 개울을 건너고 보니 아무것도 아니라는 생각이 들어, B는 화살기도까지 했나 하는 후회 반 자괴 반으로 생각했다. 그런데 갑자기 둑이 무너지니, C 농담으로 했는데 뭘 그러시냐고 둘러부쳤다. 이렇게 시시각각으로 미적 심상이 변하는 것은 무엇인가? 자기에게 유리하면 긍정이고 불리하면 부정이다.

동기가 전부 1차적인 감정으로 동물적인 세계에서나 일어나는 일은 이렇게 미적 심상을 측량키 어려운 점이 많다.

미적 심상을 변화시켜 성공한 사례

인간적 존재가 신적 존재로 승화하는 예화이다.

어느 시골에 돈이 많다며 거들먹대기로 악명 높은 부자가 있었다. 게다가 전에 있던 본당신부가 마음에 안 든다고 냉담했던 교우이기도 했다. 하루는 우연히 길을 가다가 얼마 전에 새로 부임한 신부와 마주쳐 서로 악수를 나누었다. 부자가 신부에게 말을 건넸다.

"새로 오신 신부님이시군요. 제가 성당에 안 나간 지 제법 오래되었습니다. 신부님은 첫인상이 참 좋으시군요. 실례가 될지 모르지만, 혹시 제가 여쭙는 말에 대답을 잘하시면 신부님과 성당에 1천만 원을 기증하겠습니다. 어디 한 번 들어보시겠습니까?"

'아이구, 1천만 원이 어디냐?' 싶어 눈이 확 뜨인 신부는 그에게 점잖게 대답했다.

"네, 무슨 말씀인지 해 보십시오. 최선을 다해 대답하겠습니다!"

"신부님께서도 가끔은 거짓말을 하시지요? 지금 제게 그럴 듯한 거짓말을 하신다면, 아까 약속한 1천만 원을 즉각 기부하겠습니다."

능글맞은 부자의 제의에 신부는 잠시 생각하더니 대답했다.

"하하! 그것 참, 거짓말 한 번에 2천만 원이라……. 1천만 원도 아니고 2천만 원이라!"

부자는 즉시 정정하며 말했다.

"신부님, 저는 분명히 2천만 원이 아니라 1천만 원이라고 말씀드렸는데요."

"허허! 이 양반 참 몹쓸 사람이구먼. 지금 무슨 소릴 하고 있는 거요? 바로 10초 전에 나한테 2천만 원이라 해놓고 그새 마음이 달라져 반으로 깎는 거요?"

거들먹대던 냉담교우가 항복의 표시로 두 손을 치켜들며 말했다.

"아이구, 신부님! 제가 신부님 재치에 두 손을 들었습니다. 앞으로 길 잃은 이 양을 잘 지도해 주이소!"(구병진 : 221)

부자는 한마디로 제 꾀에 제가 넘어간 꼴이다. 신부가 거짓말을 하면 부자가 1천만 원을 성당에 기부하겠다고 하니 신부 입장에서는 어쨌든 거짓말을 해야 한다. 부자는 신부가 거짓말을 해서는 안 되는 직분이고 또 거짓말을 할 화제가 없어 쩔쩔맬 줄 알고 내기를 한 것이다.

그런데 부자가 내기에 1천만 원을 준다고 하니까 신부는 어떻게든 이겨야 하는 부담감을 갖게 되었다. 그리하여 생각한 것이 1천만 원을 내는 게 아니고 2천만 원을 내는 것으로 처음부터 새빨간 거짓말을 했다.

부자 입장에서는 황당한 일이었다. 꺼내지도 않은 말을 서슴없이 하고 있으니 물증도 없고 제3자에게 판단을 구해 봐야 자기만 망신 당할 것 같고…….

왜냐하면 신부가 거짓말을 했다면 곧이 들을 사람이 없을 테고 그렇게 해서 얻는 게 아무것도 없을 것은 뻔한 일이므로, 여하튼 벙어리 냉가슴 앓듯 앓을 일이었다.

이렇게 하여 신부는 점잖게 거짓말을 하여 내기에서 이겨 1천만 원을 기부받게 되었다.

미적 심상을 변화시켰지만 실패한 사례

인간적 존재가 신적 존재로 변하는 예화이다.

프란시스코라는 총각이 하루는 어깨를 축 늘어뜨리고 본당신부를 찾아가 자신의 고민거리를 털어놓는데…… 그 사연은 이러했다.

자기가 사귀는 처녀가 하나가 있는데 그녀가 개신교 신자라서 만일 서로 결혼할 경우 나중에 자녀들이 종교 때문에 크게 문제가 될 것 같아 결혼을 망설이고 있다고, 그렇다고 결혼을 안 하자니 사랑이 울고, 그러니 어쩌면 좋겠냐는 것이었다.

프란시스코의 고민을 조용히 다 듣고 난 본당신부는 대수롭지 않다는 듯이 총각의 등을 두어 번 두드리며 이렇게 대답했다

"아, 이런 고민이라면 나한테 좋은 수가 있지! 만일 자네가 그 처녀에게 아주 듣기 좋게 우리 가톨릭 신앙의 숭고함에 대해서, 그리고 저 아름다운 대성당들에 관해서, 또 우리 교회의 그 유명하신 순교자들과 성인 · 성녀들에 관해서 설명해 준다면, 아마도 싫어하지 않게 될 걸세! 가서 내가 시키는 대로 한번 해 보게!"

사흘 후 프란시스코가 본당신부에게 나타났는데, 안색이 별로 좋지 않아서 본당신부가 물었다.

"프란시스코, 그래 일이 어떻게 되었나? 그 처녀를 설득시킬 수가 없었단 말인가?"

"천만에요, 신부님. 제가 그녀를 설득시켰지요. 암, 설득시켰구말구요!"

"그렇다면 왜 그렇게 다 죽어가는 인상인가?"

프란시스코가 답답하다는 듯이 본당신부에게 이렇게 내뱉었다.

"글쎄 신부님, 그 처녀가 이젠 도대체 시집은 안 가고 죽어도 가톨릭 수녀원에 들어가서 수녀가 되겠다는 거예요!"(구병진 : 46)

남자는 가톨릭이고 여자가 개신교이니 서로 맞는 구석이 없다. 가톨릭이 부패했다 하여 종교개혁을 부르짖어 생긴 종교가 개신교니 자녀들이 나중에 종교 문제로 심각해질 것을 여자측은 우려한 것이다.

그러나 본당신부는 여자를 잘 설득하여 가톨릭의 위대함과 우수성을 말해 주면 여자는 설득당해 가톨릭으로 개종할 것이라고 말했다. 그리하여 신부님의 말을 듣고 설득했으나 '아뿔사!' 여자가 가톨릭에 대한 호감이 지나쳐 내친김에 수녀가 되겠다고 고집한다는 것이다. 미적 심상은 변했으나 의도한 대로 변하지 않아 한마디로 설득이 실패한 것이다.

위 예화에서 보듯이 미적 심상은 얼마든지 변할 수 있다. 따라서 속으로 언제까지 가지고 있을 미적 심상이 아니라면 미적 심상을 가꾸고 다듬어서 바람직한 모습으로 변화를 시도해야 할 것이다.

신적인 존재가 동물적인 존재로 추락하는 예화이다.

어느 날 옷을 잘 차려입은 부자 할머니 한 분이 슬픈 얼굴을 하고서 사제관으로 본당신부를 찾아와서 이렇게 청했다.
"신부님, 혹시 어제 죽은 저의 개 뽀삐의 장례를 치러 주실 수 있을까 해서 왔습니다."
이 청을 들은 본당신부가 하도 어이가 없어서 잠시 침묵을 지키다가 점잖게 거절했다.
"아니, 도대체 그게 무슨 말씀이십니까? 저는 개 장례식은 집전하지 않습니다!"
이 대답을 들은 그 부자 할머니가 실망하는 표정으로 한숨을 쉬며 이렇게 말했다.
"그럼 할 수 없군요. 1백만 원을 장례 비용으로 내놓으려 했더니…… 에이, 혹시 길 건너에 있는 예배당 목사님한테 가서 여쭤봐야겠군요. 혹시 그분은 우리 뽀삐를 위해 장례식을 베풀어 주실지……."
이 말을 들은 본당신부가 할머니 앞을 가로막으며 친절한 목소리로 이렇게 말하는 것이었다.
"아이구, 할머니. 그럼 왜 진작 뽀삐가 가톨릭 신도라고 말씀하시지 않았습니까?"(구병진 : 211)

신부가 타락을 해도 이렇게 타락할 수 있을까? 신부는 속세에서 볼 때 근엄하고 꼭 할 일만 하며 자신의 위치를 어떤 형태이든 지키는 것으로 안다. 그런데 미적 심상이 상황에 따라 이렇게 급변하는 것을 보게 되니 정말 한심한 신부가 아닐 수 없다. 근엄하고 존경스런 모습이 곤두박질하여 여지없이 추락하는 순간이다.

신적인 존재가 인간적인 존재로 하향 수준되는 예화이다.

여름 휴가를 다녀오던 본당신부가 역에서 바오르 씨를 우연히 만났다.
"바오르 씨, 그동안 별일 없었지요?"
"신부님, 별일 있었어요. 태풍이 불어 우리집 지붕이 다 날라갔어요."
"아이고, 바오르 씨 참 안됐군요. 하지만 제가 전에 경고하지 않았나요? 이제 정신 좀 차리시고 성당에 잘 나오세요. 죄를 지으면 벌은 당연히 따라오는 게 아니겠소?"
이 얘기를 들은 바오르 씨는 본당신부를 빤히 쳐다보며 말했다.
"그런데 신부님, 성당 지붕도 왕창 날라갔습니다. 참 안됐어요!"
이 말에 눈빛이 흐려진 본당신부가 말했다.
"허허— 참, 하느님께서 하시는 일을 우리 인간의 머리로 이해하기란 정말 어렵단 말이야."(구병진 : 257)

금방 말 바꾸는 것이 속세 사람 뺨친다. 만일 이것이 한 번에 그쳤으면 신부의 우스갯소리로 듣지만 자주하면 거짓말쟁이, 믿을 수 없는 신부 등 좋지 않은 별명이 따라붙을 것이다.

속세 사람이 이런 말을 해도 바람직하지 않은데 신부가 이런 말을 하면 신도들이 과연 따라 줄까? 아무리 위기라도 힘들게 살아야 하는 이유가 바로 여기에 있는 것이다.

03 요약

어떤 사람은 착하다고 하고 어떤 사람은 형편없는 악질이라고 한다. 두 사람의 외형이나 태도가 다른 데가 전혀 없다. 눈, 코 귀 등 다 똑같다. 그런데 이런 말을 하고 이런 말을 듣고 공감한다.

이것은 인식의 세계에서 미적 심상을 어떤 방향에서 선택하고 고민하여 결정했느냐 하는 결과에서 나온 말이다. 미적 심상은 앞에서 보듯이 순간순간 변한다. 그 이유는 그것을 선택하고 결정하는 것은 유머인자인 가치관 때문이다.

그러나 현실은 냉엄한 것이다. 그것을 선택하고 결정하기 전까지는 그 사람을 모르는데 그것이 선택되고 결정되면 그 사람의 성향이나 본질을 안다. 그러다 보면 사람을 착하다고도 하고 또는 악하다고도 한다. 즉 미적 심상의 선택과 고민의 합이 그 사람을 결정하는 것이다. 처음 한두 번 미적 심상을 선택했을 때 그것이 잘못되었을 경우는 일단 실수나 착오로 봐 준다. 그러나 그것이 한두 번이 아니고 세 번 네 번 자주 실수나 착오가 나면 악인과 선인으로 구별하게 되는 것이다.

사람이 살다 보면 본의 아니게 실수를 할 경우가 있다. 이때 사람들이 말할 때 '어쩌다가 그렇게 되었는지 몰라!' 하고 자기 일처럼 걱정과 동정을 하면 성공한 사람이고 '그 새끼, 언젠가 일 저지를 줄 알았어! 그 정도 갖고는 안돼. 더 당해야 해!' 하면 실패한 인생이다. 따라서 바람직한 미적 심상을 갖는 일이야말로 엄청나게 중요한 일이 아닐 수 없다.

chapter 6

유머의 종류

분위기를 좋게 하거나 대화를 재미있게 만들려면 유머를(협의) 사용한다.
유머에는 유머 · 풍자 · 아이러니 · 기지 네 종류가 있다.
보통 유머라면 네 종류를 포괄한 광의의 유머를 말한다.
네 종류 속에 포함된 유머는 협의를 말한다.

01 유머

우호적인 경우는 물론이요 부정된 상황이나 적대적인 경우에 긍정으로 사용한다

유머는 상대를 신랄하게 부정하고 공박하는 데서 생겨나는 웃음이 아니라 부정되어진 대상 속에 자기 연민까지를 포함한 웃음이다.

자기 자신의 인간적인 약점까지를 자각하여 자기를 웃는 것이므로 부정되어진 상황이나 현실 속에는 언제나 웃음의 주체가 존재한다. 부정되어진 대상 속에 자기와 관계되는 모든 것이 포함되기 때문에 호의로써 대상을 대하는 것이며, 모순과 추악함과 저열함을 배척하지 않고 초자아적 견지에서 관조적으로 대상을 내려다봄으로써 온정으로 자조적인 분위기를 만드는 것이다.

유머는 그렇기 때문에 근본적으로 인간에 대한 온정과 이해를 바탕으로 하면서 자기 부정을 통해 새로운 차원의 긍정을 초래하는 웃음이다. 유머적 웃음은 자연적으로 홍소나 박장대소의 웃음이기보다는 이심전심의 동화적인 미소인 것이다.

《장자》에 '인간은 자신과 같은 의견을 갖고 있는 자를 동지로 생각하며 다른 의견을 갖고 있는 자를 적으로 보는 습성을 지니고 있다.' 는 말이 있고 프랑스의 라 로슈프코는 '적을 만들고 싶으면 친구에게 이기도록 하고 우정을 쌓으려면 친구가 이기도록 만들어라.' 는 말이 있다.

유머야말로 적을 동지로, 삭막한 분위기를 화기애애한 우호적인 분위기로 만드는 기능을 하기 때문에 다른 어떤 종류의 유머보다 가장 많이 사용하고 가장 호감이 가는 분야이다.

따라서 유머의 종류 중에 가장 악의 없는 유머는 역시 유머가 아닌가 한다. 왜냐하면 풍자는 비꼬고, 기지는 어떤 악의로 곤궁에 빠지게 하고, 아이러니 또한 짓궂은 장난이나 어떤 의도 하에 유머를 구사하는 데 반해, 유독 유머만이 호의적이고 부드러운 마음에서 구사되기 때문이다.

위 예화에서 보듯이 누구를 골탕먹이려고 하거나 누구를 비난하는 것이 아니고 단지 웃고 즐기는 것이 목적이다. 따라서 유머야말로 유머 중의 유머가 아닐 수 없다.

도둑놈의 심보

남편 : 여보, 연금이 본인은 100% 나오고 배우자는 70% 나온대. 내가 죽더라도 당신은 연금이 70%나 나오니 혼자 살아도 충분히 살 수 있으니 노후 걱정은 하지 않아도 돼.

아내 : 당신이 나보다 먼저 죽으면 나는 그렇다 하고, 그럼 당신이 나보다 오래 살면 어떻게 할래요?

남편 : 응, 본인에게는 100% 연금이 나오니 70%면 혼자서도 충분히 살기 때문에 30%는 여비서를 채용할 생각이야.

얼마나 이기적인가? 이렇게 본능을 들여다보면 웃음이 난다. 이처럼 추악하거나 하찮은 것은 위에서 아래로 내려다보는 우월감 때문에 생기는 것이다.

허긴 그려!!

80살 먹은 왕서방이 죽었다. 동네 친구분이 객지에 나간 왕서방 아들에게 부음을 전화로 전하자, 어느 어머니의 집에서 운명했는지 몰라 궁금하여 물었다. 왕서방은 자그만치 마누라가 셋이나 있었기 때문이다.

"아버님이 돌아가셨다고요? 그럼 어느 어머님 집입니까?"

"나도 잘 모르는디, 아마 가장 나이 적은 셋째여자 아니겠어?"

"그건 왜요?"

"그야 뻔하지 않아. 늙은이나 젊은이나 한 살이라도 나이 적은 것을 좋아하기 때문이지."

"확실히 알아서 다시 연락 주세요."

"오면 다 알 것인디 다시 연락할 게 뭐 있어."

"아저씨두 참, 아무 집에나 갔다가 멀쩡하게 산 사람에게 조문한 꼴이 되면 그것처럼 민망한 게 어디 있겠어요?"

"허긴 그려!"

어머니가 셋이나 되니 어느 어머니의 집에서 아버지가 죽었는지 묻는 것 자체가 웃음이 난다.

이것은 일탈의 문화 현상 때문이다. 일상적이거나 상투적인 것은 웃음이 나지 않는다. 이렇게 이질적이기 때문에 관심과 흥미가 고조되고 고정관념에서는 어머니가 하나라고 생각한 것이 그대로 그 관념을 깨기 때문에 빚어지는 웃음이다. 고정관념은 한 울타리 안이라고 한다면, 그것을 깨는 것은 긴장의 해방이나 기속에서 벗어나는 자유로 볼 수 있어 그 해방이나 자유 때문에 웃는 것이다.

벌써 잊어버렸다구!

담뱃대를 물고 무슨 생각을 하던 영감이 자기 노친네에게 말했다.

"여보 마누라, 어제 내가 꿈에 만났던 그 사람이 내 소꼽동무인 김 첨지요."

"아이구, 영감도 답답하십니다. 당신이 꿈 속에서 만난 게 김 첨지인지 박 첨지인지 내가 어떻게 알겠수?"

"원, 저렇게도 머리가 나빠서야……. 어제 꿈에 당신도 있지 않았수? 그런데 벌써 그 사람을 잊었단 말이오."(김용 : 110)

꿈 속의 상황에서는 논리가 맞다. 그러나 현실 속에서는 할멈이 그 꿈에 같이 있었던 것조차 알 수 없다. 유머가 이렇게 주관성으로 만들어지기 때문에 발화자의 말을 예측하기가 무척 곤란한 것이다.

02 풍자

상대를 비꼬거나 골탕을 먹이려면 풍자를 사용한다

풍자는 대상에 대한 강력한 부정에 그 바탕을 두고 있다. 유머가 저변에 자기 부정을 포함한 인간에 대한 온정과 이해를 바탕으로 하여 높은 긍정을 발견하는 웃음이라면, 풍자는 부정하는 대상 속에 자기를 포함시키지 않는 부정 그대로의 웃음이다.

그러므로 풍자는 대상을 비평하는 과정에서 부수적으로 발생하는 웃음이며 '웃음' 그것이 목적이 아니다. 또한 풍자는 오직 악행이나 우행을 폭로하고 깎아내리는 목적을 위해 사용할 때만 풍자가 될 수 있다. 한마디로 풍자는 인간의 제도나 인류가 개선되도록 비평 태도에 유머와 위트를 혼합한 문학 양식이다. 풍자가 실효를 거두려면 언제나 현재 위치에 한정되어 있어야 한다. 과거를 풍자한 것은 맥이 빠지고 미래의 풍자는 공상에 그치기 때문이다.

구조 조정으로 생긴 일

방호원을 자르기는 곤란하여 운전수로 전직시켜 구조 조정했다. 직업의 속성이나 직원의 능력을 전혀 고려하지 않고 그야말로 숫자놀음으로 구조 조정을 한 것이다.

어느 날 회사에서 야유회를 속리산으로 가게 됐다. 길이 꼬불꼬불하고 울퉁불퉁한 속리산길은 험하기로 소문이 나서 운전 능력이 웬만한 사람도 핸들을 잡으면 등줄기에서 땀이 나는 코스다.

운전수는 조심조심 운전을 했지만 그만 커브길에서 잘못하여 차가 낭떠러지에 처박히고 말았다. 차는 순식간에 휴지 조각처럼 꼬깃꼬깃 찌그러졌다. 부상당한 승객은 있었지만 다행히 사망자는 없었다. 아래는 직접 구조 조정 작업을 한 과장이 운전수를 면회간 풍경이다.

과장 : 천우신조야, 이 정도인 것이.

운전수 : 과장님, 운전도 전문가가 해야 한다는 것을 이제 알았습니다!

과장 : 무슨 말을 하려고 하지?

운전수 : 네, 제가 사고를 내자 염라대왕이 제일 먼저 지옥에서 버선발로 뛰쳐나오면서 반기더라고요. 그러더니 어느 누구도 죽지 않자 나 같은 풋내기는 지옥에서는 쓸모가 없다고 염라대왕이 화를 버럭 내며 문전박대하여 이렇게 병실에 있게 되었습니다. 결국 저는 지옥에서 쓸모없는 사람이 되었고 방호원에서도 쓸모없는 사람이 된 셈이지요. 구조 조정 1호는 어디든지 갈 곳이 없는 신세란 말입니다.

사고를 내서 미안하고 어쩔 줄 몰라할 줄 알았는데 버스 안의 사람들은 다 살아났고 자기도 안전하다 보니 여유를 갖고 농담을 한 것이다.

그러면서 지옥에 있지 않고 살아남아 병실에 있게 된 경위를 누가 묻지도 않았는데 이렇게 느긋한 마음으로 말하고 있다.

곰이 뭐래?

두 친구가 산길을 가다가 곰을 만났다. 한 친구는 잽싸게 도망을 가 나무 위에 숨었다. 나머지 한 친구는 그럴 겨를이 없어 땅바닥에 납작 엎드려 죽은 사람의 흉내를 냈다. 곰은 죽은 사람을 해치지 않는다는 것을 알았기 때문이었다. 곰은 엎드린 친구의 몸을 냄새 맡고는 사라졌다. 나무에서 내려온 친구가 그 친구에게 물었다.

"곰이 무슨 말을 하는 것 같던데, 뭐래?"

그 친구는 이야기했다.

"위급할 때 혼자 도망가는 친구하고는 사귀지 말래."

위 예화는 두 가지 뜻이 함축되어 있다.

하나는 평소 친한 친구가 위기 상황에서 본색을 드러냈다. 의리도 없이 비겁하게 자기만 살 궁리를 한 것이다. 이런 친구는 친구가 아니기 때문에 단호하게 절교하려는 것 같다. 그리하여 기지를 발휘하여 절교하는 장면으로 볼 수 있다.

다음으로, 친구는 비겁하지만 그 비겁을 비꼬는 장면으로 볼 수 있다. 앞으로 그런 행동을 하지 말라는 뜻을 갖고 있다. 이것은 비꼬는 것으로 풍자의 종류에 속한다.

교회의 생산성은 맑은 영혼을 갖게 하는 것

신자 : 최근 우리 교회의 신자수가 급등한 것을 보니 무척 경하할 일이라고 봅니다. 모두 목사님의 노력이 아닌가 생각합니다.

목사 : 모르시는 말씀 마십시오. 제 힘이 아니고 사회가 거짓말이 난무하다보니 넌덜머리가 나서 도피처인 교회로 교회로 오는 것 같습니다. 사회에서 너무 괴로우니 지푸라기라도 잡고 싶은 마음으로 위안을 받으러 오는 것입니다.

신자 : 목사님! 목사님께서는 어떤 나라가 살기 좋은 나라입니까?

목사 : 사람이 사람을 좋아하는 사회가 아닐까요?

신자 : 그래요? 저는 쓰고 싶을 때 마음대로 쓰고 실력 발휘할 때 유감없이 실력 발휘하는 나라라고 보는데요.

목사 : 그것도 한 요인은 되겠지요. 그러나 그것보다 더 중요한 것은 한마디로 말해서 권력자나 가진 자가 거짓말 안 하는 사회라야 합니다.

신자 : 정직하지 못한 것이 왜 사람을 싫어하게 되지요?

목사 : 거짓말은 생산성을 떨어뜨리고 불안을 가중시키며 항상 후유증이 있습니다. 그래서 양심가나 정직한 자는 도道로 움직이기 때문에 갈등과 고민을 하게 됩니다. 그래 견디다 견디다 못 하면 희망이 없기 때문에 나라를 버리고 외국으로 달아나지요.

신자 : 그렇다면 우리 교회는 분명 희망이 있다고 봅니다. 목사님이 말씀하신 대로 양심가와 정직한 자가 갈등을 느껴 모두 우리 교회로 왔으니까 생산성이 엄청나게 높아지리라 봅니다. 으핫핫하!

목사 : 그런가요? 그러나 그 생산성은 물질이어서는 안 됩니다. 오로지 맑은 영혼으로 빛나야 합니다. 교회의 생산성은 정신이지요. 그것이 사회와 다른 점입니다.

신자 : 그런데 왜 교회는 날마다 커지고 화려해집니까? 그렇게 되면 신자들이 그 경비를 다 부담하게 되어 결국 교회에 나온 것을 후회하게 될 텐데…….

목사 : 그게 잘못되어 걱정이 됩니다. 교회는 아무 부담이 없이 마음 편하게 신앙을 갖게 하는 것이 주된 역할과 임무인데 그렇게 부담을 안겨 준다면 교회가 부정적으로 비쳐질까 봐 그게 걱정이 됩니다.

사회가 워낙 어지럽다 보니 양심가나 정직한 사람들이 교회로 오는 것은 잘한 일인데, 그들이 교회에 와서도 마음의 위안을 받지 못하고 갈등을 느끼게 만든다면 교회는 설자리가 없다.

교회의 생산성은 맑은 영혼을 갖게 하는 것인데 교회에 와서도 사회와 똑같은 모습을 본다면 위안처가 아니고 일시적인 피난처가 되어 버린다.

신자들이 즐겁게 만나고 거기서 위안을 받는 것이 무엇인가를 찾아야지, 외형이 화려하거나 감당할 수 없이 규모가 커서 그것이 다 신자들의 부담이 되어 돌아온다면 교회도 비난을 받을 수밖에 없는 것이다.

한국 어린아이의 울음이 다른 나라 어린아이의 울음보다 더 큰 이유

선생과 학생이 대화를 하고 있다.

선생 : 여러분! 한국에 태어난 것을 자랑스럽게 생각하세요. 2006년도 제1회 월드베이스볼클래식(WBC) 경기에서 이 조그마한 나라가 덩치 큰 미국을 완전 KO패 시켰는가 하면, 숙적 일본을 2번이나 이겼어요. 마지막 3차전 일본과의 경기에서는 좀 아쉬운 감은 있지만.

학생 : 선생님! 그렇게 자랑스런 우리나라인데 어째서 우리나라 어린이는 다른 나라 어린이보다 태어날 때 울음소리도 크고 한 번 울기 시작하면 도무지 그치지를 않으니 왜 그런가요?

선생 : 내 생각으로는 태어나자마자 빚 갚을 일을 생각하니 울음이 그치지 않는 게 아닐까요? 국민 1인당 외채가 무려 얼마더라? 마, 그래서 태어나는 것이 무섭고 살길을 생각하니 두려워서 그런 게 아니겠어요?

학생 : 그럼 조금 전의 얘기는요?

우리가 밤잠을 안 자고 연구하고 또 일하기 위해서 자다가도 일어나는 이유는 후배나 후손을 위해서다. 그런데 그들에게 희망을 심어 주지는 못할 망정 그들의 싹을 싹둑 자르는 그런 파렴치하고 몰지각한 사람이 있다면 반드시 응징하자.

조직을 갉아먹고 국민을 힘들게 하고 나라의 권위를 무참히 떨어뜨리는 사람이 있다면 이런 사람이야말로 지옥에 가기 전에 이승에서 옥석을 가려야 한다. 가을의 농부는 그런 일을 가리는 사람을 말하는 것이지, 씨를 뿌리고 가꾸기만 하는 사람은 아닌 것이다.

전쟁의 패배는 국부적이고 일시적이다. 그러나 경제 패배는 미래를 저당 잡히고 하는 일이라 신중에 신중을 기하며 할 일인 것이다. 따라서 빚을 지는 행위는 아무리 훌륭한 사업이라 하더라도 신세대들의 동의 없이는 어떤 일도 해서는 안 된다. 제도적 장치를 마련하여 절망의 늪에서 벗어나야 한다.

03 기지

난처한 입장이나 언어 유희 등에 사용한다

기지의 대상은 언어이다. 기지의 어원은 일정치 않으나 대체로 언어를 무기로 해서 적대자를 조소하려는 데서 출발했던 것인데 그 후 적대적이 아니라 언어 자체를 대상으로 골계화하여 즐거워하게 된 것이다. 기지는 희화하는 언어가 다면성을 갖는다. 주된 의미는 뒤에 숨어 있다가 상대가 미처 감지하지 못하는 방향으로부터 표면적인 의미가 사라지면서 갑자기 날카로운 공격의 화살이 되어 상대방을 급습하는 것이다. 그러므로 유머(협의)가 일종의 자연발생적 분위기에서 발생하는 것이라면 기지는 언어의 지성과 오성에서 창조되는 두뇌의 기교적인 빛과 같은 것이라고 할 수 있다.

이럴 때 감기에 걸릴 게 뭐람?

사자가 토끼를 잡아먹고 난 후 양과 늑대와 여우에게 차례로 물었다.
먼저 양에게 물었다.
"야, 내 입에서 무슨 냄새가 나는가 맡아보아라."
"냄새가 아주 고약한데요!"
그러자 사자는 양을 잡아먹고 말았다.
사자가 이번에는 늑대를 불러 똑같이 물었다.
"냄새는 무슨 냄새가 납니까? 전혀 나질 않습니다."
사자는 '웬 아부를 하느냐?' 라고 말하며 또 잡아먹고 말았다.
이제 사자는 여우를 불렀다.
약삭빠른 여우는 이렇게 말했다.
"아니, 하필이면 이럴 때 감기에 걸릴 게 뭐란 말입니까? 그래서 저는 지금 전혀 냄새를 맡을 수 없답니다."(차종환 : 170)

감기에 걸렸으니 냄새를 맡지 못하는 것은 당연한 일이다.

결코 마음에 없는 말을 한 게 아니고 바른말이면서도 들을 수 있는 말일 때, 아무리 횡포가 심하고 교만한 권력자라도 어떻게 할 도리가 없다.

힘이 없고 가진 게 없다고 일방적으로 당하지 말고 슬기와 지혜를 발휘하여 자기 모습을 보이는 것이 중요하다. 비굴하게 처신하고 비겁하게 사는 사람들은 이 예화를 통해서 이제까지 자신이 살아온 모습을 반성할 필요가 있지 않을까?

인간이 신을 심판한 일화

어떤 사람이 자손이 잘 되길 빌어 절에다 전답을 있는 대로 다 바쳤다. 그러나 기다려 보아도 잘 되기는커녕 갈수록 형편만 나빠지므로, 후손이 중을 상대로 관가에다 송사를 제기했다. 그런데 어떻게 된 일인지 몇 해가 가도 도무지 판결이 나지 않았다. 내가 옳거니 네가 그르거니 서로 다툼질만 하고 있는 사이에 이 소문은 마침내 임금의 귀에까지 들어갔다. 임금은 친히 백성과 중을 불러 판결을 해 주는데,

"너희들은 그렇게 시비할 것이 없다. 생각해 보아라, 백성이 부처에게 논밭을 시주할 적에는 복을 얻고자 함이 아니었겠나! 그런데 부처가 영검이 없어서 그렇게 되었던지 어쨌건 자손이 빈한해졌으니 전답은 본 주인에게 돌려 주고 복은 부처님에게 도로 돌려 주면 될 게 아니냐!"(이주홍 : 197)

인간이 신이라 할 수 있는 성인聖人을 심판한 예화이다. 이러기 때문에 생활에서 유머가 필요한 것이다. 즉 부처님이 계약 위반을 했다고 본 것이다. 그리하여 반환청구소송을 한 예화이다.

여기서 복은 재복이나 돈복을 말한다. 시주를 할 때는 재복을 받든지 돈복을 받든지 둘 중의 하나를 받아야 한다. 그런데 생활은 나아지는 게 전혀 없고 갈수록 어려워지고 보니 시주한 게 후회되어 그것을 돌려받고자 한 것이다.

부처님은 시주를 받았으면 신도의 생활을 살펴야 한다. 그러나 부처님이 무지했는지 게을렀는지, 고집불통이어서 남의 말을 안 들었는지 여하튼 신도의 생활은 어려움에서 벗어날 수 없었다. 자연 화가 치미는 일일 것이다.

이런 일은 인간사에서도 많이 볼 수 있다. 국회의원이나 대통령을 뽑으면 그들이 국민을 위하여 밤잠을 안 자고 열심히 일해야 한다. 관청에 밤 12시, 01시까지 불이 켜져 있어야 한다.

그리고 TV나 신문지상에서 보게 되면 국사일로 얼굴이 수척해 있어야 정상이다. 그런데 얼굴에 기름이 좔좔 흐르고 볼에 덕지덕지 붙은 살은 잡아먹기 딱 좋은 돼지상을 하고 있다.

이러니 국민 생활은 어렵게 되어 있고 희망이 보이지를 않는 것이다. 국민이 일 잘하라고 준 감투, 높은 월급을 누군가가 이렇게 심판하는 의로운 사람이 나와야 한다.

이것은 비단 우리나라만의 문제가 아니다. 시대와 종족과 지역을 초월하여 세계 모든 나라에 공통된 일이다. 부처도 잘못한 일이 있을 때 판단해 줄 수 있는 의인이 있는 세상은 살맛나는 세상이 되는 것이다.

04 아이러니

이율배반적인 언행이나 불합리한 경우는 아이러니를 사용한다

아이러니[反語法, irony]는 말해진 것과(what is said) 의미된 것(what is meant) 사이의 긴장 또는 상충을 포함하며, 이 긴장은 사소한 차이가 아니라 진정한 대조이다.

한 달 동안이나 만나지 못했던 절친한 친구가 어깨를 치면서 '야, 이 암캐야, 어떻게 지냈어?' 라고 말할 때 상대방은 조금도 화를 내지 않는다. 그는 친구가 진정으로 자기의 조상이 개라고 말하지 않는다는 것을 알고 있기 때문이다.

흔히 아이러니의 어조는 한층 더 신랄하다. '야 신난다, 또 시금치군.' 하고 말하는 뾰로통한 아이는 신랄하게 비꼬고 있는 것이다. 그가 의미하는 뜻은 '야 신난다.' 가 아니라 '야 신 안 난다.' 이다.

한 소매치기가 다른 자들의 주머니를 소매치기하는데 열중해 있는 동안 자신의 주머니를 소매치기 당하는 장면을 우리들은 아이러니하다고 표현한다.

밍크 코트의 사연

사내와 간통하다가 밍크 코트를 선물로 받은 여인이 있었다. 좋아서 죽을 지경이었지만 집에 입고 들어갈 수는 없었다. 가짜로 통할 물건도 아니었기 때문이다. 할 수 없이 지하철 수화물 취급소에 맡기고 집에 돌아와 남편에게 말했다.

"저, 오늘 땅바닥에서 이런 쪽지를 주웠어요. 수화물 찾는 쪽지인가 보지요?"

"어디 봐, 내가 찾아오지."

남편은 그 길로 지하철에 가서 코트를 찾은 다음 자기와 몰래 정을 통하고 있던 여인에게 선물했다. 그리고 집에 돌아와 아내한테 낡은 우산 하나를 내밀며 말했다.

"그 쪽지는 이런 시시한 걸 맡긴 거더군."

아내는 남편을 속이려 했지만 남편은 한술 더 떠서 오히려 아내에게 피해를 입혔다. 아내는 자기 꾀에 자기가 넘어간 아이러니 현상이 생긴 것이다.

아내는 설마 남편이 남편의 애인에게 선물할 줄은 꿈 속에서도 생각하지 못했을 것이다. 결국 밍크 코트는 가장 미워해야 할 남편의 애인을 위해 아내가 간통까지 했다는 어처구니없는 일이 되어버린 것이다.

한 할머니가 백화점에 들어섰다. 그 순간 갑자기 음악과 박수 소리가 울려 퍼지며 사람들이 할머니를 에워싸기 시작했다.

잠시 후 사장인 듯한 사람이 할머니의 손을 잡으며,

"축하합니다. 할머니는 저희 백화점을 찾아 주신 1백만 번째 고객이십니다. 자! 오늘 어떤 물건을 사러 오셨는지 말씀해 주시겠습니까?"

"난 어제 사간 물건을 물리러 왔어요!"

회사 행사는 판매 촉진을 위한 행사이다. 그리하여 1백만 번 이상의 손님을 유치하기 위해서 1백만 번째에 경품을 걸은 것이다. 결코 반품이나 받자고 1백만 번째에 그 값나가는 상품을 걸은 것은 아니다. 그러나 눈앞에 현실은 아이러니하게도 반품 행사가 된 꼴이 되었다.

chapter 7

실전에서 유리한 방법 찾기

일선 교육 현장에서 유머를 적용하는 방법을 안다면 훨씬 유익하고 재미있는 강의가 된다. 그리고 국회나 직장 등 생활 전선에서 난처한 입장이 되거나 모면할 수 없는 수모를 당하는 위기가 생겼을 경우, 유머를 알면 우리는 결코 당황하지 않고서 쉽게 문제를 해결할 수 있다.
왜 그런가? 유머에는 웃음 이외에 지혜, 슬기, 비꼼 등 다의적인 개념들이 포함되어 있기 때문이다. 남을 비난하거나, 뾰로통하거나, 어둡고 소극적인 사고 방식으로 사는 사람은 결코 마음의 여유가 없기 때문에 웃을 수 없다.
실수는 누구나 할 수 있다고 생각하고 용서하는 마음, 비가 내리면 이제 곧 개인 하늘도 볼 수 있다고 생각하는 느긋한 마음, 불황을 호황의 출발이라고 생각하고 희망을 잃지 않는 건설적인 마음, 이런 마음에서 비로소 웃음이 생겨나고 지혜가 생겨나는 것이다.
(에가와 히로시 지음 / 임은경 옮김 : 75)

초등학교 근처도 안 간 사람이 탁월하게 문제를 해결하는가 하면 대학을 나오고 석 · 박사를 하고 그것도 모자라 유학까지 갔다온 사람이 어느 날 쇠고랑을 차는 경우를 신문지상이나 방송 매체를 통해서 본 적이 있을 것이다.

왜 이런 현상이 생기는 것일까?

한마디로 유머가 없기 때문에 발생한 소치다. 즉, 지식은 많아도 지혜가 없기 때문이다. 지식과 지혜는 엄연히 다르다.

이 장에서는 지혜를 습득하는 방법과, 부딪친 현안 문제나 위기를 어떻게 극복할 것인가를 연구하기로 한다.

위기의 순간을 극복하려면 어떻게 할 것인가?

01 연역법에 의한 위기 관리

연역법이란 '일반적인 원리에서 논리의 절차를 밟아 특수 원리를 이끌어 내는 방법' 이다. 그러므로 유머 또한 새로운 말장난이나 궤변이 아닌 일상의 생활 속에서 일어나는 일들을 시기 적절하게 활용할 때 그 빛을 발하는 것이다.

공격자가 무리한 명령 또는 험담이나 모함으로 인신 공격을 할 경우에, 그 공격이나 험담이 거짓말이라든지 날조된 것이라고 증명하면 공격자의 공격을 무참히 깔아뭉갤 수 있다. 이때 증명은 역사적 사실이라든지 공격자와 마찬가지로 전혀 근거가 없는 사실 등을 끌어들여 방어하면 공격의 예봉을 쉽게 꺾을 수 있다.

유머에서 공격은 대개가 연역법으로 이뤄진다. 이것은 공격자가 없는 사실을 만들어 내거나 방어자를 무시하는 언동이 많기 때문이다.

따라서 방어자는 이점에 착안하여 공격을 당했을 경우 결코 당황하지 말고 침착하게 여유를 갖고 그 공격의 부당성을 일상 생활에서 나타나는 증거나 자료 또는 증인을 내세워 입증하면 멋진 방어를 할 수 있다.

A 그가 연설 중 어느 한 사람이 야유하여 말하되,
"링컨 군! 그대는 이전에는 더러운 의복을 입고 벗은 발로 소를 몰면서 '일리노이 주'에 거주했다는 말을 들었는데 사실인가요?"
라고 비웃었다. 이로 인해 청중은 따라 웃어 「링컨」의 웅변도 잠시 동안 들을 수가 없이 소란해졌다. 그러나 「링컨」은 실망하지 않고 태연스럽게 말했다.

B "과연 그렇소. 만약 증인이 필요하다면 어느 분에게 부탁해서라도 그 사실을 증명하겠소. 그렇지만 그 증인은 어떤 분인지 지금 질문한 분보다는 지각도 있고 분수가 있는 똑똑한 사람인 줄을 여러분이 아실 것입니다."

공격(사실)

링컨은 과거에 더러운 옷을 입고 맨발로 소를 모는 천한 일을 했다.

방어(결론)

증인은 공격자보다 확실히 더 똑똑하고 분수 있는 사람이기 때문에 공격자의 사실 비난은 공격자처럼 결코 말하지 않는다.

방어 전략

똑같은 사실을 두 사람이 목격했다면 증인과 공격자는 어떻게 다른가? 여기에 초점을 맞춰 증인을 끌어들여 논리를 전개하는 것으로 방향을 세웠다.

여기서 상대를 무참히 깔아뭉개려면 공격자보다 훨씬 우위의 사물이나 사람과 비교한다. 독설을 하려면 이렇게 적용하는 것이 좋고 그렇지 않고 단순히 위기 탈출이라면 가볍게 응대하는 정도가 좋다. 그러나 응대의 정도가 약하면 자칫 썰렁한 분위기가 될 수 있다는 것을 유의해야 할 것이다.

이 예화에서는 증인을 공격자보다 더 똑똑한 인물로 설정했다. 이것은 증인이 공격자보다 높은 수준의 사람이어야 한다. 그래야 증인이 공격하는 사람을 내려다보기 때문에 하찮고 시원찮은 왜소한 사람이 되어 통쾌한 복수를 할 수 있다. 즉 왜소하고 초라한 사람이 과거 사실을 거론하지, 지각 있는 사람은 결코 거론하지 않는다는 것을 입증하는 것이다.

증 명

지각 있고 분수가 있으면 과거 사실을 문제삼지 않는다.

공격자는 아무것이나 문제삼는다.

증인은 지각 있고 분수가 있어 가려서 문제삼는다.

결론

지각 있고 분수가 있는 사람은 결코 과거 사실을 거론하지 않는 법이다. 설사 거론한다 해도 증인은 똑똑하기 때문에 링컨에 대한 불우한 과거 사실을 오히려 가상히 여기고 칭찬하면 했지 당신처럼 비난하거나 음해하지 않는다.

해설

덜떨어진 사람이나 남의 아픈 과거 사실을 들춰내지 똑똑한 사람이라면 결코 남의 아픈 과거 사실을 들춰내지 않는다는 것을 강하게 전달하고 있다.

나의 단점 지적을 일단 인정한 후, 단점을 지적한 상대는 일반 사람이 생각하는 정도의 수준에도 못 미치는 사람이 아니냐고 되묻는 것이다. 즉 구구한 변명을 하지 않고 「일단 상대방이 지적한 비난을 인정한다.」 그러나 「상대의 지적이 잘못 되었다.」「얼마나 잘못 되었느냐 하면 일반 보통사람 수준 이하다.」 이 대목이 유머의 핵심이다.

상황 1

예, 사실입니다. 그런데 더 중요한 한 가지 사실을 빠뜨린 게 있어 말씀드리겠습니다. 그때 저는 집안이 가난하여 농장일을 보았는데 글쎄 그 농장 주인이 워낙 인심이 사나워 신발과 양말도 안 줘 할 수 없이 맨발로 일했습니다. 그 주인이 유감스럽게도 바로 당신 아버지였습니다.

상황 2

신사숙녀 여러분! 공격자의 말은 하나도 틀림이 없는 사실입니다. 공격자의 말씀대로 저는 더러운 의복과 맨발로 농장일을 했습니다. 그런데 한 가지 사실을 공격자가 미처 모르셔서 말씀 안 하신 것 같은데 이 외에도 또 한 가지가 있습니다. 그렇게 죽도록 일을 부려먹은 것까지는 저는 참을 수 있었습니다. 그러나 죽도록 일을 부려먹고 나서 소를 팔게 되었는데 여기서 놀라운 사실 하나를 말씀드리고자 합니다. 즉 소에게 잔뜩 물을 먹여 팔았다는 사실을 부연하여 말씀드립니다. 그 주인이 유감스럽게도 공격자의 아버지였습니다.

02 귀납법에 의한 위기 관리

귀납법이란 개개의 구체적 사실로부터 일반적인 명제 및 법칙을 유도해 내는 방법이다. 귀납법을 활용하면 조금은 궤변 같을 수 있으나 훌륭한 공격과 방어가 된다.

귀납법에서도 공격을 받았을 경우 그 논증의 형식은 연역법과 같다. 다만 전자는 경험이나 사실 등에서 공통된 사항을 도출하여 공격자의 예봉을 꺾는 점에서 차이가 있다.

즉 연역법에서는 공격자의 공격이 가상이라 보기 때문에 가설로 보고 그것을 논증하는 과정에서 온갖 방법으로 증명하여 공격자를 코너에 몰아넣는다. 그러나 귀납법은 그 공격이 사실로 보고, 또 가설이 아니라 주장이나 사실이기 때문에 전제가 있어야 하고 또 제3자나 목격자가 인정하면 그것은 확고한 증명이 된다.

이때 목격자나 제3자의 말이 계획적으로 말을 맞추지 않고 여러 사람이 진술한다면 방어자가 주장한 것은 사실로 수용해야 한다.

어떤 장소에서 자치의 정신을 주장하는 연설을 했다.

로이드 : 자치는 인간의 궁극적 목적이다. 「영국은 영국의 자치를 바라며」, 「스코틀랜드는 스코틀랜드의 자치를 희망하며」, 「아일랜드는 아일랜드의 자치를 생각하며」, 「웰스는 웰스의 자치를 원한다.」

이 말을 듣던 청중 한 사람이 다음과 같이 야유했다.

청중 : 지옥은 지옥의 자치를 원할 것이다.

로이드 : 과연 그렇소, 참 좋은 말이오. 모든 사람은 자기 조국을 위해 그렇게 부르짖어야 할 것이오.

스코틀랜드, 웰스, 지옥 등은 모두 개개의 사실이다. 비록 지옥이라 해도 그 개개의 것이 사실이므로 자기 조국의 자치를 원한다는 로이드의 주장은 설득력을 얻는다. 여기서 공격자는 청중이고 방어자는 로이드이다.

청중 공격(주장)

지옥은 지옥의 자치를 원한다.

로이드 방어(결론)

각자의 자기 조국에 맞는 자치를 원한다.

방어 전략

나라의 실정에 따라 자치도 다르다는 점에 착안하여 지옥의 자치를 말하는 공격자에게 일격을 가하는 방법으로 '자기 조국'을 끌어들여 관련시켰다. 그런 후 그 공격자가 원하는 국가는 불행한 국가라는 것으로 인식시켰다.

증 명

영국은 영국의 자치를 원한다.

스코틀랜드는 스코틀랜드의 자치를 원한다.

아일랜드는 아일랜드의 자치를 원한다.

웰스는 웰스의 자치를 원한다.

지옥은 지옥의 자치를 원한다.

결 론

각자의 나라에서는 자신들이 원하는 자치를 한다.

따라서 지옥의 자치를 원하는 사람은 지방자치를 원하는 사람보다 훨씬 불행하다.

해 설

공격자의 공격에 방어자는 그냥 넘어갈 수 없다. 논점 회피를 해야 한다. 생각한 것에 답변을 하되 이 역시 싫은 답변이다. 논점을 회피하는 방법으로 상대의 야유를 일단 인정했다.

그리하여 의도적인 논점 일탈 형식을 취했다. 즉 공격자의 공격은 '자치가 무슨 말라빠진 자치냐? 지금 주민들은 실망에 빠져 엉망인데 그래도 자치냐? 정국은 글자 그대로 지옥이다.' 이 뜻으로 말한 것이다.

그리하여 지옥은 지옥의 자치를 원한다고 말한 것이다. 그런데 방어자는 슬쩍 딴전을 피웠다. 의도적으로 공격자의 공격을 슬쩍 피하는 방법을 택해서 논점 일탈을 한 것이다.

다음은 공격자가 방어자에게 '자치를 하고 있는 지금 지옥의 자치를 하고 있다.'는 것을 말했다. 그런데 여기서 방어자는 물귀신 작전을 펴서 얼른 '관련'을 찾아 공격자를 지옥 사람으로 만들었다. '자기 조국'이 바로 그것이다.

방어자는 공격자의 비수를 빼앗아 오히려 공격자의 목에 꽂은 상황으로 만들었다. 이렇게 되어 공격자는 자기 덫에 자기가 걸려든 꼴이 된 것이다.

방어자는 아래와 같이 대응할 수도 있다.

상황 1

맞습니다. 천당 사람은 천당의 자치를 원하고, 지옥 사람은 지옥의 자치를 원합니다.

혹, 천당행 표를 얻고 싶다면 저에게 부탁하십시오. 언제라도 구해 드리겠습니다.

상황 2

그렇습니다. 혹 지옥이 살기 싫어 도움 받을 사람이 있으시면 저를 불러 주십시오. 언제라도 달려가 지옥의 늪에서 꺼내드릴 준비가 되어 있습니다.

에—, 여러분! 이 비암을 잡수세요. 이것으로 말할 것 같으면…… 새벽이 되어도 힘없는 사람, 마누라한테 달달달달 밤이나 낮이나 볶이는 사람, 돈 벌어서 뭐합니까? 출세해서 뭐합니까?

조금만 높은 계단을 올라가도 다리가 후들후들 떨리고, 남산 팔각정에서 서울을 내려다보면 숨이 턱에 닿고, 시내가 노란 물이 척 깔린 채 이리 기우뚱 저리 기우뚱하는 사람…… 잡수세요.

내가 여기서 몇 년을 하면서 여러 사람에게 복된 말씀을 전해 주었다 해서 높은 분들한테서 감사장도 받은 사람입니다. 나 그냥 비아미장수가 아닙니다. 국민건강증진본부에서 특별히 나온 본인은 ……만병통치약 비암을 소개합니다. 물뱀, 능구렁이, 독사, 살모사, 흑질, 백질, 백사, 홍사, 까치독사, 긴 것, 짧은 것, 가는 것, 굵은 것, 누런 것, 초록인 것, 점 있는 것, 발 있는 것, 발 없는 것, 대가리가 하나인 것, 둘인 것, 혀를 낼름거리는 것, 안 그런 것, 약이 되는 것, 안 되는 것…….

자! 뱀, 비암, 비아미… 비아미를 잡수세요. 이것으로 말할 것 같으면 … 하여간 정력에 좋습니다. 그럼 이렇게 좋은 뱀이 얼마냐? 10만 원.

10만 원 다 받느냐?

뚝 잘라서 5만 원, 5만 원 다 받느냐?

뚝 잘라서 2만 원, 2만원 다 받느냐?

뚝 잘라서 단돈 1만 원, 단돈 1만 원!

그것도 다 받느냐, 그것도 비싸다.

5천 원! 5천 원이면 칼국수 한 그릇값! 칼국수 한 그릇 먹지 말고 오늘 밤 비암을 사다 푹 삶아서 고아 잡수세요. 마누라가 이뻐 보이고 남편이 이뻐 보입니다.

결론(약장수의 주장)

뱀은 만병통치약이다.

증 명

· 새벽이 되어도 힘이 없는 사람이 먹으면 효험이 있다.
· 정력이 부족한 사람이 먹으면 효험이 있다.
· 숨이 턱에 차는 사람이 먹으면 역시 효험이 있다.
· 이런 사람들을 고쳐 주다 보니 높은 분들로부터 감사장을 받았다. 이것은 약의 효험을 증명하고 있는 것이다.
· 또, 국민건강증진본부에서 특별히 나왔다. — 뱀장수는 믿을 만한 사람이다. 국가가 공인한 사람이다. 자격증을 소지한 사람이라고 보아도 좋다.
· 보기 싫은 마누라도 남편도 다 이뻐 보인다.
· 칼국수 한 그릇값도 안 되게 엄청나게 싸다.

관중 결론

뱀은 만병통치약인데 값도 엄청나게 싸니 모처럼의 좋은 기회를 놓칠 수 없으니 하나 사야겠구먼!!!

"골라 골라 막 골라, 1천 원에 2장, 세상에 가장 좋은 남싸롱 물건."
"아저씨, 아줌마, 아가씨, 그냥 가면 섭섭해. 한 보따리 몽땅 1천 원."
"날이면 날마다 오는 것이 아닙니다. 그냥 가면 평생 후회, 순간의 선택이 평생을 좌우합니다. 자! 한번 보고 가세요."(김주수 : 32)

결론(물건 파는 사람의 주장)

제일 좋은 남싸롱 물건 사면 후회가 없다.

증 명

· 세상에서 남싸롱 물건이 제일 좋다.
· 한 보따리 1천 원이다. — 얼마나 싸냐?
· 안 사면 평생 후회된다.
· 순간의 선택이 평생을 좌우한다.
· 지금 이 순간은 선택해야 한다.

관중 결론

이렇게 싼 물건을 지금 놓치면 후회되니 사자.

해설

강렬하게 사고 싶은 욕구 충동이 뱀장수 약처럼 안 일어난다.

왜 그럴까? 물건이 좋다는 것을 소비자에게 증명하지 못하여 신뢰가 바로 생기지 않기 때문인 것이다. 파는 사람은 소비자에게 구매 충동을 일으켜야 하는데 그것이 부족하다.

서로 주고받는 말 중에는 우호적인 경우도 있지만 적대적인 험악한 경우도 있다. 이때 공격자가 악의를 품고 의도적으로 공격할 경우 이에 대한 방어 자세가 문제가 된다.

일반적으로 공격은 연역법으로 방어하는 것이 주류를 이루고 있으나, 예외적으로 귀납법도 사용된다는 것을 보여 주는 예화이다.

맥밀란이 수상직에 있을 때 하원의 회의장에서 만난 야당의 새 당수 윌슨에게,
"오래 오래 사셔서 야당 당수라는 자리를 되도록 오래 즐기시기 바랍니다."
라고 놀려댔다. 그러자 윌슨이 이렇게 응수했다.
"당신이 앉아 있는 자리가 좀더 따뜻해질 때까지 이 자리에 앉아 있지요."
그 말 한마디에 회의장은 웃음소리와 박수로 떠들썩했다.

공격자 주장

야당 당수를 오래 즐겨라.(악담)

방어자 인정(수용)

당신 말대로 그렇게 하겠다.(일단 공격자의 말 수용)

(전제 또는 조건) 그 말을 수행하려면

야당 당수 자리를 즐기려 하는데 그 기간은 수상이 썰렁한 수상 자리를 따뜻하게 만들 때까지이다.

공격자가 일방적으로 단언하는 말은 대개가 귀납법이다. 왜냐하면 공격자의 주장은 필연적으로 그렇게 되기를 원하고 있기 때문이다. 여기에 대해 방어자는 그런 결론이 참이 되려면 전제가 있어야 한다고 주장하여 자기 주장의 정당성을 피력할 필요가 있다.

따라서 귀납법의 방어는 전제가 참이 되는 것을 찾으면 쉽게 방어할 수 있다.

해설

정치인의 목적은 집권이다. 그런데 집권당의 수상이 야당 당수에게 당수 자리를 오래 즐기라는 말처럼 모욕적이고 분통 터지는 일은 없다. 그렇지만 윌슨은 비아냥거리고 능글거리는 공격자에게 일격을 가했다. 공격자의 말을 일단 수용하고 나서 바로 공격자의 허점을 찾은 것이다.

일단 공격자의 말이 옳다고 보고 방어자는 야당 당수를 즐기려는 생각인데 공격자가 수상 자리를 따뜻하게 만들 때까지만 야당 당수를 하겠다고 했다. 이리하여 결과론적으로 말하면 공격자는 졸지에 야당 당수를 위해서 수상 자리를 따뜻하게 만들고 있는 관리인이 된 셈이다.

관중은 공격자의 난데없는 공격에 잔뜩 긴장되어 방어자의 태도를 주목하고 있다가 방어자가 너무나도 가볍게 그 위기에서 빠져나가는 것을 보고 긴장감에서 해방되어 웃음이 된 것이다.

이같이 공격자가 공격을 할 때는 아래와 같은 단계를 생각하고 방어 자세를 갖추면 누구나 쉽게 위기 탈출을 할 수 있다.

첫째, 공격자가 공격하는 점을(야당 당수를 오래하는 것 — 이것은 집권 능력을 국민에게 인정받지 못했다거나 상대적으로 집권자가 탁월한 능력이 있을 때 생긴다) 방어자는 솔직히 인정한다. 방어자는 공격자의 공격 명분을 충분히 인정하는 것이다.

둘째, 방어자가 당한 점을 공격자에게서 어떻게든 찾는다. 소위 물귀신 작전을 편다. 여기서는 공격자가 방어자의 자리를 가지고 얘기했기 때문에 '야당 당수 자리'에 상응한 '수상 자리'를 거론했다. '눈에는 눈'으로 대응한 것이다.

셋째, 수상은 수상 근무 기간이 있고 야당 당수는 야당 당수의 근무 기간이 있다. 결코 나는 수상이 되려고 서두르지 않는다. 그 기간이 언제 될지 모르지만…….

넷째, 따라서 맥밀란 당신은 윌슨인 내가 수상 자리를 비켜달라고 하면 언제든지 비켜 줘야 한다. 당신은 선점한 것뿐이지 결코 당신 자리가 아니라는 것을 분명 알아야 한다.

다섯째, 비록 이렇게 말은 안 했지만 말의 내용에 이런 뜻이 내포되어 있어 공격자는 졸지에 초라한 자가 되었다. 공격자를 더욱 초라하게 만든 것은 수상 자리를 따뜻하게 만들 때까지 기다리겠다는 대목이다.

여섯째, 결론적으로 맥밀란은 윌슨이 앉아서 차가운 것을 느끼지 않도록 자리를 따뜻하게 만드는, 윌슨을 시중드는 관리자가 된 것이다.

03 변증법에 의한 위기 관리

변증법이란 협상이나 타협 등에 사용되는 논증 수단이다.
사전적 정의로는 ① 문답에 의해 진리에 도달하는 방법 ② 사유, 정신에서는 즉자卽者가 스스로의 발전에 의해 그 자신 속에 그 자신을 부정하는 대자對自를 낳고 다시 이 모순을 지양함으로써 새로운 통일을 얻는다고 했음. 이 세 가지 곧 즉자, 대자, 새로운 통일을 변증법의 3계기라 함. 또한 유물 변증법에서는 객관적 실재의 발전 법칙을 말한다.
쉽게 말해서 한식을 먹고 싶다고 우기는 아이와 양식을 먹고 싶다는 아이를 백화점 식당으로 데려가서 싸움을 피하는 것과 같다. 정→반→합, 백색→흑색→회색의 전개를 하는 것이다.(박준수 : 21)

변증법이란 두 가지 모순을 해결하는 문제 해결의 방법이다. 협상이나 상담에서 많이 사용된다. 변증법은 계속적인 발전을 할 수 있으므로 늘 새로운 논리를 탄생시킬 수 있는 장점이 있다.

골퍼들이 신는 골프화를 가지고 얘기할 때 골프화는,

정 : 골프화는 첫째 튼튼해야 한다.
반 : 골프화는 가벼워야 한다.
합 : 튼튼하면서 가벼운 세라믹제 스파이크가 좋다.

여기서 두 가지 상반된 사안, 즉 튼튼한 것과 가벼운 것을 만족시키는 신소재 세라믹제 골프화가 좋다는 논리이다.

손님과 주인의 이해 관계가 상충되었을 때

(방어자 주인 입장에서) 공격자를 '붕' 띄우고 공격자 이외의 다른 사람을 관련시켜 깎아내린다

어떤 부인이 남편의 와이셔츠를 구입하여 깨끗하게 세탁을 해놓았다. 그런데 저녁에 집에 돌아온 남편은 그 와이셔츠가 마음에 들지 않는다고 했다. 할 수 없이 부인은 와이셔츠를 들고 가게로 찾아갔다.
"아직 이 옷을 한 번도 입지 않았는데…… 그래서 이 옷을 반품하려고 갖고 왔는데요."
그런데 점원이 그 옷을 자세히 보니 분명히 세탁한 흔적이 역력했다. 아무리 입지 않았어도 세탁한 옷을 반품으로 받아 줄 수 없는 노릇이었다. 하지만 현명한 점원은 흔히 하는 것처럼 '아줌마, 세탁한 옷은 반품이 안 됩니다.'라고 말하지 않았다.
"이를 어쩌나! 손님의 식구 중에서 누군가가 모르고 이 옷을 세탁한 것 같군요. 제 동생도 간혹 좋은 일 한답시고 저도 모르게 제 옷을 세탁소에 맡길 때가 있거든요. 손님도 아마 제 경우인 것 같네요. 이 옷은 이미 세탁을 해버렸네요. 이를 어떡하면 좋죠?"
"그래요."(황태호 : 228)

부인은 어쩔 수 없이 옷을 들고 나왔지만 그다지 불쾌하지 않았다. 사실은 부인의 실수가 큰데도 점원은 부인에게 함정에서 빠져나갈 길을 만들어 주었던 것이다.

증명

정 : 손님의 욕구 — 반품 요구 — 와이셔츠가 마음에 들지 않았다.
반 : 주인의 요구 — 반품 거절 — 손해보기 때문이다.
합 : 손님이 불쾌해 하지 않도록 직설적으로 얘기하지 않고 은근히 손님 자신의 실수를 인정하게 하면서 주인은 반품을 거절해 손해를 보지 않았다.

이때 손님의 실수를 다른 사람이 한 것처럼 만드는 기지는 이 문제의 해결책이다.

공격자가 한 번 입은 옷을 반품하러 왔으면 방어자 입장에서는 엄청나게 불쾌한 일이다. 그러나 불쾌한 내색을 드러내지 않고 공격자를 무안하지 않게 하기 위해서 상냥한 표정을 지으며, 공격자의 실수를 공격자가 아닌 다른 사람이 했다고 둘러댔다. 공격자의 행동이 결코 아니라고 '관련에서 분리'를 획책했다. 그러나 세탁한 행동은 누군가가 있어야 한다. 그리하여 생각한 것이 공격자의 식구를 끄집어들여 '관련'을 시킨 것이다.

이렇게 됨으로써 공격자는 무안에서 벗어날 수 있고 공격자는 방어자에게 그다지 나쁜 감정을 갖지 않게 되었다.

농부와 노인의 이해 관계가 상충되었을 때

추운 겨울날 양을 기르는 한 노인이 양을 쫓다가 양이 그만 남의 밭에 들어가게 되었다. 그러자 그 사실을 알게 된 농부가 분개하여 양 주인을 찾아갔다. 농부는 동네에서 글깨나 아는 사람을 찾아가 노인을 관청에 고발하겠다며 은 두 냥을 내놓고 고소장을 써달라고 부탁했다. 그런 후 농부는 고소장을 들고 바로 관청에 제출했다. 그 소문을 들은 노인도 농부에게 고소장을 써 준 사람을 찾아가 자기의 청을 들어 주면 양 한 마리를 사례로 드리겠다며 고소장을 부탁했다.

고소장을 써 준 사람은 한참 생각한 끝에 설날도 가까워졌는데 두 냥의 은전과 한 마리의 양을 붓 한 자루로 벌 수 있겠다 싶어서 양 기르는 노인에게도 고소장을 써 주었다.

현리가 두 사람의 고소장을 들여다보니 같은 필체로 씌어진 것으로 보아 한 사람이 써 준 것으로 짐작하고 두 사람에게 화해를 권했다.

농부의 고소장에는 이렇게 씌어져 있었다.

'엄동 섣달에 땅은 거친데 양이 보리를 뜯어먹으면 농부에게는 피를 빼앗는 것과 같다.'

그리고 노인의 고소장에는 이렇게 씌어져 있었다.

'섣달의 땅은 얼음과 같아 양이 보리를 뜯으면 밭고랑을 부토(흙이나 모래를 펴서 까는 일)하는 것과 같다.'

그래서 현감은 두 사람을 불러 화해시키는 길밖에 없었다.

(이상각 : 298)

증명

양의 행동은 농부의 피를 빼앗는 짓이다. — 농부에게는 손해되는 일이다.(정)

양의 행동은 농부의 밭고랑을 가는 짓이다. — 농부에게는 이득되는 일이다.(반)

농부는 피를 빼앗기지 않고 얼음을 부수는 일을 하여 부토질하는 결과를 낳으면 손해볼 일은 하나도 없다.(합)

고소장을 쓰는 사람의 입장에서는 모처럼의 돈벌 기회를 놓칠 수 없다. 양치는 노인이나 풀밭을 버린 농부에게나 둘 다 미안한 일이지만 어떻든 돈은 벌어야겠고 어느 한 쪽을 손들어 주면 양을 잃거나 은 두 냥을 잃게 되기 때문에 둘 다 돈버는 일을 택한 것이다.

모순을 내포한 고소장이 된 것이다.

만일 이 사실을 노인이나 농부가 알았다면 고소장 작성 비용을 도로 달라고 졸랐을 것이다. 그러나 이 사실은 까마득히 모른 채 고소장은 관청에 접수되었다.

더욱 엉터리인 것은 현리가 그 고소장을 보고 한 사람의 필체라는 것을 알았으면서도 화해를 시켰다는 대목에서 울분을 느낀다. 어떻게 현리라는 사람이 엉터리 고소장이라는 것을 알면서도 고소장 쓴 사람을 인정한 것일까? 아마도 그 시대도 역시 오늘날의 관리처럼 국민의 편에서 일하지 않고 떡고물을 보고 일하지 않았나 하는 의심이 간다.

chapter 8

신종 사업 — 유머 사업

오늘날 유머는 스트레스 해소를 비롯해 임상 치료까지 그 영역을 넓혀가고 있을 뿐 아니라, 범인을 신체 제약이나 인권 박탈 없이도 자연스럽게 해결할 수 있는 과학적 수사 방법의 길을 열어 놓았다.

유머 사용은 비단 여기에 그치지 않는다. 대화를 매끄럽게 전개하는 일이라든가 대화에서 실수나 곤경에 부딪쳤을 때 위기를 극복하는 방법 등 그 사용이 광범위하다.

특히 경영에서의 매출 신장을 위한 홍보 전략의 일환으로 사용되고 있으며, 애인 만드는 법과 애인 잊는 법을 제시하여 현대인에게 몸과 마음을 건강하게 보호하기도 한다. 그 외 행사문이나 연설문 작성에 유머 사용은 필수가 되고 있다. 이것은 단순히 지식이나 정보의 메시지 전달 차원이 아닌, 인성과 신성이 포함되어야 모든 일이 긍정적으로 비쳐지는 시대가 되어가고 있기 때문이다.

01 과학적 수사 방법

문에 난 어지러운 손자국을 본 어머니가 어린 아들을 꾸지람하며,
"얘야, 네 손이 언제 가야 깨끗해지겠니? 문짝 좀 봐라!"
아들이 억울하다는 듯이,
A "나는 항상 발로 문을 밀어내는데 내 손자국이라구요?"
라고 말했다.(김용 : 212)

문에 손자국 난 것을 언젠가 가족들에게 얘기해야겠다고 생각한 어머니가 아들을 의심하고 한마디 했다. 가족들 중에 범인이 있다면 아들일 것 같아서다. 그래서 건너짚고 아들이 한 것이냐고 물었다가 아들은 발로 문을 열었지 손을 사용한 적이 결코 없는데 자기가 했다고 하니 분하다는 것이다. 순간 어머니는 아들이 범인이라는 것을 알았다. 아들이 단순하다 보니 자신의 범죄 행위가 손자국보다 발자국이 더 심하다는 것을 모르고 변명한 것이다.

사례 1

"누가 듣거나 말거나 재미도 없는 말을 계속 떠들어대는 사람이 누군지 알아?"

"인기 없는 코미디언?"

"틀렸어. 학교 선생이야."

그 말에 여수사관이 '피' 하고 코웃음을 쳤다. 수사관들의 잡담은 계속되었다.

변형

그것도 틀렸어.

그럼 누구야?

왜 잘 지껄이는 사람이 있잖아? 통반장 다 하는 사람 말이야.

사례 2

A "어느 판사가 도둑놈에게 왜 도둑질을 했냐고 물었대요. B 그랬더니 도둑놈은 배고프면 무슨 짓을 못 하느냐고 항의조로 덤비더래요. C 판사가 네가 훔친 건 구두가 아니냐고 따진 거예요. 그러자 도둑놈이 왈, D 맨발로 어떻게 도둑질을 다닙니까? 하더래요. 맞는 말이죠 뭐."

A에 대한 답변 B는 논리에 맞다. 그러나 C에 대한 답변 D는 논리가 어색하다. 이때 구두를 훔친 것은 맨발로 다닐 수 없기 때문에 어쩔 수 없이 훔친 것이라고 도둑질의 정당성을 주장했다. 이 경우 C와 D를 다음과 같이 각색하면 훨씬 유머스럽다.

변형

A : 왜 도둑질을 했습니까?

B : 우리 속담에 3일 굶으면 담장 넘지 않을 사람 없다 합니다. 배고프면 무슨 짓을 못 합니까?

A-1 : 배고파서 돈을 훔치는 것까지는 이해하오. 그런데 배고픈 것과는 전혀 관련이 없는 구두는 도대체 왜 훔쳤소?

B-1 : 맨발로 다니면서 도둑질을 할 수 없지 않습니까?

A-2 : 그것도 이해할 수 있소. 그럼, 여자 팬티는 왜 훔쳤소?

B-2 : 근무를 하다 보면 위험이 도처에 도사리고 있습니다. 벌이가 괜찮으면 몇 달 가지만 요즈음처럼 경제가 어려운 때는 열심히 뛰어도 도대체 어느 집을 뒤져도 집구석에 뭐 하나 쓸 만한 게 없어요. 그러다 보면 자주 근무하게 되고 자주 근무하다 보면 언제 붙잡힐 줄 모르잖습니까? 여자 팬티를 착용하고 근무하면 잡히는 확률이 낮다기에 훔친 것입니다.

A-3 : 좋아요, 그것도 인정하겠습니다. 콘돔은 왜 훔쳤습니까? 그까짓 것 몇 푼이나 한다고 이왕에 훔칠려면 보석이라든가 다이아몬드라든가 좀 값나가는 것을 훔치시지.

B-3 : 밤늦게 근무하다 보면 약국에 갈 시간이 없소. 당신은 살면서 아직도 뭐가 좋은지 모르고 있었소? 내가 도둑질하는 게 다 뭐요. 처자식 먹여 살리고 마누라 즐겁게 하는 것 아니오? 보석이 아무리 좋다 해도 콘돔만 하겠습니까? 다른 것은 못 들어 줘도 이런 부탁은 제백사하고 들어 줘야 하지 않겠소?

A-4 : !? 으핫핫하!!!

사례3

대머리인 남편에게 아내가 하는 말이,
"남자들은 머리를 많이 써서 대머리가 되는 거라고 잡지에 났던데요?"
하니까 남편이 말하기를,
"그럼 여자는 말을 많이 하느라고 턱을 쓰기 때문에 수염이 안 나나?"
하고 쏘아붙이더래.

변형

변형 사례1(설명으로 방어)

공격 : A 남자가 대머리가 되는 것은(결과) 머리를 많이 쓰기 때문이라고 잡지에 났어요.(원인)

방어 : B 그럼 여자가 턱수염이 없는 것은(결과) 말을 많이 하는 것이기 때문이겠네!(원인)

변형 사례2(이원성으로 방어)

공격 : A 남자가 대머리가 되는 것은(결과) 머리를 많이 쓰기 때문이라고 잡지에 났어요.(원인)

방어 : B 그럼 여자는 말을 많이 하느라고(원인) 턱을 쓰기 때문에 수염이 안 나나?(결과)

사례4

"소련에서 시베리아 유배형을 선고받은 사람이 판사에게 말했대요. 미국이 그렇게 나쁜 나라면 왜 나를 그곳으로 유배를 보내지 않느냐고요."(김현희 1991 : 9~12)

변형

귀관이 사재를 털어 그간 헐벗고 가난한 사람을 도운 것은 국가에 공헌한 것으로 인정된다. 따라서 본 법관은 귀관의 이같은 행동을 참작하여 유배지를 미국보다 시베리아로 결정한다.

재판관님! 고양이 쥐 생각하십니다그려! 그렇다면 한마디 묻겠습니다. 미국이 소련보다 나쁜 나라로 생각된다면 나를 미국으로 보내지 않는 것은 무슨 이유입니까?

위 예화는 칼(KAL)기 폭파범 김현희가 한국말을 못 하는 것으로 위장하여 일본인 행세를 하자 한국 수사관이 정말 일본인인가를 밝히기 위해 한국말로 유머를 구사하는 장면이다.

그녀는 끝까지 자신이 북한인이 아니라고 숨기려 했지만 수사관들의 의도적인 덫에 걸려들어 스스로 북한인임이 들통난 것이다. 그리하여 터져나오는 웃음을 참을 수가 없어 용무를 핑계대고 화장실로 달려가 세면대에 물을 받아 세수하는 시늉까지 하며 웃음을 참았다 한다.

공갈, 협박, 신체적 제약 등 그 모든 어떤 고문보다 유머는 이처럼 범인을 잡는데 결정적인 힘을 발휘하기 때문에 과학적인 수사에 필수 수단으로써 등장하고 있는 것이다.

여기서 원형은 당초 김현희와 수사관의 내용이고 변형은 작가가 이해하기 쉽도록 각색한 것이다. 당시의 상황을 어설프게 재연했다 하더라도 웃음은 유발됐을 것이다. 그러나 어느 정도 시간이 흘러 원형을 재연한다면 웃음이 유발되기는 그렇게 쉽지 않다. 이것은 글에서 오는 한계 때문이다.

즉, 유머를 구사하는 사람이 당시처럼 공감하는 정서가 없고 상황 또한 아무리 100% 이상 당시처럼 재연한다 하더라도 거기에 결코 접근하지 못하기 때문이다.

조조가 승상 자리에 있을 때의 일이다.
그의 집 후원 뜰에는 열매를 잘 맺는 비파나무가 한 그루 있었는데 조조는 이 나무를 너무나 아낀 나머지 누구도 손을 대지 못하게 했다. 오죽하면 몰래 비파의 개수까지 세어두었을까. 그런데 부하들 중 하나가 조조가 없는 틈을 타서 비파 두 개를 따먹어 버렸다.
얼마쯤 지나 집으로 돌아온 조조는 비파가 없어진 사실을 한눈에 알아챘다. 그는 의심스런 부하 몇 명을 불러 일을 시키는 척하며 넌지시 속을 떠보았다.
"아, 잠깐! 생각해 보니 이 비파나무가 별 실속도 없이 여러 모로 방해만 될 것 같다. 나무를 베어 버려라!"
그러자 선뜻 고개를 쳐들며 말참견을 하고 나서는 부하가 있었다.
"아니, 주인님. 그렇게 맛있는 비파를 왜 베어 버리십니까?"
"음, 내 지시를 어기고 비파에 손을 댄 녀석이 바로 네놈이로구나!"
결국 비파를 훔친 도둑은 자신의 잘못을 인정할 수밖에 없었다.
(유동범 : 176)

부하는 조조의 덫에 걸려 꼼짝없이 자백을 할 수밖에 없이 되었다. 도둑이 스스로 혐의 사실을 인정하도록 만드는 것이 현대 수사의 기본 방향이다. 이렇게 수사가 과학적으로 되어야 후유증이 없고 억울한 사람이 없는 것이다. 현대 수사에서 고도의 지능과 전략으로 유머 사용이 중요시되는 이유도 바로 여기에 있는 것이다.

(비파는 서양 모과나무의 열매를 말한다. 중국이 원산지인 장미과의 상록 교목으로서 높이는 10m 정도 되며 가지가 굵고 잎 뒷면이 노란색을 띤 갈색 털이 빽빽이 나 있다. 꽃은 10~11월에 흰색으로 피고 열매는 구형 또는 타원형으로 지름 3~4cm이고 다음 해 6월에 노란색으로 익는다. 약효가 다양하기 때문에 예로부터 비파나무가 있는 집에는 환자가 없다는 말까지 전해 내려올 정도이다.

예전에는 비파잎이 땀띠를 예방해 준다 하여 이불의 재료로 사용하기도 했으며 지금도 류머티즘, 신경통 약으로 쓰이고 있다. 폐장의 열로 기침할 때, 몸의 열로 여윌 때, 위장의 열로 구취가 날 때 효과적이다. 위장에 열이 쌓였을 때에는 풍치가 심해지면서 구취가 나고 변비가 생기게 되는데, 이때 보통 찬물을 찾게 되지만 비파차를 마시면 더욱 효과적이다.

신경통이나 종기 등에 비파의 엑기스를 환부에 바르고 습포하면 효과적이라고 한다. 천식, 기침, 기관지염 등 호흡기 계통의 질병에 특효이며 신장이 약하거나 당뇨가 있을 때에도 효과가 있다.)

02 애인을 만드는 법

A가 길을 가다가 맞은편에 오는 B의 어깨를 스치며 지나갔다.

A는 얼핏 보니 아는 친구인 것 같아 얼른 쫓아가서 상대방의 뒤통수를 치며 나무란다.

⑴ "야, 너 나 몰라? 대학 때 너 검도 동아리 안 했어?"

⑵ "누구시죠?"

그런데 자세히 보니 친구가 아니다. 착각이 실수로 변했다.

A 친구는 실수한 것을 알자 이내 능청을 떨었다.

⑶ "야 임마, 너 쌍거풀 수술했구나! 어랍쇼. 턱 수술까지 했네. 너 돈 많이 벌었구나!"

⑷ "혹시 잘못 본 것 아닙니까?"

⑸ "너, 동식이 아냐?"

⑹ "저 동식이 아닙니다."

⑺ "어랍쇼! 이제 이름까지 바꾸었어!"

(8) "여보슈, 농담 좀 그만하슈. 나, 동식이 아닙니다."

(9) "어! 미안합니다. 학교 다닐 때 저와 가장 친했던 친구인 줄 알았습니다. 이거 미안해서 어쩌지요? 정말 죄송합니다."

길에서 친구나 아는 사람으로 착각하고 곧잘 저지를 수 있는 실수를 이렇게 절묘하게 피해가는 재치가 날카롭다.

여기서 실수를 알아차렸으면 (3)에서 끝나야 정상이다. 그러나 자신의 실수를 덮으려다 보니 (9)까지 끌고 왔다. 그러면서 자신의 심한 실수를 자연스럽게 피해갔다.

만일 (3) 이후가 없었더라면 모르긴 해도 아마 상대편에서,

"뭐, 이런 새끼가 다 있어? 알려면 똑바로 알아. 이 새끼야."

이런 험한 말이 나올 수도 있었을 것이다.

그러나 친한 친구라는 것을 가장하다 보니 상대도 있을 수 있는 실수라고 인정하여 화를 누그러뜨리며 자연스럽게 화해를 하고 마는 입장이 되었다.

(9)의 말은 바로 (3)의 말에서 나와야 한다. 그러나 (5)로써 실수를 더욱 정당화시키면서 상대와 자신을 아주 편하게 만들었다.

이렇게 실수를 했을 때 바로 실수를 인정하거나 이해나 용서를 구하지 않고 친한 것을 가장하여 그 실수를 더욱 확대하여 실수를 저지르는 것도 실수를 만회하는 하나의 방법이 된다.

위 예화를 응용하여 연애까지도 성공할 수 있다. 평소 눈여겨 본 사람이 있다면 착각을 가장하여 일부러 실수를 하는 것이다.

핸드백을 걸쳐메고 골목길을 가는 여성이 있다고 하자.

골목길에 숨어 있다가 급한 모습을 보이며 마주보고 스쳐 지나가는 척하다 이내 돌아서서 여자 앞으로 가서 등을 탁 때린다.

⑴ "야, 너 순임이 아니니? 야 너 굉장히 예뻐졌다. 너, 보니 5kg은 빠진 것 같다. 그러니 몰라보는 것은 당연한 일이지! 무슨 운동을 했는데 이렇게 날씬하니? 하기야 좀 살은 쪘어도 예전에도 예뻤지만."

⑵ "누구시죠?"

⑶ "야, 내가 너를 몰라보는 것은 당연하지만 네가 나를 몰라보는 것은 이치로 보나 상황에서 영 아니다 잉. 그리고 너 코 수술했구나! 코 수술은 안해도 이쁜데 뭐하러 코를 높였니? 너는 원래의 모습이 예뻐서 성형 안 해도 되는데 코 수술은 뭐하러 해? 돈만 아깝게! 어, 그러고 보니 눈도 수술했구나! 쌍거풀 수술은 상당히 잘됐다. 서구적인 미인 같구나!"

⑷ "잘못 아시는 것 같네요."

⑸ "대학 때 미스 퀸에 뽑힌 정순임 씨 아니세요?"

⑹ "저, 아닌데요. 제 이름은 이분례인데요."

⑺ "아니, 예뻐지기 위해서 코 수술, 눈 수술까지는 좋아. 그리고 이름 바꾸는 것도 이해해. 이름 때문에 놀림감이 되어 인생이 불행해지면 안 되니까. 그래서 행복추구권이라는 것도 있잖아. 그러나 성씨까지 바꾸는 사람이 어디 있어. 그렇잖아?"

(8) "이것 보세요, 정말 저는 당신이 아는 사람이 아니란 말이에요."(그제서야 비로소 정색을 하고 이해를 구한다.)

(9) "어이구, 이것 죄송합니다. 하도 미인이다 보니 실수를 한 것 같습니다. 그런데 이건 제 잘못이 아니잖아요. 이분례 씨가 너무 미인이다 보니 저를 완전 혼동시켰습니다. 그런 의미에서 제가 차나 한잔 대접하고 싶습니다."

여자를 미인으로 만들어가며 실수를 만회하고 있다. 일부러 실수를 만들었지만 여자는 이런 사실을 전혀 모르고 예쁘다는 말에 흡족한데다가 원래 미인이라는 말에 더 '푹' 빠지고 있다.

이쯤 되면 상대가 무슨 실수를 해도 마음이 끌리기 마련이다. 이같이 실수를 했을 때 변명이나 하고 합리화나 한다면 그 실수는 결코 만회하기 어렵다. 실수의 요인이 무엇인지 재빨리 파악하여 앞의 예화처럼 '가장 친한 사이' 나 '아주 미인' 처럼 만들어 더욱 실수를 저지르는 것이다.

(1)에서 (4)까지의 실수는 고의적으로 한 실수이다. 그러나 (5)의 과장은 정도가 지나친 거짓말이지만 여자 입장에서 조금도 싫지 않은 거짓말이다. 남자 입장에서 한 거짓말이지만 여자는 자기의 미모가 그렇게 예쁜가 하는 착각에 빠지게 만들었다.

그리고 여자는 남자에게 그렇게 예쁜 여자 친구가 있는가 하는 마음에 질투심과 호감이 비등해졌다. 따라서 상대적으로 남자를 다시 보는 계기가 되었다. 남자의 수준을 아무리 내리깎으려 해도 깎을 수 없이 크고 훌륭하게 보인 것이다.

03 실연을 극복하는 방법

여자 친구에게 채인 실연한 친구를 한 친구가 위로의 말을 한다.

친구 : 조지 버나드쇼는 인생에는 두 가지 비극이 있다고 했다. 하나는 진심으로 원하는 것을 얻지 못하는 것이며 다른 하나는 그것을 얻는 것이다. 만일 친구가 그리스 신화에 나오는 미다스 왕처럼 여자 친구를 손으로 만지는 대로 금으로 바꿀 수 있다면 그것처럼 불행한 일이 또 있을까? 실연당한 것이 오히려 잘된 일일 수 있어!

실연 친구 : 차라리 그렇게 될 수 있었으면 좋겠어. 그러면 그 금 갖고 다른 여자를 사귀는 게 훨씬 낫을 수 있으니까.

(조셉 오코너 · 이안 맥더모트 지음 / 설기문 옮김 : 73)

남자 친구가 여자로부터 실연당한 경험담을 소개한 것이다. (지문 소개)

평소 죽자 살자 하던 여자 친구가 군복무로 헤어지면서 플랫폼에서 뜨거운 포옹을 끝내고 자기 사진을 남자에게 건네 주면서 이렇게 말했다.

"오빠, 부대에 도착하는 대로 바로 전화하든지 메일 꼭 보내. 알았지? 그리고 내가 보고 싶을 때 이 사진 보고 뽀뽀하는 것도 잊으면 안 돼. 알았지?"

이런 사연을 가진 두 남녀가 1년이 채 안 되자 사회에 있는 여자 친구로부터 편지가 왔다.

오빠, 그동안 소식 전하지 못하고 이제서야 안부 전하는 것을 용서해 주세요. 진작 안부 전하려 했으나 집에서 제가 시집을 안 간다고 하도 성화를 하여 부모님 채근에, 견디는 나날이 되다 보니 안부 못 전했어요. 먼저 이해를 구해요.

그리고 또 하나 이해를 구할 일이 생겼네요. 너무 놀라지 마세요. 이 편지를 쓰는 동안에도 손이 떨려 펜이 잘 나가지를 않네요. 저는 저는…… 모 월 모 일 몇 시면 오빠와 헤어지지 않으면 안 될 운명에 놓여 있어요. 이 일을 어쩌면 좋아요. 마른 하늘에 날벼락이요, 꿈에서도 없는 일이 생겼어요. 부모님께서 이 해를 넘기면 악재가 계속 쏟아지거나 아니면 제가 목숨까지 잃을 수도 있다면서 시집 보내기를 저렇게도 완강히 하시는 거예요.

그러면서 억지로 저를 시집 보내시려는 거예요. 저는 오빠를 생각해서 절대 2년 안에 시집 안 가겠다 했지만 부모님께서는 만일 네가 시집 안 가면 너를 앞세울 수는 없고 내가 네 앞에서 죽는다고 난리법석을 떠시는 거예요. 그리하여 나온 날이 모 월 모 일 몇 시인 거예요.

오빠, 그동안 정말 고마웠어요. 좋은 사람 만나서 행복하게 사시기를 손 모아 빌게요.

그리고 참, 제가 오빠에게 준 사진 있지요? 그 사진을 돌려 주실 수 없을까요? 원피스를 입고 찍은 사진은 그 사진뿐이어서 그래요.

오빠, 부디 몸조심하셔서 군복무 무사히 끝마치시고 좋은 사람 만나셔서 행복한 결혼 생활을 하세요. 반드시 행복해야 해요.

00년 0월 0일

오빠의 동생 혜련이가.

만일 여러분의 여자 친구가 혜련이었다면 그 후의 상황을 묘사하고 처리 방법을 소설 형식으로 기술하라 — 소설 쓰기

편지를 받아든 남자 친구는 너무나 황당하고 충격적인 일이라 편지를 그 자리에서 갈기갈기 찢어버리면서 막사 밖으로 뛰쳐나갔다.

"안 돼! 절대 안 돼!"

머리를 두 손으로 움켜잡고서 미친 듯이 절규했다.

"어떻게 이런 일이?"

가슴이 찢어질 듯 머리가 터질 듯했지만 냉엄한 현실 앞에 어쩔 도리가 없었다. 며칠 동안 밥맛이 없고 사람이 싫어졌다. 그러나 언제까지나 이 문제에 집착해서는 안 되겠다는 판단이 서자 비책을 세워 문제를 풀고자 했다.

우선, 그는 전문 카메라인을 사고 술집에 가서 쭉쭉빵빵한 아가씨와 음식을 먹었다. 음식 먹는 모습에서 밥을 서로 먹여 주는 장면은 A 아가씨, 남자 친구를 뒤로 안아 주는 모습은 B 아가씨, 남자 친구가 아가씨를 업고 방 안을 한 바퀴 도는 모습은 C 아가씨 등등의 갖가지 시기와 질투를 느끼게 되는 온갖 요염한 포즈를 찍도록 연출을 했다.

이 여자 저 여자하고 찍은 사진이 열대여섯 장 이상이 되자 일단 사회에 있는 여자 친구에게 보냈다.

보낸 편지 잘 읽었소.
편지 중에 당신 사진 보내달라고 했는데 나는 당신이라는 사람을 잘 모르겠소. 그러니 지금 동봉한 사진 중에 어느 것이 당신의 사진인지 당신 사진만 갖고 나머지 사진을 보내 주시면 고맙겠소.
그동안 함께한 시간 정말 고마웠소. 행복한 결혼이 되어 좋은 가정 이루시기를 진심으로 바라마지 않으오.

얼마나 통쾌한 복수인가? 이것을 '이런 ○○년이 있어!' 하면서 화를 못 참고 일찍 포기하지 못해서 상당히 품위 없는 짓을 했다면 아무것도 얻는 게 없었을 것이다.

이런 일화를 만들어서 가졌다면 이후로 집안의 여동생이나 친지가 실연당했을 때 극복한 경험담을 들려 준다면 그야말로 '멋진 인생, 멋진 남자' 로 각인되었을 것이다.

이것이 바로 '성공한 사람들의 유머테크' 이다.

04 연설문·행사문 작성법

퇴임 축사

전무님! 당신이 새로운 세계를 향해서 떠나가심으로 뒤에 남은 우리들은 기분이 시원합니다.(폭소) 어쨌든 이런 유능한 분이 언제까지나 우리 회사에 버티고 계신다면 보통의 능력밖에 갖고 있지 않은 우리들은 견딜 수가 없을 텐데, 마침내 전무님께서 퇴임을 하신다니 이제야 마음이 놓입니다.(폭소) 결정을 하셨으면 미련을 두실 것이 없습니다. 주저하지 마시고 다른 세계로 떠나 가십시오.(폭소)
오늘은 누구나 바쁜데 어째서 무리를 해가며 이 자리에 오지 않으면 안 되었는지 그 이유를 이제야 아셨을 것입니다.(웃음) 전무님과 저의 사귐도 28년……. 참으로 오랫동안 계속되었습니다.
저는 전무님을 평소에 미워하고 있었습니다.(웃음과 박수)
이런 괘씸한 사람은 거의 없습니다.(웃음) 나의 경우는 학생 시절부터 별로 공부를 못 해서 회사에 입사한 뒤로도 간신히 연명해 왔기 때문에 승진도 쉬운 일이 아니었습니다.(웃음) 지금까지 이런 꼴이죠.(웃음) 그점에 있어서 전무님이 얄미웠어요.(폭소)

예를 들면 회의 등에서 내가 이틀이나 사흘씩 걸려 철야로 구상을 한 방안이 전혀 채택되지 않은 굴욕적인 상황 속에서, 늘 빈둥거리던 전무님의 아이디어가 채택되곤 했지요.(폭소) 우리 한패거리들은 쐬주를 마시면서 서로 부둥켜안고 울분을 토로했답니다.(폭소) 이제 그런 일이 없게 된 것을 자축하지 않을 수 없습니다.(웃음과 박수)

(유응교 : 230)

이 축사문이 호소력을 갖는 것은 누구나 가지고 있는 승진에 대한 기대감을 전무가 채워 주고 떠난다는 인사 때문이다. 결국 서운해 할 자리가 아니고 승진에 해당되는 자기들로서는 축하할 자리라는 메시지를 던져 주고 있다.

떠나는 자로서는 서운할지 모르지만 자기들로서는 그렇게 기쁜 일이 아닐 수 없다는 것이다. 여기서 상충된 모습을 보기 때문에 웃음이 난 것이다.

그러면서 전무의 탁월한 능력을 여러 가지 추억에서 소개하고, 한편으로는 탁월한 전무님 때문에 빛을 못 보았는데 이제 정년이라는 제도 때문에 빛을 보게 되어 안도감이 든다고 솔직한 심정을 피력한 것이 공감을 얻었다. 소위 얼르고 뺨친 격이다.

이리하여 떠나는 전무님은 마지막까지도 할 일을 다 해놓고 가신 선배님이라고 극찬을 한 것이 강한 호소력을 가졌다.

작문 실습

초등학교 1학년에서 5학년까지의 학생들이 '어머니'라는 제목으로 작문을 한 뒤 엄마들 앞에서 한 소녀가 다음과 같이 낭독을 했다.

A 나의 엄마는 참으로 바보입니다.(폭소) 언제나 실수만 하거든요. 밥 짓는 일과 세탁을 함께 하니까 음식을 끓이면서 종종걸음으로 뜰 앞에 달려 나가 셔츠를 널려고 하면 셔츠가 땅에 떨어져 흙투성이가 되고요.(폭소) 프라이팬의 계란은 까맣게 타버립니다.(폭소) 그러면 바보 엄마는 익살스럽게 사과를 하죠.(폭소)
"나의 실수를 용서하세요, 여보!"
그러면 아빠는 '바보로군.'하고 말하며 웃지요. 그렇게 말하는 아빠도 바보예요. 언젠가 일요일에 모두가 아침을 먹고 있는데 방에서 허둥지둥 양복을 입으면서 가방을 들고 나와 '이거 지각인데.' 하며 현관문을 열고 밖으로 나갔습니다.
'또, 잘못 알았군. 곧 돌아오시겠지.' 하고 엄마는 태연했어요. 아니나 다를까 엄마가 생각한 대로 아빠가 돌아와서는 부끄러운 듯이 '또 실수군. 오늘은 일요일이지. 하하하!' 라고 말씀하시는 것이었어요.(폭소)
이와 같은 바보 아빠와 바보 엄마 사이에서 태어난 내가 영리할 리 없지요.(큰 폭소) 동생도 바보예요.(또 폭소) 그래서 우리집 가족은 모두가 바보입니다.(웃음)
B 하지만 나는…… (일순간 장내가 조용하다.) 나는 그런 바보 엄마를 많이많이 사랑합니다. 세계의 어느 누구보다도 좋아해요.(교실 안의 사람들은 갑자기 손수건을 꺼내어 눈물을 닦는다.) 나도 어른이 되면 우리 바보 엄마 같은 어른이 되어 우리 바보 아빠와 같은 남자와 결혼해서 아이를 낳겠어요. 그리고 나와 같은 바보 누나와 동생과 같은 바보

동생을 기르며 바보 일가로서 지금의 우리집처럼 밝고 즐거운 가정을 만들고 싶어요.
바보 엄마, 그때까지 건강하게 있어 주세요.(일동 눈물을 흘린다.)
(유응교 : 232~233)

A에서 갑자기 엄마를 바보라고 하여 웃은 것은 의외성 때문이다. 밑도 끝도 없이 자기 엄마를 바보라고 하니까 참석자들은 무슨 말을 하려는가 하면서 긴장을 불러일으켰다. 그런 후 계속 바보가 된 이야기를 했다. 그러고 보니 자기집을 들여다보니 바보집이라는 것을 알게 되었다는 것이다.

여기까지는 자기집 식구를 완전 바보화하여 권위를 회복할 수 없을 정도로 망가뜨렸다. 이렇게 정신없이 웃고 떠들게 해놓고 갑자기 서두에서처럼 의외성의 행동을 또 연출했다.

B의 조용한 장면의 연출이 바로 그것이다. 그리하여 웃고 떠들며 몰입해 있던 사람들이 갑작스런 소녀의 조용한 행동에 맞춰 함께 엄숙해졌다. 메시지를 전달하는 엄숙한 시간에 귀를 쫑긋 세우게 만든 것이다.

이제까지 자기집 식구가 바보였다고 생각했는데 바보가 아니었다는 것을 알게 되었고 만일 시집을 가게 된다면 바보 같은 남편, 바보 같은 아들, 딸을 두어 즐거운 가정을 만들고 싶다는 소감을 피력한 것이 참석자들로 하여금 박수를 치게 만들었다.

B는 A를 이제까지의 상황을 반전시킴으로써 엄숙해진 것이다. A와 B이 상황이 완전히 다르다는 것은 익히 알 수 있는 일이다.

05 경영과 홍보 전략 방법

상품을 질 좋고 디자인이 뛰어나게 만들었어도 또, 가격이 놀라울 정도로 싸더라도 그 상품을 사용할 소비자가 알지 못하면 파는 것은 고사하고 창고 정리하기도 쉽지 않다.

그리하여 회사에서 가장 영향력이 있고 인기 있는 사원은 새로운 아이디어를 제공하여 자사의 제품을 많이 파는 사람이다.

현대인은 쏟아지는 업무와 그 외 처리해야 할 일들이 너무나 많다 보니 무관심 속에서 일상 생활을 영위하고 있다.

그래서 자사의 제품을 어떻게 하면 소비자에 널리 알리고 많은 매출 신장을 이룰 것인가가 문제가 된다.

'주차금지' = '견인차량처럼 생긴 트럭이 곧 옵니다.'

속도위반경고 = 9월, 4월, 6월, 11월도 30일이지만 시속 50킬로미터를 어기는 분도 30일입니다.(밥 로스 / 김원호 : 149)

재미있게 표현하여 특별히 기억하려고 노력하지 않아도 기억되게 하는 것이 특이하다. 비지니스 전략 중 첫 번째로 염두에 둘 일은 '비지니스는 보여 주는 것' 이다. 이 일만 잘하면 비즈니스는 소기의 목적을 달성했다고 볼 수 있다.

다음 예화는 '보여 주는 비즈니스' 로 상품도 홍보하고 회사도 알리는 데 성공한 경험담이다.

스탠리 아놀드는 오하이오 클리블랜들에 있는 아버지 소유의 피크 앤 페이 상점 체인 중 하나를 관리하고 있었다. 어느 해, 심한 눈보라가 몰아쳐 도시의 기능이 완전히 마비되었다.

직원들이 출근은 했지만 사실 별로 할 일도 없을 정도였다. 그때 아놀드는 기발한 판촉 아이디어를 고안했다. 그는 직원들에게 눈덩이를 만들도록 하여 약 8,000개를 마련했다. 그리고 과일 상자 속에 눈덩이를 집어넣은 다음 대형 냉장고 깊숙한 곳으로 옮겼다.

그런 다음 기상청에 전화를 걸어 그해 가장 더운 날은 언제인지에 대해 문의를 했다. 정보를 얻은 아놀드는 곧장 뉴욕으로 달려가 대형 식료품업체인 제너럴 푸드의 사장과 만나 그해 가장 무더운 날을 대비하여 공동으로 판촉 전략을 세웠다.

여름이 되어 가장 무더울 것이라고 예상했던 그날이 되자 기온이 무려 섭씨 40도에 육박했다. 값비싼 눈보라로 명명된 이날의 판촉행사에서는 4만여 가지의 제너럴 푸드 상품이 준비되었다. 그리고 가장 무더운 그날 8,000개의 눈덩이가 사람들에게 제공되었다.

닷새에 걸친 행사에 참여하기 위해 엄청난 인파가 몰려들자 경찰까지 동원되어 교통정리에 여념이 없었다. 게다가 새로운 상품을 구경하려고 수천 명의 소비자들이 몰려든 덕분에 제너럴 푸드뿐 아니라 아놀드 상점까지 자연스럽게 홍보되었다. 눈으로 직접 보여 주는 것이 가장 중요한 비지니스 전략인 것이다.

홍보 전략의 일환으로 우리는 제일 먼저 TV를 떠올릴 수 있다. 그런데 TV는 불과 몇 초만에 비지니스를 명확히 전달할 수가 없다. 그리하여 갖가지 아이디어로 자사의 제품을 홍보하는데 이색적이고 재미있는 방법을 강구하여 홍보 효과를 극대화하는 방안으로 유머를 적극 활용하고 있다.

다음은 광고비를 들이지 않고 자사의 제품을 간접적인 방법으로 홍보하는 예를 소개한 것이다.

골든 글로브 시상식에서 여배우 크리스틴 라티는 자신의 이름이 호명되었는데도 화장실에서 나오지 못했던 적이 있었다.
이 사건에 착안하여 지사제止瀉劑 카오펙테이트를 생산하던 제약회사에서 좋은 아이디어를 냈다. 이 업체는 시상식이 열리기 전, 긴장한 스무 명의 오스카 후보자들에게 무사히 행사를 마치기를 바란다는 편지와 함께 카오펙테이트 알약이 담긴 바구니를 선물했다.
이 소식은 곧 언론을 통해 주위로 퍼져나갔고, 그해 오스카 시상식에서 정말로 덕을 본 것은 배우가 아니라 바로 이 제약회사였다.
(밥 로스 / 김광수 옮김 : 88~89)

얼마나 현명한 조치인가? 만일 이것을 돈을 들여 광고했다 해도 불과 몇 초 정도의 광고였을 것이다. 그런데 이렇게 장시간 광고를 하면서도 광고비 한푼 없이 광고한다는 것은 유머를 하는 사람들의 전유물인 것이다.

이 광고는 비단 여기에서 그치지 않았을 것이다. 해마다 제약회사로부터 연례행사 치르듯 했을 것이다. 그러면서 시간이 갈수록 시상식의 지사제 알약은 사람들의 입과 입을 통해 하나의 역사가 된 것이다.

1965년 무렵, 캘리포니아 한 건포도 제조업체에서는 자사의 매출이 1, 2퍼센트씩 떨어지고 있음을 발견했다. 당시 이 업체는 '포도 알맹이마다 한 방울의 햇살이!' 라는 슬로건을 내걸고 있었다.
그러다가 1987년 무렵부터는 포도를 소재로 한 유명가수의 노래에 맞춰 포도 알맹이들이 춤을 추는 모습을 광고 캠페인으로 내보냈다. 이 캠페인은 크게 성공했고 매출도 20% 증가했다.
그리고 이 광고는 인지도에서 상위권을 차지했다. 말하자면 재미라는 요소를 광고에 가미하여 사람들의 눈길을 사로잡았고, 소비자들은 광고를 보면 신선한 느낌을 받고 상품에까지 호감을 느끼게 되면서 매출이 향상된 것이다.

소비자들에게 유쾌한 느낌을 전할 수 있다면, 그 결과는 예측을 훨씬 넘어설 때가 많다. 《월스트리트 저널》에 따르면 앤 아버 은행에서 미시간 풋볼팀이 콜로라도를 이겼을 때 연간 예금 금리를 0.25퍼센트 올려 주겠다고 약속하자 불과 6주만에 수신고가 300만 달러나 늘었다고 한다.

유머를 이용하면 기업의 이미지에 생명력을 더할 뿐 아니라 딱딱

한 이미지에서 벗어날 수 있으며 이런 이미지의 변화는 곧 상품과 서비스에까지 영향을 끼친다.

1996년 대선에서 패배한 밥 돌이 에어프랑스 항공의 할인 항공권 판촉 신문광고에 등장했다. 미소를 지으며 손을 흔드는 그의 사진 위에는 이런 문구가 적혀 있었다.
"아무것도 할 일이 없다고요? 그러시다면 우리가 드리는 특별할인 가격으로 당장 파리를 향해 떠나는 것은 어떨까요?"
연구에 따르면 광고를 통해 고객의 얼굴이 미소를 띨 경우 그들과 장기적인 관계를 맺기가 훨씬 쉽다.(밥 로스 / 김광수 옮김 : 86)

위 세 개의 예화에서 보듯이 유머를 이용하여 갖가지 홍보 전략을 세우고 판매 전략을 세워서 조직이 가고자 하는 방향에서 소기의 목적을 달성하고 있다.

여기서 불과 6주 만에 수신고가 300만 달러가 늘었다는 사실에 한번 주목해 보자! 이런 일은 일상 생활에서 흔히 있는 일로 우선 사람들의 관심을 쉽게 끌 수 있다.

두 번째, 조직의 목적 달성에 이벤트 행사로 활용할 수 있다.

세 번째, 밑져야 본전이기 때문에 실적이 극히 미미했다 하더라도 그 자체만으로도 성과가 있다.

따라서 이런 행사는 어떤 계기만 되면 무조건 실행해 볼 필요가 있는 것이다.

입사한 지 얼마 지나지 않은 어느 날 걸려온 전화였다.

상담원 : 안녕하십니까?

고객 : 아가씨, 아— 거시기 똥싼 바지 세탁하는데요— 잉.

상담원 : 네, 똥싼 바지 세탁하는 곳 말씀이십니까?

고객 : 그래요, 똥싼 바지.

속으로 어쩜, 어른이 똥을 쌀까? 쯧쯧— 구린내 나는 듯했다.

상담원 : 네 고객님, 모든 세탁소에서 가능할 것 같습니다. 어느 동으로 안내해 드릴까요?

고객 : 전주 시내에 있는디…….

상담원 : 전주 시내 어느 동으로 안내해 드릴까요?

고객 : 앗따! 똥싼 바지 모르요?

아뿔싸! 고객의 침이 내 뺨에 세게 날아오는 듯했다. 그 순간 내 눈앞에 들어온 상호는? 똥싼 바지 세탁하는 날!

띠용— 와 와 와— 무슨 상호가 이렇담?

상담원 : 네 고객님. 죄송합니다. 똥싼 바지 세탁하는 날 안내해 드리겠습니다.

검색 후 내 눈앞에 있는 상호는 똥싼 바지 세탁하는 날…… 그런데 상호와는 전혀 다르게 가전제품 대리점이었다.(koid2 : 117)

가전제품을 팔기 위한 작전으로 유머를 활용한 사례이다. 고상한 상호도 많이 있으련만 어째서 이런 천박한 상호를 사용했을까?

첫째, 우선 다른 어떤 상호보다 재미있다.

둘째, 그 상호를 듣는 순간 고객은 웃게 되어 있다. 공급자는 소비자를 웃기는 일까지 해야 한다는 것을 알고서 택한 상호라는 것을 알 수 있다.

셋째, 기억하기가 아주 쉽다. 유머의 기능 중에서 관심과 즐거움을 주는 기능 외에 오래도록 기억하게 만드는 기능을 최대한 활용하고 있다.

넷째, 웃음거리가 되다 보니 자연 굳이 홍보 안 해도 입소문 나기가 쉽다.

다섯째, 고정관념을 깨는 일을 했다. '똥싼 바지 세탁하는 날' 은 통상 상담원처럼 세탁하는 업소로 알았는데 그게 아니고 전혀 번지수가 다른 가전제품 대리점이었다.

이것은 흔히 갖는 상호의 단조로움을 벗어나 색다르고 특이한 것을 생각하게 했다. 소위 가전제품 대리점으로 끝나지 않고 그런 상호를 쓰는 주인은 과연 어떤 사람일까 궁금스러워 한번 보고 싶은 마음이 생기도록 했다.

이같이 유머의 사용은 생산성을 매우 높여 주기 때문에 경쟁에서 살아남으려면 기업가들은 이점을 간과해서는 안 될 것이다.

상담원 : 안녕하십니까? 고객님?

고객 : 아가씨, '태풍은 불어도 철가방은 간다.' 는데 정말 그라요, 안 그라요?

창 밖을 보니 제법 굵직한 빗줄기가 내리고 있었다.

상담원 : 네, 저희 동네 같은 경우는 이 정도 빗줄기엔 배달해 줍니다.

고객 : 그럼, 안내해 주쇼.

상담원 : 어느 지역으로 안내해 드릴까요, 고객님?

고객 : 내동 배달된다고 해놓고선 우째 나한테 물어보요. 순천! 순천!

순간 고객의 침 파편이 내 뺨에 튀기라도 한 듯 깜짝 놀란 나는 인입

호에 들어온 주소지를 토대로 업종 검색을 시작했다.
그런데 아뿔싸! 내 눈을 번쩍 뜨이게 하는 한 줄의 상호!
'태풍은 불어도 철가방은 간다.'는 상호.
우째, 이런 일이!(koid 사람들 이야기 : 169)

이 예화도 고정관념을 깨는 상호를 사용하여 상담원을 당황하게 만들었다. 이 상호는 어떤 악천후라도 배달해 주겠다는 주인의 의지를 상호에 담았다.

배달이 비가 오거나 빙판이 져서 못 하게 되는 때가 있는데 이 업소는 이런 날씨에 구애받지 않고 손님에게 서비스를 만족하게 해 주겠다는 뜻이다. 자기의 주장을 상호라는 간판을 내세워 홍보도 하고 의지도 피력했다.

이 업소의 업종이 음식점이라면 특히 일기가 불순할 때 식사를 하게 되면 자연 이 업소의 전화번호를 누를 것은 불을 보듯 뻔하다.

【유머의 성격(특징)】

	유 머	아이러니	풍 자	기 지
대상(요소)	자신을 포함하여 어떤 대상이든지 증오함 없이 우스운 연관을 만들어 긍정적인 애정을 보이는 것	· 말해진 것과 의미된 것 사이의 긴장 또는 상충을 포함한 것 · 표면의 위장적인 의미와 숨겨진 진짜 의미와의 모순에 의한 것	· 자기 외에 무엇이든지 대상이 될 수 있는 것 · 관념이나 개인, 인간형, 인류 등 개인적 행위에서부터 인류의 도덕적 행위에 이르기까지 생기는 우행 및 악덕	상대의 허점 혹은 약점
형성 배경	비교적 안정된 개방적 환경 산물		· 사회적 불안정이나 가치관이 정립되지 못한 폐쇄적 환경 산물임 · 항상 현실에 대하여 부정적 비판적 태도에 의하여 성립함 · 세상의 치우癡愚를 인정하고 자신을 여기에 대립시켜 대상(현상)에 대하여 반항적으로 자기를 주장하고자 할 때 성립함	
목적	· 우리 모두를 즐겁고 아늑한 분위기로 만듦 · 어떤 곤란하고 어려운 상황에서도 긴장이나 불안을 해소시켜 주는 것을 최상책으로 함		· 개혁 · 인간과 사회의 악덕, 우행, 부조리 등을 고발, 폭로하려는 표면적 목적과 함께 반드시 인간 악의 개선이라는 내면적 목적을 동시에 지님 · 감정을 해치고 상대방을 불쾌하게 하거나 제3자를 즐겁게 함	

	유 머	아이러니	풍 자	기 지
수단 (구사 방법)	있는 그대로의 실상을 바라보며 모순으로 인한 불쾌감도 포용과 융화의 부드러운 감성을 가지고 해소시킴. 따라서 대상과 대립해서 적대감을 갖는 게 아니고 따뜻한 사랑과 동정으로 대상을 감싸 줌. 즉, 흐뭇한 웃음 속에 즐거움을 가져다주며 교훈을 줌	욕을 할 때 직접적인 표현을 피하여 완곡히 말함. 즉, 감정을 상하지 않게 하면서 핀잔을 주며 깨우쳐 줌	야유, 조소, 비난, 공격등의 비우호적인 수단을 사용함	말을 무기로 삼아 현실의 적을 직선으로 공격치 않고 허를 찔러 정세를 역전시킴. 말의 표현에 의거하는 경우가 많음. 언어의 표면적 의미와 그 배후에 참된 의미가 숨어 있는 것을 선택하여 놓음
주지적 · 주정적 여부	어느 정도의 감성을 내포했으며 주정적이고 관조적임		지성을 바탕으로 하는 주지적 문학임. 따라서 예리한 비판 의식을 토대로 함	
위치	높은 위치에서 내려다봄	높은 위치에서 내려다봄	높은 위치에서 대상과 대립함	높은 위치에서 내려다봄
전제 요건	자기 자신을 객관화하기 때문에 자기 인식이 전제되어야 함			
골계의 존재	주관적 골계(형식)에 있음. 대상 자체는 조금도 우습지 않지만 작가가 우스운 형식으로 바꾸어 골계감을 조성함. 따라서 주관적 골계를 통해 작가는 슬픈 것을 마치 우스운 듯이 바라보기도 하고 지나치게 엄숙하고 근엄한 것을 우습게 만들어 버리기도 함	형식에 있음	형식에 있음	형식에 있음

	유 머	아이러니	풍 자	기 지
결과	번뇌가 있고 눈물이 있음(즉, 부정된 대상이 자기요, 자기의 생활이요, 자기와 관계지워진 것이기 때문에 눈물 없이는 웃을 수 없는 웃음임) 자기 부정을 포함한 주관적 골계임		통쾌 혹은 쾌재만 있음(눈물 없이도 웃을 수 있는 웃음임. 즉, 부정된 대상과 자기와는 어디까지나 상반되는 것이며 그러한 대상은 자기와 무관함) 자기 부정은 포함하지 않은 주관적 골계임	
태도	호의로써 대상을 봄		야유적 조롱. 모멸적으로 대상을 봄. 적극적 혹은 능동적	수동적 혹은 능동적
어원 및 개념	희랍어로 거짓으로 꾸며댄다는 뜻. 진의와 반대되는 일을 말하는 반어로서 멀리 돌려 말하기다. 표면 칭찬을 꾸며대는 것에 의하여 도리어 비난의 의미를 날카롭게 표현함			자기편을 웃게 하고 적을 웃게 한다는 일에 유래함
성격	· 배타적 성격 · 웃음과 공격적 태도와의 결합		· 공격적 성격 · 웃음과 세탈, 감정과의 결합 · 이기적인 성질을 지니고 있고 풍자에 의하여 우월감이 느껴지고 불쾌감은 제거되지만 심미적 쾌감은 되지 않음	
특징	부정하면서 사랑을 보임	부정하면서 사랑, 사랑하면서 부정의 모호성을 지님		
	자기 부정하고 상대적임	자기 부정하고 상대적임	자기 부정 안 하고 상대적임	

↑ 자기 부정 여부와 상태적(현실) 관계

참고문헌

고정식, 웃기는 철학, 넥서스books, 2005
고든 R 에인라이트/조은경 옮김, 몸짓을 알면 대화가 즐겁다, 미래의 창, 2003
구병진, 웃으면 천당가요, 해누리, 2004
김미경, 여성 마케팅, 위즈덤 하우스, 2005
김상윤, 천재이야기, 이가서, 2006
김성진, 연극이 뭐예요? 북갤럽, 2003
김영만, 역사 속의 에피소드, 을유문화사, 1996
김용, 북한 유머, 청송, 1995
김은태, 재밌는 리더가 사람을 움직인다, 대산출판사, 2002
김종인, 7가지만 알면 나도 가수왕, 한언, 2004
김주수, 더 이상은 물러설 수 없다, 가람출판사, 1989
김진국, 성경으로 보는 칭찬 이야기, 21세기북스, 2004
김창옥, 목소리가 인생을 바꾼다, 다산 북스, 2005
김하, 행복한 느낌, 뜻이 있는 사람들, 2005
김홍식, 우리에게 가장 소중한 것은, 주변인의 길, 2004
남보원, 나? 남보원이야! 열매출판사, 2002
남인숙, 여자의 모든 인생은 20대에 결정된다, 랜덤하우스중앙, 2006
다비드 세르방 슈레베르/정미애 옮김, 치유, 문학세계사, 2004
다카시마 히데타케/김관호 옮김, 유머화술, 시아출판사, 2002
다카이치 아라타/은영미 옮김, 10일만에 나를 변화시키는 기술, 나라원, 2006
드멜로/김현전 엮음, 엉뚱한 철학자의 우화, 으뜸사, 2000
로버트 치알디니/이현우 옮김, 설득의 심리학, 21세기북스, 2003
로스 · 렉 지음/서동춘 옮김, 신바람효과, 2005
롤프 브레드니히/이동준 옮김, 위트 상식사전, 보누스, 2005
리상각, 북간도 유머, 미래문화사, 2000
릭시걸 · 대런라크루와/김희진 옮김, 유머경영, 북라인, 2001
마가렛 파킨 지음/부희령, 변화를 돕는 아주 특별한 이야기, 인디북, 2005
마이케랜쉬 베르그너/이홍경 옮김, 나를 사랑하고 남자를 즐겨라, 글담, 2005
마광수, 카타르시스란 무엇인가, 철학과 현실사, 1999

마부찌사토시, 난죠메구미/이기애 옮김, 손님은 가게에서 감동을 받고 싶어한다, 아카데미북, 2004
마추나가 노부후미/홍영의 옮김, 선택하는 여자 선택받는 남자, 리빙북스, 2005
말콤 쿠슈너/강주현 옮김, 깡통들도 웃기면서 성공하는 사람, 2001
매트와인스타인, 루크바버/서영조 옮김, 우리는 개보다 행복하다, 아인북스, 2006
머니 J. 젤린스키/박정길 · 정준희 옮김, 쉽고 편한 인생을 사는 법칙, 물푸레, 2005
박지영, 유쾌한 심리학, 파피에, 2004
박준수, 성공을 부르는 말 실패를 부르는 말, 시간과 공간사, 2001
박지현, 내 인생을 변화시키는 짧은 이야기, 창현문화사, 2003
밥 로스/김원호 옮김, fun 경영, 시아출판사, 2002
변은숙, 위기를 기회로 바꾸는 화술, 보성출판사, 1995
보성출판사 편, 한국인의 유모어, 1992
B&B 경영컨설팅, 친절을 파는 10가지 원칙, 삶과 꿈, 2005
사이토 시게타/박현석 옮김, 함께 있으면 마음이 편안해지는 사람, 새론북스, 2003
사이토 다카시/길영로 · 신현호 옮김, 회의 혁명, 2004
사이토 시게타, 함께 있으면 편안해지는 사람, 써론 부스, 2003
새무엘 스마일즈, 세상을 가질 수 있는 사람 없는 사람, 비타민북, 2005
서병숙, 학교 성적 1등보다 인기 짱 어린이가 성공한다, 문지사, 2005
세드 메디파인드 · 엘기 로케스모/김수련 옮김, 화술의 달인 예수, 리더북스, 2005
소노 아야코/오경순 옮김, 사람으로부터 편해지는 법, 리수, 2005
소중애, 인기 짱에겐 뭔가 특별한 것이 있다, 문공사, 2004
손숙 · 김승현, 벼랑 끝에서 하늘을 보다, 밀알, 1999
송재선, 십격선생 유머, 미래문화사, 2005
송창민, 연애교과서(1 · 2), 선영사, 2005
스튜어트 에이버리 골드/유영만 옮김, ping, 웅진윙스, 2006
Stephen C. Lundin, ph.D., Harry Paul, and John Christensen/유영만 옮김, 펄떡이는 물고기처럼, 한언, 2000
스티븐 주안/김영수 옮김, 시아출판사, 2006
아나야스오윈/이경민 옮김, 성공하려면 습관을 정복하라, 삼성서적, 1998
아라크네지음/김수진 옮김, 대중 앞에서 말을 잘하는 5가지 법칙, 아라크네, 2001
아키니와 도하쿠/민혜홍 옮김, 유머형 인간, 위즈비즈, 2004

양순자, 인생 9단, 명진출판, 2005
에가와 히로시/임은경 옮김, 말 잘하기, 혜원출판사, 1999
H.Fensterheim, & j. Baer/조증렬 · 조영희 옮김, 자기 주장, 학지사, 1997
mbc 라디오본부, 웃음이 묻어나는 편지, 주간베스트(상 · 하), 2004
예지연, 옹녀사주 변강쇠팔자, 자료원, 2004
예지연, 부자사주 거지팔자, 자료원, 2004,
유동범, 천재들의 우화(1 · 2), 바움, 2004
옌스 죈트겐/생각발전소, 북로드, 2005
오토다케 히로타다/전경빈 옮김, 오체불만족, 창해, 2004
옹혜원, 웃음보따리, 양피지, 2001
왕궈윈 지음/한지선 옮김, 성공을 좌우하는 7가지 비결, 다연, 2006
우치다마사시/양영철 옮김, 회의, 거름, 2003
유응교, 애들아 웃고 살자, 프로방스, 2001
이명수, 아차화술 재치화술, 지성문화사, 1995
이미나, 그 남자 그 여자(1 · 2 · 3 · 4) 랜덤하우스중앙, 2006
이민규, 끌리는 사람은 1%가 다르다, 더난출판, 2006
이상근, 해학 형성의 이론, 경인문화사, 2002
이상근, 유머리스트가 되는 길, 경인문화사, 2002
이상근, 성공하는 사람들의 유머테크, 리앤북스, 2005
이상호, 가슴 펴고 어깨 걸고, 우리교육, 2002
이지예, 농담, 이른 아침도서출판, 2003
이현비, 원리를 알면 공자도 웃길 수 있다. 지성사, 199
114koid 사람들 이야기, 한국인포데이타(1 · 2), 2002
자운영, 너무너무 우스운 이야기, 학은미디어, 2000
장경동, 아주 특별한 행복, 행복한 마음, 2005
장동순, 기, 중명출판사, 2001
장수철 편, 세계인의 유모어, 미소출판국, 1979
정명원 엮음, 짧은 웃음 긴 느낌을 주는 157가지 이야기, 평단문화사, 1999
제드 메디파인드 · 에릭 로케스모/김수련 옮김, 화술의 달인, 리더북스, 2005
조관일, 웃는 얼굴이면 고객을 대하지 마라, 다음, 2003
조셉 오코너 · 이안 맥더모트/설기문 옮김, NPL의 원리, 학지사, 1999

조현, 잘되는 병원에는 이유가 있다, 한언, 2004
죠지 핏처/박영식 옮김, 비트겐슈타인의 철학, 서광사, 1987
주영석, 회의진행기법, 갑진출판사, 2002
주준수, 비결웅변술, 1965
중국역사 문화연구회편, 중국의 역사와 문화, 도서출판 보성, 1998
진현종, 노자의 이야기, 웅진닷컴, 2000
차종환, 유머백과, 예가, 2001
최성호, 유머사전, 문학마을, 1999
최화정의 파워타임팀 엮음, 최화정의 맞아 맞아 best, 움직이는 책, 1998
편집부 엮음, 페어웨이에서 천국까지, 인북스, 1999
편집부 엮음, 웃음이 묻어나는 편지(1 · 2 · 3 · 4) 밀알, 1998
프로이트/임인주, 농담과 무의식의 관계, 열린 책들, 1999
피천득 · 김재순 · 법정 · 최인호, 대화, 샘터, 2004
한상복, 배려, 위즈덤하우스, 2006
한얼 유머동호인회, 유머학, 미래문화사, 2000
한국해학연구회 편, 유모어 폭소, 보성출판사, 1996
한국해학연구회 편, 유머화술(1 · 2권), 보성출판사, 1998
한스 · 반클 지음/장혜경, 해부는 즐거워, 뜨인돌, 2000
허윤형, 이보다 더 야할 수는 없다, 정민, 1999
홍윤기, 유머대학, 언어문화사, 1983
황병수 · 최보윤, 궁즉통, 책아 책아, 2004
황태호, 말도 전략이다, 일송미디어, 2001
후지타 나루히토 지음/조동림 옮김, 당당하게 유혹하라, 예스북, 2005
히노 기에코/고은진 옮김, 입소문 마케팅, 지상사, 2003